"方以智学术的当代价值与意义"学术研讨会专号(一)

方以智研究

(第四辑)

主　　编：李仁群
副 主 编：蒋国保　诸伟奇　王国良
特约编辑：周建刚

北京师范大学出版集团
安徽大学出版社

图书在版编目(CIP)数据

方以智研究.第四辑/李仁群主编.—合肥:安徽大学出版社,2023.12
ISBN 978-7-5664-2782-3

Ⅰ.①方… Ⅱ.①李… Ⅲ.①方以智(1611—1671)—人物研究 Ⅳ.①B248.935

中国国家版本馆 CIP 数据核字(2024)第 008544 号

方以智研究(第四辑)
Fangyizhi Yanjiu Disiji

李仁群 主编

出版发行:	北京师范大学出版集团 安 徽 大 学 出 版 社 (安徽省合肥市肥西路 3 号 邮编 230039) www.bnupg.com www.ahupress.com.cn
印　　刷:	安徽省人民印刷有限公司
经　　销:	全国新华书店
开　　本:	710 mm×1010 mm　1/16
印　　张:	14
字　　数:	223 千字
版　　次:	2023 年 12 月第 1 版
印　　次:	2023 年 12 月第 1 次印刷
定　　价:	45.00 元

ISBN 978-7-5664-2782-3

策划编辑:李　君		装帧设计:李　军	
责任编辑:陈宣阳		美术编辑:李　军	
责任校对:范文娟		责任印制:陈　如　孟献辉	

版权所有　侵权必究
反盗版、侵权举报电话:0551—65106311
外埠邮购电话:0551—65107716
本书如有印装质量问题,请与印制管理部联系调换。
印制管理部电话:0551—65106311

目 录

"方以智学术的当代价值与意义"学术研讨会致辞

  安徽大学校长匡光力致辞 ················· 匡光力（1）

  武汉大学哲学学院代表廖璨璨致辞 ··········· 廖璨璨（2）

  中山大学哲学系代表张永义致辞 ············· 张永义（4）

  安徽省文联主席陈先发致辞 ················· 陈先发（4）

  方以智后裔代表方无致辞 ··················· 方　无（5）

"方以智学术的当代价值与意义"学术研讨会会议总结 ········ 刘　丰（7）

方以智的哲学思想及其内在取向 ················· 杨国荣（12）

方以智的学思视野与哲学营构及其现代启示 ········· 高瑞泉（27）

方以智圆∴的哲学意涵及其时代价值 ··············· 武道房（33）

方以智经世主义实学思想研究 ··················· 李季林（38）

论方以智的性与理气结构

  ——以《性故》为中心 ····················· 叶乐扬（48）

广·提·炮·通:《庄子》的另类解法 …………………………… 张永义(65)

《药地炮庄》对方以智家学的传承略论
　　——以方学渐思想为中心 ……………………………… 温祥国(86)

无知之知,不齐之齐
　　——方以智的《齐物论》阐释 …………………………… 蔡添阳(100)

傅山与方以智注《庄》文句比较解读
　　——以《庄子翼批注》与《药地炮庄》为例 …………… 张志强(120)

王阳明"厅堂三间之喻"与方以智的改铸 ………………… 彭　丹(140)

从《三游诗》看方以智晚期的诗歌特色 …………………… 诸伟奇(152)

方学渐对王畿心性论的批判 ……………………… 魏子钦　郭振香(169)

由方大镇《慕诗四篇》考察方学渐生平行实 ……………… 陶善才(185)

方以智的三教会通思想研究述评 ………………… 丁常春　王　悦(204)

贯通古今的文化巨人
　　——2023年安徽大学"方以智学术的当代价值与意义"学术研讨会综述
　　　　……………………………………………………… 周建刚(213)

"方以智学术的当代价值与意义"
学术研讨会致辞

安徽大学校长匡光力致辞

尊敬的各位领导、各位专家：

今天我们相聚安徽大学磬苑校区，共同探讨方以智学术的当代价值与意义，推动优秀传统文化传承与创新。首先，我谨代表安徽大学向各位嘉宾、各位朋友表示热烈的欢迎，向大家长期以来给予我校的关心支持，致以衷心的感谢！

安徽大学创建于1928年，是安徽现代高等教育的开端。1958年9月16日，毛泽东主席为我校亲笔题写校名，我们也将这一天定为学校校庆日。2023年是我校建校95周年。在高等教育快速发展的进程中，我校先后成为国家"211工程"首批入列高校、安徽省与教育部共建高校、国家"双一流"建设首批入列高校，是合肥综合性国家科学中心教学科研区核心成员单位。95年的办学历程、丰富悠久的安徽文化积淀，滋养了我校厚重的人文底蕴。学校古文字研究国内领先，收藏、保护、整理、研究战国竹简"安大简"，发现迄今所见最早《诗经》《论语》等文献，入选首批国家"古文字与中华文明传承发展工程"协同攻关创新平台；学校深入挖掘、传承、活化徽文化，建有教育部首批人文社科重点研究基地徽学研究中心，举办了两届全球徽学学术大会，发起敦煌学、藏学、徽学三大地方显学对话；学校牵头编撰《中华民族交往交流交融史料汇编·安徽卷》，促进桐城派、皖江文化、淮河文化等研究阐释和展示传播，携手兄弟高校，共同开辟地域文化协同创新的良好局面。

作为中国传统文化的一个重要学派——桐城派的开先河者，方以智被誉为中国的百科全书式大哲学家,其学术思想既融汇百家,更继往开来,近百年来,逐渐成为海内外学者的研究热点之一。学界普遍认为,方以智思想的价值不仅在于对传统的继承,"坐集千古之智",更在于建构了一套逻辑化的哲学体系,为中国哲学的现代化发展提供了榜样和典范。安徽大学高度重视皖籍文化名人研究,将其作为传承发展地域文化的重要一环。积诸多学者近30年之功,整理出版《方以智全书》并荣获"第五届中国出版政府奖提名奖",收录方以智著述36种,其中20余种为300多年未曾公开面世的家传抄本。《方以智全书》的出版为研究方氏个体提供了丰富可靠的基础文献,也有利于带动方氏学派、桐城文化乃至安徽地域文化研究的创新发展。目前我校依托方以智研究中心,整合资源力量正在整理《全书》续编,编著桐城方氏学派学术编年、学术著作选注等,通过有组织的、系统化的探索和攻关,推进方以智学术研究进入新的阶段。

习近平总书记在文化传承发展座谈会上强调,在新的起点上继续推动文化繁荣、建设文化强国、建设中华民族现代文明,是我们在新时代新的文化使命。对方以智及桐城方氏学派的研究,有助于我们更加深刻地领会习近平文化思想,更加深入地理解中华优秀传统文化的哲理、内涵,始终坚持"两个结合",从而有效地把马克思主义思想精髓同中华优秀传统文化精华贯通起来,培育新的理论优势,不断攀登新的思想高峰,更好地凝聚中国式现代化的文化力量。期待各位专家以本次学术研讨为契机,深入进行思想交流、理念交融、观点交汇,我相信在大家的共同努力下,本次研讨会一定能够取得预期的成果,一定能够担负起新的文化使命。

最后,预祝会议取得圆满成功!祝大家身体健康、工作顺利!

武汉大学哲学学院代表廖璨璨致辞

尊敬的各位前辈、各位同人,大家上午好!

武汉大学哲学学院对与安徽大学徽学与中国传统文化研究院、中山大学哲学系共同举办此次学术研讨会感到非常荣幸,由于我院的吴根友教授临时有事未能参会,我谨代表本次会议的主办方之一——武汉大学哲学学院对各位同人的支持表示衷心的感谢!

我们三家一起合办这次研讨会是基于同人之间的共同学术关切，那就是希望深入地了解和理解方以智的思想，特别是了解当方以智身处明清之际的历史巨变中，如何贯通古今、融汇中西，以切己之思和"坐集千古之智"来面对时代的挑战。若我们以历史的在场者视角去体贴方以智的这份处境和努力，会感受到其思想意义正面向当代敞开。我们三家有着多年的学术共同体的情谊，也有很深的历史渊源。钱耕森先生与武大的萧萐父先生、唐明邦先生关系都很近，与郭齐勇老师也很熟悉。钱先生晚年提倡的"大道和生"学，为中国哲学精神的当代活化做出了重要的理论探索，我们对钱先生的逝世也表示沉痛的哀悼。

明清哲学是武汉大学中国哲学学科点的重点研究领域，特别是萧萐父先生对明清之际的学术思想，尤其是王船山的哲学思想有非常深厚的研究，其提出的"明清早期启蒙"说在海内外学术界有广泛的影响。以萧先生为代表的明清思想研究也培养了一大批的学者，如蒋国保老师、吴根友老师，在该领域特别是在方以智思想研究方面做出了贡献。近年来我们也与安徽大学、中山大学等高校的诸位同人合作，开展了多次方以智和桐城方氏学派研究的学术活动，经常地交流和讨论学术成果。我们在切磋论学中，也增进了彼此的情谊。同时，我们也特别感谢安徽大学主持整理和编撰的《方以智全书》，感谢中山大学主持汇编的《方以智集》，这些成果的出版为方以智思想的研究提供了宝贵的文献资源。我本人作为一名该研究领域的青年学者，也特别地受惠于这些文献成果的整理。在十几年前，我选择将方以智的《易》学作为博士论文研究内容，彼时这个选题还被称为"冷门"，但是昨天我在翻阅学习本次会议论文集的时候，看到了非常多的新成果。邢益海老师称此次会议是海内外近年来方以智研究专业力量、规模最大的一次集结和展示，是实打实的。可见，我们现在有越来越多的同道者，学术界对方以智的研究也越来越热。

当然，在研究推进的过程中，我们还需要对已有的学术传统有自觉的传承意识，也要进一步地扩展研究的领域，特别是方以智作为百科全书式的思想家，他的哲学、文学、音韵学、医学等思想之间的内在关联，他的哲学思想的性质，以及与西学、理学之间的关系，这些都是非常重要的论题。我们相信随着文献的不断整理出版，对方以智、桐城方氏学派的哲学和思想的研究也将不断深入，我们也非常期待今后与诸位同人加强合作、互相启发、共同推进。

最后，衷心地感谢各位同人的支持，感谢安徽大学的老师和同学为本次会议付出的辛苦劳动，也期待本次会议取得更多新的成果。预祝会议圆满成功！

中山大学哲学系代表张永义致辞

各位在座的师友，大家上午好！

首先，感谢安徽大学，感谢徽学与中国传统文化研究院，感谢方以智研究中心，邀请我们来参与主持这次盛会。最近这些年，安徽大学的方以智研究中心做了非常多的工作，《方以智全书续编》的整理工作一直在进行中，也创办了《方以智研究》辑刊，安徽大学的方以智研究中心成了名副其实的全国的方以智研究中心。所以，我们能参与、合办这次会议是非常荣幸的。其次，感谢中国哲学史学会杨国荣会长和刘丰秘书长都来支持本次会议，这表明了他们对方以智研究的重视，我希望接下来《中国哲学史》杂志能多发表与方以智研究相关的文章。最后，感谢我们在座的所有的朋友百忙之中来到安徽大学，来到合肥，这份情谊比什么都重要。

安徽省文联主席陈先发致辞

尊敬的各位嘉宾，各位专家，大家上午好！

非常开心参加今天的研讨会，我觉得这是安徽在推进文化强省建设中的一件大事。今天这里名家满座，我是带着一颗虔诚的心来听课的。首先我代表安徽省文联祝贺研讨会的召开！

方以智是中国文化史上一个璀璨夺目的形象，他奇谲动荡的人生机遇、博大精深的思想体系和明末清初复杂多变的时代环境共同构成了一个文化传奇，这个文化传奇正在成为学术研究的资源库。我作为方以智虔诚的读者注意到，继侯外庐先生和庞朴先生之后，越来越多的年轻学者加入了研究的阵营，学术研究话题的广度和深度都得到了极大的强化。我是搞文学创作的，方以智的形象在我心中其实首先是诗人，他的会通三教的思想是时时可见的。他说"一年五变姓，十字九椎心"，其情感表达的力量、艺术感染力完全可以和杜甫晚年漂泊在洞庭湖上写的"亲朋无一字,老病有孤舟"相提并论。他还写道"天地伤心久托孤",我们在文学研究上也经常引用,他与天地相往来的那种大的格局、情怀也是我们在文学创作中的重要参照。方以智是我的精神偶像,邢益海先生整理的《冬灰录》是我的案头书,我也非常期待这次研讨会能进一步拓宽方以智研究的学术广度和深度,也期待方以智研究能够成为安徽文化建设中对传统文化创造性继承、创新性发展的典范。预祝这次研讨会圆满成功!

方以智后裔代表方无致辞

尊敬的各位老师,各位朋友,大家上午好!

对于密之先生的后代来说,今天是一个节日,所以我今天特意穿了红条子的衬衫以表示我的喜悦之情;对于桐城方氏家族来说,今天也是一个节日;对于方以智学术的研究者来说,今天同样是一个节日。无论是方以智研究的专家蒋国保先生,还是《方以智全书》的主编诸伟奇先生,无论是优雅的张永义教授、有趣的邢益海教授、执着的汪军会长,还是美丽且精干的廖璨璨教授,大家的脸上都洋溢着兴奋和快乐。在此请允许我代表方氏后人对研讨会的召开表示热烈祝贺,对研讨会的主办方和协办方表示衷心感谢!

100天前的7月31日晚上,安徽教育出版社的何换生先生给我发来一张图片,显示他正在编辑的《安徽文化读本》这本书的学术篇章中,第六部分的标题叫"方以智集千古智"。3天前的10月8日下午,我的母校桐城中学的副校长周治先生也给我发来一张图片,是一张中学课本的图片,显示方以智"合二为一"的命题已经与张载、朱熹、王夫之一起被写入了高中思政课的必修教材。10月9日晚上,王国良先生在与我的通话中兴奋地告诉我,"方以智研究"公众号的阅读人数已经突破3000人。这些情况都说明方以智的学术在社会上产生了越来越大的影响,这些影响与在座各位的学术研究密不可分,尤其是2019年9月《方以智全书》的出版、2020年安徽大学方以智研究中心的成立、2021年相关的纪念活动及研讨会的举办,以及今天上午方以智学术的当代价值与意义研讨会的召开,这些都是大家在学术层面的辛勤付出。可以说学术层面的方以智研究和社会层面的方以智影响,已经形成"合二而一"的良性互动。在此请允许我代表方氏后人向在座各位,以及没有到场的方以智学术的研究者、方以智思想的宣传者表示衷心的感谢!

至于今天的研讨题目"方以智学术的当代价值与意义",我没有任何发言权,只有向诸位学习的份儿,但我记得方以智的几句名言,他说"古今以智相积,而我生其后,考古所以决今,然不可泥古也","生今之世,承诸圣之表章,经群英之辩难,我得以坐集千古之智,折中其间,岂不幸乎!"毫无疑问,密之先生的学术思想是中华传统文化的重要组成部分,他对知识的执着追求,他"均"的哲学中"合二而一"的思想,他的科学精神、文学和诗学的主张,以及他的文字和诗歌创作的成果等对今人的启示是多方面的。只要我们本着会通中西、折中其间、服务当下的态度进行深入全面的研究,就一定能取得丰硕的成果,一定能从中找到解决当今社会种种问题的有益思路。预祝研讨会取得圆满成功!

请允许我再一次朗读方以智的诗《雪》:"铁砚成冰满纸霜,冷斋为汝破肝肠。篷窗更比平时白,松顶偏教此日苍。写出昆山原有骨,烹来神鼎别传方。多情留待梅花发,共作空中一色香。"从方以智的角度来看,这首诗体现了他的自信和期待,那么今天这次会议,其实是对他这首诗的回应。

"方以智学术的当代价值与意义"学术研讨会会议总结

刘 丰

各位老师下午好！非常荣幸受到大会的邀请来参加本次学术研讨会，也感谢会务组给我安排了这样一个环节。我本人学习、研究儒学已有20多年，但是对方以智研究基本未曾涉及。虽然在工作中有时也会阅读到一些有关方以智的论文，但也仅仅是工作而已，并没有深入了解，更谈不上专门研究。我对方以智研究可能只有一个感觉，那就是"难"！这次之所以来合肥参加这样一个会议，主要是因为安徽大学的同人，尤其是李仁群老师的热情邀请，所以我就把它当作一次来学习的机会。经过今天一整天的认真听会，我对方以智思想的很多方面有了一些了解，虽然不是很深入，但是比以往还是加深了很多。刚才四个小组的代表已经全面地介绍和总结了本次会议关于方以智思想各个方面的研究新进展，我其实没有资格承担会议总结的任务，现在仅仅是把我今天听会的感受，再加上我的一点思考做一个最后的汇报。

本次关于方以智思想的学术讨论会应该说是一个方以智研究的盛会。从参会的人员来看，可以说是"四世同堂"：汇集了老一辈的学者，以较早研究方以智的蒋国保老师为代表，也有像以张永义老师、周勤勤老师、邢益海老师为代表的骨干力量，也有像廖璨璨这样的后起之秀，还有一些更年轻的青年学者以及博士研究生。"四世同堂"共同汇集到安徽大学来进行方以智思想的讨论，可谓是一个规模空前的盛会。

本次会议的议题是非常丰富的，涉及文、史、哲各个领域。从哲学的角度来看，上午杨国荣老师的开幕演讲就谈到了方以智思想中的形而上学问题、辩证思维、方法论、人性论以及知仁关系等各种问题。其中，知仁关系是指道德和知识的关系，这是儒家哲学、中国哲学中的一个核心问题。中国哲学史研究中的一些基本问题在今天的会议上都涉及了。通过会议提交的论文与刚才简要的讨论汇报，我发现很多学术观点在方以智哲学研究中、明清哲学研究中都是很新颖的。从学术史的角度来看，做哲学史、思想史研究很重要的一个方面就是思想渊源的讨论，这在我们的会议中也有所涉及。比如，今天很多老师都谈到了从梁启超开始就认为方以智是清代哲学的开创者，也有老师谈到了"经学即理学"，这是自顾炎武以来清代思想研究的重要看法，我们在研究方以智的时候，也同样涉及这些问题。此外，方以智与朱子学、阳明学思想的关系，他的经学思想，包括太极图渊源的一些具体讨论，这些非常具体的学术史的问题，也在我们的这次会议中都有所涉及，并且提出了很多新颖的观点。另外，除了哲学、哲学史的领域，还有文学的思想。众所周知，方以智有数量庞大的著作，这在本次参会论文中也有涉及，第四组的老师汇报了关于新发现的文学方面的材料，以及对这些新材料的研究。总之，通过这几个方面，可以展现出本次会议所涉及的学术议题的广泛性。在文、史、哲的研究中，相对来说对历史的研究比较少，但是也有涉及，例如方氏家学的传承、方以智和同时代人的交往考证等。通过这些研究，多方面地、立体地展示了方以智以及明清时期思想史的研究状况。

以上内容是我想说的第一个方面。

第二个方面是本次会议的主题：方以智学术的当代价值与意义。探讨和发掘优秀传统文化的时代价值，是对中华优秀传统文化的创造性转化、创新性发展，这是我们研究传统文化和哲学史的基本思路。在每一篇具体的研究中，只要是对方以智思想的某一个方面做出具体深入而又有创见的研究，就是对优秀传统文化、对方以智思想的新展开，就有当下学术思想的关怀。今天的报告中，尤其是上午华东师范大学高瑞泉老师指出的方以智思想中几个具有现代意义的面向，对方以智思想的研究都很有意义。根据高老师讲的内容，再加上我的几点理解，进一步谈一下有关方以智思想的现代意义。

首先是无论东西的学术视野。方以智学术思想涉及的领域非常宽广，他对传统学术,如音律、天文、地理等都有很深的造诣和很大的贡献,难能可贵的是他对西学的开放态度,更能看出他开阔的学术视野,这对我们今天研究儒学、研究传统文化具有深刻意义。其次是方以智思想中体现的三教会通的精神。今天我们面临着更加复杂的、多元的文化背景,在坚持文化主体性的同时,对外来优秀文化要保持开放的心态,积极吸收并融会贯通以应对时代的挑战,形成符合时代要求的新的文化。最后是对儒学的更新的理解。上午高老师也谈到了这个问题,自孔子以来,仁和礼、心性和政治,一直是我们探讨儒学的重要领域。今天很多学者提出关于儒学的多元的理解,在这之外,我们在儒学的研究中,或者说在中国传统文化的研究中,如何来安置科学、知识的问题,是近代以来儒学探讨的重要问题,甚至可以说这个问题至今都没有完全解决。在方以智思想中,他将科学很自然地安置到他的思想体系中,今天杨国荣老师也谈到了方以智思想中的知仁统一的问题,从这个角度来思考、讨论方以智的思想会更有意义一些。今天很多学者提出了诸如情感儒学、生活儒学、乡村儒学等概念,这都是我们思考儒学的现代意义的角度。除此之外,关于知识的问题和科学的问题,在中西文化已经交流互动的时代,方以智所提出的思考对今天依然很有启发意义。

第三个方面是在思想史和哲学史的研究中,如何来进一步深化方以智的研究,这是研究中国哲学史,尤其是研究明清哲学史、思想史应该思考和面对的问题。第一个问题是文献的整理。2019年,《方以智全书》的出版对方以智的研究起到了极大的推动作用,《方以智全书》之后还有续编。众所周知,所有的研究都是基于可靠的、丰富的资料,文献的扩展是一切深入研究的基础,上午邢益海老师讲到了方以智年谱的编纂工作。年谱是思想史研究非常重要的工作,编撰、出版年谱,是一位思想家的研究更新、更高的标志,所以年谱在人物研究中非常重要。以往关于方以智的年谱不可避免地存在着许多问题,邢老师正在进行的工作与他将要完成的这部书,不仅是一项重要的资料,也是方以智研究中非常有价值的成果。今天听了邢老师的介绍后,特别期待在不远的将来能看到邢老师的大作出版,这将是对方以智研究能够起到积极推动作用的成果。

第二个问题是多角度地展开研究,这也是符合方以智思想本身特点的方式。从整体上来看,今天的研讨在哲学史和文学方面涉及得比较多,相比较而言,历史方面涉及得比较少。其实,史学的研究在方以智的研究和整个桐城历史文化的研究中占有很重要的地位。作为一个北方人,我昨天在参观桐城这样一个具有深厚文化底蕴的城市之后感到非常震撼,方氏家族、张氏家族、姚氏家族这样的文化大族都聚集在此,除了学术思想的交流,还包括社会、经济、科举方面的研究。如果我们从社会史的角度去探讨,对方以智的研究,乃至对整个方氏家族、地方文化的研究、对地方历史和社会史的研究,都具有重要的意义。也许这方面的研究已经有了很大的成就,可能是我孤陋寡闻,接触的还比较少。但至少从本次会议涉及的议题可以看出,史学的研究还是欠缺一些。总之,全方位地展开、从不同的角度加以探讨,是未来方以智思想研究的重要方面。

第三个问题是对方以智乃至整个明清思想研究框架定位的问题。我们今天的会议一开始的时候,有学者又一次谈到了早期启蒙说这个理论。早期启蒙说应该是马克思主义史学研究中对明清研究很有价值的一个理论框架,但是在过去的一段时间内,这个理论大家并没有很重视。对于这个问题,我们应该充分地重视这个理论。在过去的研究中,虽然早期启蒙说也有一些比较僵化的方面,但是总的来说,这个理论还是有价值的,是我们分析明清之际中国社会及思想文化的一个非常有价值的理论坐标。因此,在今天的讨论中再次提到了早期启蒙说,把方以智放到这个框架中来思考他的意义,这是非常有价值的。

第四个问题是,在中国哲学史的研究中,整体上来看对方以智的研究重视还不够,今天高瑞泉老师也谈到了这个问题。未来随着对方以智研究的进一步深入,方以智在中国哲学史上的位置能够进一步凸显出来。方以智是明清之际和顾、黄、王齐名的大家,他的思想涉及经、史、子、集、天文、历法以及西学等各个领域。因此,方以智研究应该是中国哲学史研究的一个重要环节。衷心希望以安徽大学徽学与中国传统文化研究院为首的方以智研究团队能够把方以智以及整个明清哲学思想研究做得更加深入,充分发挥他的思想意义。在这个方面,我们中国哲学史学会也非常愿意和各位、各方通力合作,以进一步推动方以智哲学思想的研究,发掘方以智哲学思想的意义,从而进一步推动中国哲学研究的发展。

作者单位:中国社会科学院哲学研究所

方以智的哲学思想及其内在取向*

杨国荣

提　要: 在形上的层面,方以智思想的特点之一是强调世界统一性的问题,他在著作中一再强调"合而不分",有无、生死、古今、一多,等等,在他看来均无根本差异。对方以智来说,具体对象之间的差别的相对性,归根到底可以追溯到太极:作为终极的存在,太极本身既超越天地万物,也无先后、终始之别。与注重无分的形而上思想相关的,是合二为一的观念。方以智的合二为一观念与注重合、消解分的形而上的观念是一致的,在他看来,整个世界的主导规定不是相分而是相合,由此,便会合乎逻辑地引出方法论意义上以合为上的观念,合二为一的"辩证"思想,即与之相一致。在中国哲学中,形而上学、方法论与伦理学、认识论相关联,这一传统,体现于方以智对仁和知关系的理解,方以智既上承了"仁知统一"的传统,又强调"知统一切",在仁和知的统一中,知识被置于主导方面。这一看法体现了新的时代趋向,并蕴含着哲学的某种转换。

关键词: 合而不分　合二为一　知统一切

方以智在中国思想史上特别是在明清之际的中国思想界,具有重要地

---

* 本文基于作者于2023年11月11日在安徽大学举行的"方以智学术的当代价值与意义学术研讨会"上的演讲,相关研究同时纳入教育部人文社会科学重点研究基地重大项目"以人观之:历史变局中人的存在研究"(22JJD720011)、教育部哲学社会科学研究重大课题攻关项目"中国传统文化中的人类命运共同体价值观基础研究"(21JZD018)、国家社会科学基金重大项目"伦理学知识体系的当代中国重建"(19ZDA033),以及山东"曾子研究院"、江苏省"公民道德与社会风尚协同创新中心"的研究项目。

位。学界通常把他看作明清之际启蒙思想的重要代表人物。事实上,他的思想包含多重维度,其研究领域涉及考据、思想、义理等,且在这些方面都有建树。作为哲学家,方以智很有个性,其取向可能与哲学史上的克尔凯郭尔、尼采等有相通之处,具有解构传统思想的特点,本文着重从三个方面对方以智思想做一个概述。

一

在哲学上,方以智以"合而不分"为其代表性的观念之一,这一思想有其内在根据。从形上的层面来说,方以智思想的特点之一是强调世界统一性的问题,他在著作中一再强调"一而不二",这种看法构成了其主导观念,它们代表了方以智对世界的大致理解。"一而不二"等观念,也体现了中国文化的特点。这里,可以从方以智本身的概述中,具体了解他的相关观念。

首先是有无问题。有与无,是中国哲学的重要范畴。以现在的语言来表述,"有"即存在,"无"则意味着不存在,二者之间界限分明。然而,按方以智的看法,"有"与"无"并不像通常理解的那样区分明确、相互对峙。他说:"能治其有无者即一其有无者也。"[①]意即:应从有无之间的相关性、相统一性方面,理解有与无,肯定二者的一体无间。在他看来,有与无具有相互交合的选择:"当明无即有、有即无之交合,而统有无不动者即可谓之无有无矣。"[②]在一定意义上,有和无的区分确有相对性,方以智较多地强调了这种相对性,由此趋向于消解二者之间的差异。

和有与无相关,生与死也是中国哲学所关注的问题。死是个体的必然归宿,生与死从人的个体存在来说是无法回避的问题。如何理解生和死?方以智也提出了自己的看法。按他之见,生和死并不像日常意识所认为的那样,

---

① 方以智:《易余》卷上,见黄德宽、诸伟奇主编:《方以智全书》第1册,合肥:黄山书社,2019年,第85页。

② 方以智:《易余》卷上,见黄德宽、诸伟奇主编:《方以智全书》第1册,合肥:黄山书社,2019年,第79页。

是截然对立的:"生即其所以死,如是而无生死矣。"①由此,他主张齐生死:"是纵之以齐生死也。"②对生与死的这一理解,在一定意义上与庄子的齐物有相通之处:庄子同样由齐万物而沟通生与死。无生死即强调:不能用一种截然对峙的观点看待生和死的问题。生和死确是人生所无法回避的,反对执着生和死之间的界限,对于日常人生来说,无疑也有其重要的意义。一般而言,怕死、希望长生,这是人之常情,而方以智强调生和死之间并不存在分明的界限,这对化解这方面的日常意识来说,也有不可忽视的作用。

引申而言,季节(如春夏秋冬)的区分是人们经常遇到的自然现象。然而,按照方以智的看法,冬夏季节的分别也具有相对性:"冬即其所以夏,如是而无冬夏矣。"③四季交替,这是日常生活中经常出现的自然变化,但方以智的以上观念则肯定,冬夏之间也并不如日常意识所理解的那样,是截然分明的:冬就是夏,夏就是冬。从季节或气候的变化看,确实可以注意到,冬夏之间往往关联紧密,且不说现在时而出现的冬季温度如夏、夏季气温骤降中体现的冬夏的偶然相关性,同时,在医学上,中医提出"冬病夏治",在逻辑上也以冬夏之间的关联为前提。方以智在医学方面很有造诣,冬夏的相关性也构成了他对中医理解的形而上依据。

季节的交替与时间的流逝存在关联。从四季轮转、冬夏之间并没有严格界限的观点出发,方以智认为,古今也并非截然相分:"以今知古,知古即今,即无古今。"④"以今知古,知古即今"侧重于认识意义上对历史的看法,而其结论则是"即无古今"。既然古今存在历史中的前后联系,对古今之间的差别就不能执着不放。肯定古今的变化,是中国哲学中关于历史衍化的一种理解,与之相关的是强调历史的延续性。孔子认为:"殷因于夏礼,所损益,可知

---

① 方以智:《易余》卷上,见黄德宽、诸伟奇主编:《方以智全书》第1册,合肥:黄山书社,2019年,第89页。
② 方以智:《易余》卷上,见黄德宽、诸伟奇主编:《方以智全书》第1册,合肥:黄山书社,2019年,第87页。
③ 方以智:《易余》卷上,见黄德宽、诸伟奇主编:《方以智全书》第1册,合肥:黄山书社,2019年,第89页。
④ 方以智:《易余》卷下,见黄德宽、诸伟奇主编:《方以智全书》第1册,合肥:黄山书社,2019年,第160页。

也;周因于殷礼,所损益,可知也。其或继周者,虽百世可知也。"(《论语·为政》)"损益"关乎变革,它与历史衍化的间断性、变动性相关;"百世可知"则是对未来的预测,其前提是历史的延续性或前后的相关性,方以智对古今的理解,侧重于后一方面。

事物的存在既与前后变迁相关,也涉及大小的形态。万物千姿百态,各有不同,事物在形态上相互区分的最基本形式,是大小之异。但是,按照方以智的看法,大小之间的差别也具有相对性:"小中见大、大中见小,则大小相即矣,是则本无大小矣。"① 依此,则小和大之间并非相互对峙,"本无大小"则是由此引出的判断。这一看法构成了方以智形而上学观念的一个重要方面。当然,其中似乎也蕴含泯灭大小之别的趋向。除了大小的形态,事物的存在还有数量、虚实、短长、彼此等方面的差异。就数量关系而言,一和多之别是最基本的方面。按照方以智的看法,一和多并不是截然相对的,一就是多,"一,多也"。同样,虚实、短长、彼此的分别,也是如此:"虚,实也;短,长也;彼,此也。"② 在理论层面,大与小、一与多、虚与实、长与短、彼与此等差异的这种消解,往往逻辑地导向回到混沌。

不难看到,就总体而言,方以智强调差别的相对性,认为事物合而不分。这一看法在某种意义上受到了道家影响,众所周知,崇尚合同、追求齐一,构成了老子和庄子的重要思想趋向。需要注意的是,在方以智那里,对于不存在差异的观点,常常没有严格意义上的逻辑论证,其特点主要在于断论古与今、有与无、一与多之间并不存在通常理解的区分。但为什么这些方面没有差异?对此,方以智并没给出一种逻辑上的论证。可以看到,他一方面肯定差别的相对性;另一方面,又没有对这种观念做严密的逻辑分析和论证。从思维方式上说,形而上学的观点和思维方式是相关的,而在形而上层面断言事物之间合一的同时,逻辑上未能对此做出严密的论证,构成了方以智思想的重要特点。

---

① 方以智:《易余》卷上,见黄德宽、诸伟奇主编:《方以智全书》第1册,合肥:黄山书社,2019年,第82页。

② 方以智:《易余》卷上,见黄德宽、诸伟奇主编:《方以智全书》第1册,合肥:黄山书社,2019年,第83页。按,根据语义,标点有所改动。

就观念之间的联系而言,方以智提出了"相激为代错"的看法。这里的"相激"主要指相互对峙、否定,"代错"则意谓两极转换或者两极相通;相激、代错在他看来是相互关联的。以中和庸而言,他认为两者即"相激为代错":"中与庸亦相激为代错也。""天道自顺,人道贵逆,亦相激为代错也。"①也就是说,中和庸并非截然相分,而是相互关联的。其结论是:"知代错之原,则知可以无知、言可以无言矣!"②所谓"知代错之原",也就是通过追溯认识代错的根源,以理解知和无知并无实质不同。在相近的意义上,"言可以无言",也就是说,言和无言之间的界限可以忽略不计。这里,方以智固然注意到了知和无知、言和无言的差异并没有绝对意义,但同时,以上看法又带有某种怀疑论的色彩。

同样,在事和无事之间,方以智也持类似看法。"事"是中国哲学特有的重要概念,广而言之,"事"也就是人之所做以及这种作为的结果。"事"与"无事"、"做"(人的活动)与"无所作为",本来有着实质的差异,但在方以智看来,做事与不做事并非界限分明。所谓"事事无事,形形无形",③便言简意赅地表明了这一点。一方面,它意味着对"事"与"无事"的界限加以沟通;另一方面,又肯定了通常所说的做事与不做事之间的界限不能截然对峙。在日常生活中,一定意义上的做事,从另一个角度看,也许并非如此:如果以体力劳动为准则,则从事学术活动可能并不是做事(没有参与体力活动)。方以智注意到了这一方面,但似乎又对此做了不适当的强化。做"事"是人的基本存在方式,由此引向人生观,则涉及小我(做事的个体)和大我(做事过程涉及的群体),后者在日常意识中也是界限分明的。然而,与消解"事"与"无事"的差异相近,在方以智看来,小我与大我之间不能用截然相分的观念去看待:"小我

---

① 方以智:《易余》卷上,见黄德宽、诸伟奇主编:《方以智全书》第1册,合肥:黄山书社,2019年,第68～69页。

② 方以智:《易余》卷上,见黄德宽、诸伟奇主编:《方以智全书》第1册,合肥:黄山书社,2019年,第69页。

③ 方以智:《易余》卷上,见黄德宽、诸伟奇主编:《方以智全书》第1册,合肥:黄山书社,2019年,第73页。

即是大我,大我必用小我。"①依此,则小我和大我、个体和群体之间也可以相互沟通,二者合而不分。

以价值观为视域,天人关系构成了中国哲学讨论的重要对象。从自然的角度看,"天"通常指人之外的对象,人则是人自身的存在以及人所处的社会,二者具有不同规定。但是,在方以智看来:"即人是天,谓之无天人矣。"②这一观点涉及对天人关系的理解。对天人关系,包括什么是人、什么是天,人的所作所为对天(自然)的影响等,需要不断思考。近代以来,往往将人看作一种至高无上的存在,天(自然)则似乎处于从属地位,从天人之间具有相关性这一角度考察,这种观点显然需要加以转换。方以智以"无天人"的视域看待天人关系,既否定了天与人的相互分离,也意味着反对将人放在绝对支配的地位上。从更宽泛的层面看,问题常常涉及同和异。中国哲学家以和而不同为基本理念,强调有差别的统一(和),拒绝绝对同一。方以智延续了这一传统,认为:"同自生异,异归于同,即异即同,是知大同。"③这里提到了大同的概念,依此为视角,同和异之间的界限也无需执着。中国哲学讲大同观念,这一观念如同伦理学上的至善:以至善为视域,特定的善恶之间的差别就可以忽略。王阳明提出"无善无恶心之体",这里的"无善无恶"即"至善",并不是说没有善恶,其内在意义在于,从至善角度来看,善恶是相对的。方以智所谓"大同"也与之类似:从事物存在的终极形态看,具体对象的差异只有相对意义。

前面所涉,大致是存在的具体方面,由此,方以智从更为形而上的角度,进一步论证合而不分、一而不二的观念。对方以智而言,具体对象之间的差别的相对性,归根到底可以追溯到太极。作为终极的存在,太极本身既超越天地万物,也无先后、终始之别:"太极者,先天地万物,后天地万物,终之始

---

① 方以智:《易余》卷上,见黄德宽、诸伟奇主编:《方以智全书》第 1 册,合肥:黄山书社,2019 年,第 73 页。
② 方以智:《易余》卷上,见黄德宽、诸伟奇主编:《方以智全书》第 1 册,合肥:黄山书社,2019 年,第 83 页。
③ 方以智:《东西均·扩信》,见黄德宽、诸伟奇主编:《方以智全书》第 1 册,合肥:黄山书社,2019 年,第 255 页。

之,而实泯天地万物,不分先后终始者也。"①在太极中,先后、终始、万物的差异,都不复存在。在不受万物限制的意义上,太极即"太无",其特点在于有无为一:"太无者,言不落有无也。"②如前所述,有无通常指具体对象的存在和不存在,而从太极角度看,有和无之间的界限无需执着。可以看到,太极作为存在的终极本源,从形而上的层面规定了先后、大小、有无等区分的相对性。

概而论之,对方以智而言,世界在总体上合而为一、齐而不分,这一理解又源于太极本身的超越性。世界以合为主,构成了方以智在形而上领域的主导观念。这里蕴含着肯定世界不是彼此分离而是相互统一的观念:区分与差异只具有相对意义。不过,以上看法在推向极端之后,又产生了导致相对主义、怀疑论的趋向。确实,由强化事物差别的相对性而走向相对主义,是方以智思想衍化的逻辑进路。

这里同时可以关注谢林的相关看法,谢林曾将分裂和危机联系起来,认为分裂意味着危机。③ 事实上,庄子在《天下》中也提到"道术为天下裂",裂就是分裂,"道术为天下裂"是对思想分化的否定性描述,在庄子看来,其结果是思想的混乱。方以智身处明清之际,这一历史时期的基本特点是天下大乱,黄宗羲称之为"天崩地解",从时代背景看,"分"构成了当时社会现实的重要方面。以此为前提,方以智将世界的合一提到突出地位,试图依此从观念的层面避免世界走向危机。从分裂意味着危机这一观点看,方以智对"合"的注重,似乎蕴含克服危机(包括思想的危机、社会的危机等)的意向。

从更现实的层面来说,这里面同时涉及对凡和圣之间的关系的理解。按方以智的看法,凡和圣之间并非截然相对:"即凡是圣,谓之无圣凡矣。"④"凡"主要指世俗的存在,"圣"则既可以表示现实的完美人格,也可以指向超

---

① 方以智:《东西均·三征》,见黄德宽、诸伟奇主编:《方以智全书》第1册,合肥:黄山书社,2019年,第260页。

② 方以智:《东西均·三征》,见黄德宽、诸伟奇主编:《方以智全书》第1册,合肥:黄山书社,2019年,第261页。

③ 威尔海姆·G. 雅各布斯著,王丁译:《谢林导读》,上海:东方出版中心,2022年,第168页。

④ 方以智:《易余》卷上,见黄德宽、诸伟奇主编:《方以智全书》第1册,合肥:黄山书社,2019年,第83页。

越的存在,在凡和圣对举的语境中,圣主要指不同于世俗对象的超验存在。历史地看,沟通凡和圣是中国哲学的主流,儒、释、道都表现出这一趋向。作为明清之际具有总结意义的代表人物,方以智自觉地上承了这一传统,肯定世俗存在和超越的神圣追求之间,并不存在鸿沟。宗教意义上的终极关怀,常常试图由凡俗走向彼岸,亦即追求超越的终极存在,而当凡、圣之间的界限被消解后,这种观念就不可避免地需要转换。从基于合而不二的形而上观点的人生哲学、价值观的角度来看,此岸和彼岸、超越和内在、有限和无限之间的沟通,成为题中应有之义。

二

与注重无分的形而上思想相关的,是合二为一的观念。合二为一是方以智的重要命题,通常将其视为方以智辩证法思想的核心。从中国传统哲学的主流看,强调对立面的相互作用,亦即不同方面的"分",往往成为主导观念,而"合"则似乎处于从属的地位,尽管肯定相互作用也是中国哲学的重要思想。方以智明确提出合二为一,与中国哲学的主流思想,似乎有所偏离。从哲学的内在逻辑来看,方以智之合二为一的观念与前面提到的注重合、消解分的形而上的观念是一致的,对他而言,整个世界的主导规定不是相分而是相合。由此,便会合乎逻辑地引出方法论意义上以合为上的观念,合二为一的"辩证"思想,即与之前后相承。

方以智从不同方面阐释了以上思想。从总体上看,一与二相互关联:"有一必有二,二皆本乎一。"[①]"有一必有二",也就是通常所说的一分为二,但是方以智进一步加上"二皆本于一",即认为相分的两个方面最后归于统一。这种反对执着于分,主张走向统一(二皆本于一)的观念,与他的形而上学的观念是一致的。同时,他认为"尽天地古今皆二":"曰有曰无,两端是也。虚实也,动静也,阴阳也,形气也,道器也,昼夜也,幽明也,生死也,尽天地古今皆

---

① 方以智:《易余》卷上,见黄德宽、诸伟奇主编:《方以智全书》第1册,合肥:黄山书社,2019年,第91页。

二也。两间无不交,则无不二而一者,相反相因,因二以济,而实无二无一也。"①这一论点通常被视为辩证法思想的经典表述,其要义是肯定天地万物中所有事物都由两个方面构成。但是,方以智同时指出"无不二而一者",即强调"一"是事物的最后归宿,这可以视为总结性的观点,在他的论著中一再得到表述和阐发。这一观念和前述形而上的观念相呼应,其内在核心是肯定"分"具有相对性,只有"合"才是绝对的。以合二为一为内涵,这一"辩证"思想,可以视为其形而上学思想在方法论上的具体体现:在方以智思想系统中,形而上学与方法论呈现统一性。也就是说,从思想的内在逻辑看,其合二为一观念渊源有自。总之,方以智的方法论思想,是其对世界的总体看法的具体展开。

在方以智那里,存在的原始的合一与辩证互动之间具有相互关联性。以吉凶祸福关系而言:"吉凶祸福,皆相倚伏。生死之几,能死则生,徇生则死。静沉动浮,理自冰炭,而静中有动,动中有静,静极必动。动极心静,有一必有二,二皆本于一,岂非天地间之至相反者,本同处于一原乎哉?"②福和祸、吉和凶之间存在相互转化的关系,这是日常意识已注意到的,但在方以智看来,祸和福、吉和凶之所以能相互转化,是因为二者皆本于一,即最后归于无别。相互转化的根源,在于这二者本来一体无间;如果它们彼此分离、二而不一、绝对地对立,便无法形成相互转化的关系。

与"二皆本于一"的观点相联系,方以智还提出了"绝待"和"相待"的概念,这两个概念在《易余》这部重要的著作中一再出现,其意义与绝对和相对的观念类似。当然,"绝待"和"相待"更多地侧重于存在品格,这与绝对和相对表示更普遍的规定,有所不同,但二者确又有相通之处。在方以智看来,绝待就在相待之中,这类似现代哲学所说的绝对在相对之中,而贯穿于其间的则是相互统一:"曾知绝待之在相待中乎?曾知无奇偶之在奇偶中而奇行偶中乎?曰绝待,则与有相待者对矣。曰无可言,则与有可言者对矣。何谓绝

---

① 方以智:《东西均·三征》,见黄德宽、诸伟奇主编:《方以智全书》第1册,合肥:黄山书社,2019年,第258页。

② 方以智:《东西均·反因》,见黄德宽、诸伟奇主编:《方以智全书》第1册,合肥:黄山书社,2019年,第279页。

耶？受声、受色者,相对之二也;不可色、不可声者,无对之一也;不可色与可色、不可声与可声,亦相对之二也。贯其中者无对之一也;有贯者即有受贯者,亦相对之二也;自为受而自贯之者,无对之一也。谁非自为受而自贯之者乎？无贯则无受矣。色色者即未尝色者也,声声者即未尝声者也,是对对者即未尝对者也。"①值得注意的是,这里特别强调"贯其中者无对之一也","无对"即合一,这与在形而上层面肯定万物合而无分,大致前后一致,所谓"是对对者即未尝对者也",便强调了这一点。以"绝待"和"相待"的辨析为前提,方以智肯定:不同方面的相互对待并不是绝对,其最后的归属是无对。这一思想与张载所说的"仇必和而解"(《正蒙·太和》)的观点呼应,尽管方以智没有过多提到张载思想,但是"对对者即未尝对者也"这样的观点事实上可以说上承了张载的相关观念。

三

在中国哲学中,形而上学、方法论与伦理学、认识论呈现相互关联的形态,这一传统的影响,体现于方以智对仁和知关系的理解。仁知统一,这是从孔子开始就已形成的基本观念:孔子一方面提出了仁道的观念,另一方面又强调"未知,焉得仁"(《论语·公冶长》)。在孔子看来,仁与知并非截然相分,其中包含沟通伦理学和认识论的取向。一方面,肯定伦理学和认识论的相互统一也许有其消极意义,中国哲学未能从比较纯粹的角度去考察认识过程,中国哲学始终没有产生像康德《纯粹理性批判》这样的认识论著作,便表明了这一点。在中国哲学(首先是其中的儒学)看来,认识论与伦理学具有内在的相关性,从孔子到孟子、荀子,以至宋明时期的理学,其思想在这一方面一以贯之。就现实的认识过程而言,其展开过程确实并非表现为像康德意义上的纯粹逻辑演进。换言之,认识论的问题、本体论的问题和伦理学的问题具有相关性,肯定伦理学和本体论的统一也体现了这一特点。方以智也承继了以

---

① 方以智:《易余》卷上,见黄德宽、诸伟奇主编:《方以智全书》第1册,合肥:黄山书社,2019年,第127页。

上传统,肯定"仁智本合一",①认为仁和智无法相分,这与他在形而上层面强调合一的总体观念一致。

然而,另一方面,基于新的时代背景,方以智又强调"知统一切,仁入一切"。② 依此,则在仁和知的统一中,知居于主导方面。"知统一切"是一种新的观念,与传统儒学仅仅肯定仁和知统一的观念有所不同,它提升和突出了知的地位:"知统一切",意味着把知放在更为优先的地位,以此为最终决定性的方面。这并不是方以智偶然的表述,它体现于其一系列的论说中。在《一贯问答》中,他继续表达这样的看法,认为:"乾知大始,知为道源。"③乾与乾坤相关,可以视为天地万物的隐喻,对方以智而言,与乾相关之知,具有开端意义,知则是道的本源。这里,将知置于形而上的地位,这是以前很少出现的观点。

知的内在指向,是事物之理。由肯定仁与知的统一,方以智对仁与理做了沟通,认为"理即是仁"。④ 如所周知,理是中国哲学中的重要观念,在宋明理学中甚至被提升到主导地位。按其内涵,理包含着必然之理和当然之则两个方面,这一意义上的理首先与认识相关:格物致知便指向对理的认识,而理和仁的沟通,则使认识层面的理同时具有了伦理的意义。以"知统一切"为前提,理与仁的统一,侧重于理(知)的主导意义。与之相关,"知"被视为性命的枢纽:"知之所到,则性命交关,总贯此处。"⑤性命是传统中国哲学所注重的重要方面,具体包括"性"与"命"两个方面,对中国哲学来说,人生过程总是受到"性"与"命"的制约,方以智则将"知"看成性命之中的主导方面,以此为核心和关键。这既体现了认识论与形而上学的关联,也赋予了知以决定性的品

---

① 方以智:《一贯问答》,见黄德宽、诸伟奇主编:《方以智全书》第3册,合肥:黄山书社,2019年,第42页。
② 方以智:《一贯问答》,见黄德宽、诸伟奇主编:《方以智全书》第3册,合肥:黄山书社,2019年,第43页。
③ 方以智:《一贯问答》,见黄德宽、诸伟奇主编:《方以智全书》第3册,合肥:黄山书社,2019年,第43页。
④ 方以智:《一贯问答》,见黄德宽、诸伟奇主编:《方以智全书》第3册,合肥:黄山书社,2019年,第42页。
⑤ 方以智:《一贯问答》,见黄德宽、诸伟奇主编:《方以智全书》第3册,合肥:黄山书社,2019年,第42页。

格。此外,心、意、知,是中国哲学中的基本概念,而在这三者中,方以智同样强调以"知"为体:"心以意、知为体。""意由知起,亦由知化。"① 这里以体用关系论知和心,意虽然也被视为体,但本身又由知而生,从而,知也构成了更根本的方面。

对"知"注重,可以视为哲学的转换。为什么方以智能够实现这一转换? 这可能与他所处的时代背景及西学的渗入相关。方以智曾提出质测与通几的区分,在《物理小识》的序言中很明确地论述了这一点。质测之学略近于现在的实证科学,主要是对具体事物的实质性的把握。在他看来:"物有其故,实考究之,大而元会,小而草木螽蠕,类其性情,征其好恶,推其常变,是曰'质测'。"② 这里的质测指向具体事物与事物的变迁,具有实证的意味,在这一方面,方以智可能受到了实证科学的影响。事实上,方以智的《物理小识》也明确指出了这一点。按他的看法,当时西方在质测方面还可以,但是在通几方面则不行,显然,质测这一概念的引用和当时西方的影响有关联。从实测或实证的观点出发,他认为要肯定山是山、水是水,确认实质的规定。也就是说,实证角度的考察,不能含糊其词,而需要明确肯定。要求认识确定性,与质测内含的实证观念是一致的。比较而言,通几主要涉及形而上的观念,以揭示事物然之故为指向。方以智认为,"寂感之蕴,深究其所自来,是曰'通几'"③,即通几以追究事物之根源为内容,所涉及的是终极性的追问。从通几、终极追问来说,考察的角度就与以质测的观点认识对象不同:质测以山是山、水是水为指向,通几则要求进一步追问山之为山、水之为水的原因:"曰通,所以为山,即所以为水。"④ 对原因的这种追究,与实证考察关注确定性有所不同。

---

① 方以智:《一贯问答》,见黄德宽、诸伟奇主编:《方以智全书》第3册,合肥:黄山书社,2019年,第38页。

② 方以智:《物理小识自序》,见黄德宽、诸伟奇主编:《方以智全书》第7册,合肥:黄山书社,2019年,第96页。

③ 方以智:《物理小识自序》,见黄德宽、诸伟奇主编:《方以智全书》第7册,合肥:黄山书社,2019年,第96页。

④ 方以智:《易余》卷上,见黄德宽、诸伟奇主编:《方以智全书》第1册,合肥:黄山书社,2019年,第34页。

当然,也需要注意,方以智对知的认识依然受到传统的影响,这一点,在对人的看法方面表现得特别明显。对人的认识构成了知的重要方面,知就是知人、知事。从知人这个角度来说,他认为,应当"知其相诮相嫉、愈蔽愈护之故"。① 也就是说,对人的认识主要应关注人们相互嫉妒、钩心斗角的一面。显然,这里将人伦关系中的消极面(相互嫉妒、钩心斗角)提到了突出地位,这似乎具有负面的意义,对此,毋庸讳言。总的来看,方以智对知的认识在带有一种新的时代特点的同时,还带有传统的痕迹。

仁与知的关系,涉及价值领域。从后一方面看,需要注意方以智对本然和当然关系的看法。在《性故》中,方以智提出了一个著名的观点:"当然即是本然。"②这里涉及当然、本然、实然、必然之间的关系问题,它们构成了中国哲学中的重要概念。"当然"即当然之则或行为规范,所谓"本然即当然",即以本然的规定为当然的内容。从哲学上看,"本然"是指还没有经过人的作用的原初存在,它与现实不同。"必然"是指事物的必然法则,"实然"则主要指事物的客观存在。"当然"以人的行为规范(当然之则)为内容,由人所制定,"本然"作为人的作用还没加诸其上的存在形态,不同于"当然"。方以智认为"本然"就是"当然",这里包含了需要辨析的趋向:既然本然就是当然,那么人的规范形成的过程无需人的作用。历史地看,在当然、本然、必然这一问题上存在两种趋向:一种就是宋明理学所代表的把当然和必然混同,朱熹说:"孝弟者天之所以命我,而不能不然之事也。"③这就是把当然之则理解为强制性的命令。方以智则表现了另一种趋向,把本然与当然混为一谈。事实上,作为人所制定的规范,"当然之则"既与"必然法则"不同,也区别于"本然"的存在。认为本然即当然,意味着消解当然之则。

价值观上另一重要论题关乎物我关系。一方面,方以智认为:"以物观

---

① 方以智:《易余》卷下,见黄德宽、诸伟奇主编:《方以智全书》第 1 册,合肥:黄山书社,2019 年,第 169 页。
② 方以智撰,张昭炜注释:《性故注释》,北京:中华书局,2018 年,第 11 页。
③ 朱熹:《论语或问》,见朱人杰、严佐之、刘永翔主编:《朱子全书》第 6 册,上海:上海古籍出版社;合肥:安徽教育出版社,2002 年,第 613 页。

物,又安有我于间在?"①以物观物,这是朴素实在论观点,体现了客观性原则。老子曾说:"以身观身,以家观家,以乡观乡,以国观国,以天下观天下。"(《老子》第五十四章)以上观点与之相近。当然,在方以智那里,从对象本身的规定去考察对象,又与注重实证性相关,其中包含反对强物就我的要求。与之相关,方以智提出了"无我"的原则:"不能无我,岂能知微?"② "身无我焉用修,心无我焉用正。"③如果没有无我观念,对象微小的差异我们就无法把握;反之,一旦真正达到无我的状态,修养等就可以不再需要了。以上观念与《论语·子罕》中提到的"毋意,毋必,毋固,毋我"相一致,其主旨在于消除主观的独断。

另一方面,方以智又肯定"天之为天也,乃人之天之也"④,这是其重要观念。天之为天,其意义是谁赋予的?归根到底,这种意义由人赋予。天、外部自然本身没什么意义,它们所呈现的多样、丰富意义,是在人认识世界的过程中形成的,就此而言,天的意义之生成,离不开人的知、行过程。以上看法,对"本然即当然"这一命题所蕴含的忽视当然与人的作用的关联,具有一定纠偏意义。要而言之,这里包含两个方面:一方面,肯定了以物观物的客观性原则;另一方面,又承认了物的意义乃是基于人的认识和践行过程。这两者在把握世界的过程中都不可或缺:它意味着人应真实地认识存在,并遵循客观性的原则,同时需要承认自然本身没什么意义,其意义乃是人在知、行过程中逐渐赋予的。把这两个方面结合起来,无疑是一种哲学洞见。

要而言之,在本体论或形而上层面,方以智强调合一和无分,这与其在方法论上的注重合二为一具有前后相承的关系,可以说构成了其方法论的前

---

① 方以智:《易余》卷上,见黄德宽、诸伟奇主编:《方以智全书》第1册,合肥:黄山书社,2019年,第122页。

② 方以智:《易余》卷下,见黄德宽、诸伟奇主编:《方以智全书》第1册,合肥:黄山书社,2019年,第178页。

③ 方以智:《易余》卷下,见黄德宽、诸伟奇主编:《方以智全书》第1册,合肥:黄山书社,2019年,第179页。

④ 方以智:《易余》卷上,见黄德宽、诸伟奇主编:《方以智全书》第1册,合肥:黄山书社,2019年,第116页。

提。在认识论和伦理学的关系上,他在延续中国哲学传统的同时,把知提到了突出位置,并引入西学的实证观念,从而实现了中国哲学的重要转换。在当然、必然、本然的关系上,他突出了客观性原则。最后,方以智对客观性原则和人的知、行在世界意义生成中的作用做了双重肯定,二者构成了方以智思想的另一重要特点。

(本文原载于《学术界》2023年第11期,收录时略有改动。)

作者单位:华东师范大学中国现代思想文化研究所暨浙江大学马一浮书院

方以智的学思视野与哲学营构及其现代启示

高瑞泉

提　要：十分荣幸，受安徽大学方以智研究中心的邀请，参加"方以智学术的当代价值与意义"学术研讨会，使我有机会了解各位先进与同人在方以智研究领域的长足进展，受教良多。我把我对方以智哲学的粗浅了解，从方以智的学思视野、方以智哲学营构的方法论自觉和方以智精神遗产的现代启示几个角度向大会作简要的报告。其中内容有待日后扩充与澄明处甚多，只能说是一个纲要，请与会诸君多批评。

关键词：学思视野　方法论自觉　精神遗产　现代启示

一、方以智：一个有待重新研究的重要哲学家

由于各种原因，明清之际的著名学者方以智，被近代以来的学术界尤其是哲学史领域有所忽视。尽管梁启超的《清代三百年学术史》、侯外庐的《中国思想通史》、萧萐夫、庞朴都高度评价方以智是"近代启蒙时期的伟大哲学家"，[1] 蒋国保教授也在20世纪80年代就出版了《方以智哲学思想研究》，但是钱穆的《中国近三百年学术史》、冯友兰的《中国哲学史》、劳思光的《新编中国哲学史》等流传更广的哲学史著述，都没有予以足够的重视。而现代新儒

---

① 庞朴：《东西均注释序言》，见方以智撰，庞朴注释：《东西均注释(外一种)》，北京：中华书局，2016年，第9页。

学研究者,大多未能超脱注重门派的风气:以理学、心学为重点,对气一元论的研究则有起伏。同时,现在的风气过分注重判教和依傍"正统",也为学术研究自设限度。从这一意义上说,在我们努力发掘传统文化的资源、建设中华民族现代文明的潮流中,重新研究方以智的思想遗产及其现代价值,有十分重要的意义。

二、无问西东:方以智的学思视野

方以智生活与从事学术活动的年代,在下述双重意义上都是有转折性的:在政治上,明清鼎革之际,对士大夫来说是天崩地裂式的巨变;在思想上,则是西学东渐的重大开启和中国传统哲学的臻于高峰。阅读方以智的著述,第一印象就是方以智的学思视野之广阔,大大超出晚明以前的众多儒者。其表现为下列数条。

方以智对中华文化内部的各种资源尽可能全面地汲取。他对中国本土知识了解之广泛,是十分惊人的,涉及天学、地理、算术、动植物、矿物学、医学、文字音韵学、文学、艺术诸多门类,几乎无所不窥。甚至是对宋明理学家视为"异端"的佛、道两家也持积极融合的态度。

方以智对西方近代自然科学具有高度开放的视野,以文明互鉴的姿态"借远西为郯子"。在明清之际,西方文化借传教士之手开始传入中国之时,方以智即积极地向毕方济、汤若望等学习"历算奇器"、医学、天文,鼓励其子方中通向波兰传教士穆尼格学习数学和物理知识。方以智将其所得的近代西方自然科学知识引入其重要的著作《物理小识》。虽然他以东西科技知识会通的宗旨是"申禹周之矩积",表明中国文化之"超胜",但是这种积极面对近代科学的态度,并未停留在具体的学科知识方面,因为他同时赞扬以物理学为代表的西方实证科学("质测")精神,相信可以从物理学上升为"通几"之学,即将自然科学的知识提升到哲学的创造。这一点大大超越了当时视研究物理知识为"玩物丧志",沉溺于空谈心性的陋儒。

方以智在文化认同上坚持儒家的身份意识,他将中国文化视为一体多元的过程:三教归一(易),"溯其源同,归于《易》也"。如果我们将《易》看作周秦之变中形成的儒家哲学的原点,易学的而后演化又与道家和释家有相通之处的话,此论对历史的判定就是可以成立的;他又说:"天下归仁,莫普于《礼运》之田。"因此,他虽积极学习西方近代科学知识,但是抛弃了传教士的神学外衣,明确排斥传教士所传的基督教信仰。

三、质测—通几:方以智哲学营构的方法论自觉

对于方以智构造哲学系统的方法论,蒋国保教授等已经有探讨在前,我只是有一点粗浅的看法:大致说来,方以智的哲学营构方式本质上是遵循从知识到智慧的路径,而不是忽略知识(见闻之知)只讲所谓"天德良知"。对于上述各科的知识,他认为应该用"质测"的经验科学的方法,只是"质测"要达到"通几",即在穷通层面进达宇宙普遍统一的规律性认识。他把理性知识分为"物理""宰理"和"至理",前两项是平行的,后一项则是更高、更深的"理",是作为规律性的知识,是根本、终极的"理",故为"至理"。三者有互涵的关系。"物理"近乎我们所谓自然科学知识,但是"物"并非只是个别自然物体的总括,在更宽的视域中,"物"可以是人类认识对象的总体。所以他说:"器,固物也;心,一物也。深而言性命,性命,一物也。通观天地,天地,一物也。推而至于不可知,转以可知者摄之,以费知隐,重玄一实,是物物神神之深几也。"①

在这个意义上,性与天道都是哲学认识的对象,都会在现象世界中有所呈现——"费","质测/通几",就是从现象深入其"隐":"寂感之蕴,深究其所自来,是曰通几。"②哲学所追寻的是宇宙万物包括人在内(天人)之所以然。统一的大道分而为"理":宰理、物理、至理。"宰理"大致为政治学和伦理学之"理","物理"相当于我们广义上对客观世界的认识。"宰理"和"物理",虽然可以有人学和外部实在的知识之不同,但是它们有统一的基础,最后都要上升为"至理"。

方以智批评两种倾向:"谁是合外内、贯一多而神明者乎? 万历年间,远

---

① 方以智:《物理小识自序》,见黄德宽、诸伟奇主编:《方以智全书》第 7 册,合肥:黄山书社,2019 年,第 96 页。

② 方以智:《物理小识自序》,见黄德宽、诸伟奇主编:《方以智全书》第 7 册,合肥:黄山书社,2019 年,第 96 页。

西学入,详于质测而拙于言通几。然智士推之,彼之质测犹未备也。儒者守宰理而已。圣人通神明、类万物,藏之于《易》,呼吸图策。端几至精,历律医占,皆可引触,学者几能研极之乎?"(《物理小识自序》)西方传教士"详于质测而拙于言通几"(尽管在物理知识上西学也并不完备)。俗儒是另一种倾向,"世所为儒者,多有二病,穷理而不博学,闻道而不为善……拘守苦难,以尊礼教,与好作诡异以超礼法者,皆好名之徒。桎梏其至性为之者也。"(《稽古堂文集·旷达论》)总的特点都是轻视自然科学知识的价值。汉代王充主张"疾虚妄",因为"汉儒解经,类多臆说;宋儒惟守宰理,至于考索物理时制,不达其实,半依前人"(《通雅》卷首一),宋儒则只是重视伦理学乃至政治学,皆只局限于知识之一偏。

在讲求"通几"之学的时候,方以智主张学习西方的"质测"实学,而以《易》为"通几"之源头。方以智通过对易学的诠释构造其哲学系统,是一个专门、深刻的论域。方以智做得是否善巧圆满,是易学家们可以继续讨论的,他承接先贤创作易学时"仰观俯察"而后得其玄思的路径,立足于观察"人事"的同时,尽可能多地汲取"物理"尤其是新兴科学知识,坚持哲学发展"两条腿走路",确实是从方法论和哲学发展的一般规律上,击中了理学末流"空谈心性"的积弊。

四、方以智精神遗产的现代启示

方以智正面融合佛学来建构其哲学体系的方式,在近代成为一种传统,近代儒者几乎都对佛教哲学持积极汲取的态度,有的著名思想家甚至用是否读佛书作为衡量学者境界高低的标准。事实上,宋代佛教早就儒家化了,在政治上也认同大一统的王权。或者说,佛教已经中国化了。宋儒严守判教的做派意义实在寥寥。所以,在近代史上,从康有为、梁启超、谭嗣同到梁漱溟、熊十力都把儒、佛视为东方哲学的重要资源,这是对历史的尊重。

《四库提要》视方以智为开启乾嘉学派考据学的前驱,梁启超也赞成说他一反空疏武断,"而为清代考据学开其先路,则无可疑",尤其倡导他所主张的治学方法:尊疑、尊证、尊今。我们知道后来胡适在提倡实验主义的科学方法论时,就将乾嘉学派视为可以和西方近代科学方法相结合的本土资源。而侯外庐先生更是把对方以智的评价提高到早期启蒙主义的高度,萧萐夫先生延其余绪,认为"他之所谓'质测即藏通几''通几护质测之穷'的思想中即包含着'求所以然之理'的科学方法的内核"。

研究中国古代文化史的,都知道有一个"李约瑟问题":中国古代有丰富而高明的技术发明,但是近代自然科学却产生在欧洲而非中国。在明代以前,中国人在许多科学技术领域居于世界的领先地位。作为一个伟大的农业文明国家,和农业经济密切关联的天学、地学、历法、医学、农学和生物学尤其发达。"中国古代这些科学把人和自然界看成是有机联系的,是相互作用的,因而就使朴素的辩证逻辑和辩证法的自然观得到人们较早的注意"。① 但是,在政治上地位最高的儒家,即使对天文、历法、医、农诸学有不同程度的认识,他们的学术兴趣也不在这个方向,而在伦理学和政治学,以及如何从伦理学更进一步上升为玄学。所以给人一个印象:中国哲学长于伦理而忽视(科学)知识。研究西方哲学史的都会得到另一个意见:近代西方哲学曾经一度与自然科学结成同盟,自然科学是哲学发展的强大动力,哲学家始终关注着科学的进展,要回答科学进步所提出的挑战,直到近代形成科学哲学或科技哲学的分支。哲学和科学之间的互动是现代文明的重要特征。

这一点可以启发我们对"中国哲学是生命的学问"论再行思考。现代新儒家在道德形上学上有新的发展,形成了所谓儒学的"第三期发展",近期大陆新儒学则从专注于"心性儒学"进到"政治儒学"和"制度儒学"。在这个意义上,当代儒学堪称繁荣。但是,今天我们纪念方以智的时候,就会想,如果以方以智的学科划分,哲学(至理)发展的另一个动力——"物理(科学)",并未得到儒家更多的关注,一个多世纪以来中国哲学还主要集中于"宰理"。事实上,以量子力学为代表的科学革命,向我们以往所持有的世界的统一性和发展原理,提出了诸多挑战。在实证主义潮流拒斥形上学以后,形上学似乎正在复活,但是,新的"物理"如何导向形上学建构的新形态? 尤其是对于技术革命时代产生的人工智能、生命科学、环境危机等,加之"百年未有之大变

---

① 冯契:《中国古代哲学的逻辑发展》(上),《冯契文集》(增订版)第四卷,上海:华东师范大学出版社,2016年,第46页。

局"对传统"宰理"的追问,所有这一切,都还有待中国哲学做出更有创造性的回应。

作者单位:华东师范大学哲学系

方以智圆∴的哲学意涵及其时代价值

武道房

提　要：方以智借符号"∴"表达他全部的哲学思想。"一"是方以智所谓圆∴上面的一点，指本体；"二"是圆∴下面的两点，指一切相对待、相差异、相对立的现象。"一"能超越、消化各种现象的对待、差异、对立，换言之，就是无对待或绝待。但此无对待不可言说，只能通过对待的现象发挥作用。无对待藏于对待之中，从而形成"一即三""三即一"的所谓本体与现象的圆融关系。方以智通过圆∴哲学，试图消弭心学与理学的既有流弊，亦欲调和儒家入世与佛道出世之间的矛盾，还试图沟通西学与中学，将中土哲学与西方哲学进行结合。这显示了他炮烹百家、汇通古今中西，极为宏阔远大的学术气象。

关键词：方以智　圆∴　哲学意涵　时代价值

一、方以智圆∴的哲学内涵

"∴"源出佛学，梵文读若伊。方以智借这个符号以表达他全部的哲学思想。他说：

> 一不可言，因二以济；二即一、一即二也。自有阴阳、动静、体用、理事，而因果、善恶、染静、性相、真妄，皆二也；贯之则一也；谓之超可也，谓之化可也，谓之无可也。无对待在对待中。[①]

[①]　方以智撰，庞朴注释：《东西均注释(外一种)》，北京：中华书局，2016年，第243页。

"一"是方以智所谓圆∴上面的一点,"二"是圆∴下面的两点。所谓"二",是指一切相对待、相差异、相对立的现象或事物。所谓"一",就是超越、消化这种对待、差异、对立,换言之就是无对待。但此无对待不可言说,只能通过对待发挥作用,无对待藏于对待之中。因此,圆∴的实质是讲对待与无对待的关系。方以智说:

> 圆∴三点,举一明三……上一点为无对待、不落四句之太极,下两点为相对待、交轮太极之两仪……总来中统内外,平统高卑,不息统艮震、无着统理事,即真天统天地、真阳统阴阳、太无统有无、至善统善恶之故。无对待在对待中。①

圆∴上面一点表示无对待,方以智称之为公因或大因;下面两点表示对待关系,方氏称之为反因。公因处于统的地位。存在对待关系的反因,如内外、高卑、艮(静)震(动)、理事、天地、阴阳、有无、善恶等范畴,便同时具有无对待关系的公因,如非内非外(中)、非高非卑(平)、非艮非震(不息)、非理非事(无着)、非天非地(真天)、非阴非阳(真阳)、非有非无(太无)、非善非恶(至善)等,存在于反因之中。概言之,即方以智在文集中反复提到的"无对待在对待中"。对待的两方与非对待一方成为三个点,它们谁也离不开谁,是圆融的关系。故此,方以智说:"三即一,一即三,非一非三,恒三恒一。"②在圆∴中,任何一个点,都不能脱离其他两个点而单独存在,三者是一个整体,故言"三即一,一即三",既是三,又是一。说"非三",乃彰显其为一的本质;说"非一",乃彰显三个点性质之不同,故曰"非一非三"。

在方以智看来,所有对待与无对待之间的关系均涵摄于圆∴之中。他说:"虚实也,动静也,阴阳也,形气也,道器也,昼夜也,幽明也,生死也,尽天地古今皆二也。两间无不交,则无不二而一者。"二表示对待关系,一表示超对待、无对待。

所有的对待关系,或体现为空间上对待,如虚实、大小、长短等;或体现为

---

① 方以智撰,庞朴注释:《东西均注释(外一种)》,北京:中华书局,2016年,第65页。
② 方以智撰,庞朴注释:《东西均注释(外一种)》,北京:中华书局,2016年,第37页。

时间上对待,如前后、古今等。用方以智的话说就是"交以虚实,轮续前后,而通虚实前后者曰贯,贯难状而言其几",①"圆∴之上统左右而交轮之"。② 这里的"交轮"做动词用。"交"表示空间上的对待,"轮"表示时间上的对待(轮续)。这句话是说圆∴之上的一点代表绝待(或曰无对待),统贯所有空间、时间中的对待关系,亦即宇宙中所有对待关系(反因)都是圆∴的展开。绝待或无待难以言说,说出来就不是绝待而成为有待了。怎么知道绝待的存在呢?这就需要通过圆∴下面两个点之间的矛盾运动而产生的事物变化的征兆(几)来感知上面一点(绝待)的存在。这便是方以智说的"交、轮、几"的含义,其实质说的还是对待与无对待的关系。

圆∴是方以智哲学的灵魂。从本体论上说,上一点本体寓于下两点现象之中,本体不可见,通过现象发挥作用。从宇宙生成论上说,天地未分之前(天地未生,阴阳未分),下两点在上一点中(二在一中),换言之,有在无中;天地既分之后(天地既生,分阴分阳),上一点在下两点中(一在二中),换言之,无在有中。从认识论、方法论上说,世间一切相差别、相矛盾、相对待的事物,都有一个共同的本质,这个共同的本质即公因,与相对待的反因形成一种共生的圆融关系。

方以智的对待概念除差异性、对立性范畴外,也包括体用、道器、理气、心物等对待性范畴,甚至对待与绝待也是一种相对待的关系。体和用作为对待的双方,成为圆∴下两点,而"非体非用"则是无对待的上一点。道器、理气、心物关系亦是此理。方以智说:"因对待谓之反因,无对待谓之大因(公因)。然今所谓无对待之法,与所谓一切对待之法,亦相对反因者也,但进一层耳。"③也就是说对待关系作为反因(下两点),其上是无对待的公因(上一点),但对待与无对待也互为反因(下两点),其上便有"非对待、非无对待"作为公因(上一点)。这样,在圆∴中,对待与非对待的关系便可无限递进,成为圆融的关系。

综上可知,方以智的圆∴就是讲对待与非对待的圆融关系的。举例来

---

① 方以智撰,庞朴注释:《东西均注释(外一种)》,北京:中华书局,2016年,第37页。
② 方以智撰,庞朴注释:《东西均注释(外一种)》,北京:中华书局,2016年,第36页。
③ 方以智撰,庞朴注释:《东西均注释(外一种)》,北京:中华书局,2016年,第94页。

说,一般人说到"有",只是单纯的"有";而方以智看到的则是"有""无""非有非无"三者作为整体之中的"有","有"不能脱离"无""非有非无"而成为纯粹的"有"。同理,"无""非有非无"亦不能脱离另外两点而单独存在。对待的一方不能离开对待的另一方以及非对待而独立存在,亦即圆∴中的任何一点都是三个点中的一点,不能离开三点之整体而独立存在。三点之间的关系是圆融的关系。方以智的全部哲学都围绕此问题展开。如其最为重要的哲学著作《东西均》的篇目:东西均、颠倒、生死、奇庸、全偏、神迹、道艺、张弛、象数、疑信、源流等,全部在讲对待与无对待的圆融关系。知道这一点非常重要,对于我们正确理解方以智诗学中提到的道与文、格调与性灵、有法与无法、怨怒与中和、奇与正、一与多等诗学范畴的对待关系有着重要的意义。

方以智全面阐述圆∴思想的著作是《东西均》,此书完成于清顺治九年(1652)前后,但他的圆∴思想来源已久,很大程度上是出于家学。其曾祖方学渐、祖父方大镇、父亲方孔炤三世传《易》,方孔炤所著《周易时论》首次提出"公因"(一)与"反因"(二)的说法,并讨论二者之间的关系。方以智逃禅之后常以此点化学人。① 方以智外祖父吴应宾,自称"三一老人",学术上主张"破形又破空,破边又破中""舍一无万,舍万无一",②方以智总结其外祖父的学术为"圆三宗一"。③ 可见,家学对方以智学术观念的形成有极为重要的影响。他后来拈出"圆∴"这一符号,其实是对早已形成的"公因""反因""圆三宗一"等家学观念进行系统的释义。因此,关于方以智如何处理他那个时代存在的各种学术对待关系,完全可以用他的圆∴说来解释。

二、方以智圆∴思想的时代价值

方以智的圆∴思想,不仅仅是纯粹的哲学思辨,还包含深刻的现实指向。晚明以来,王学末流师心自用,粪土六经,空疏不学,割裂尊德性与道问学的关系。自方以智曾祖方学渐始,即主张以朱学补陆学之穷,方以智祖父方大

---

① 方以智编,张永义校注:《青原志略》,北京:华夏出版社,2012年,第363页。
② 方以智编,张永义校注:《青原志略》,北京:华夏出版社,2012年,第76页。
③ 罗炽:《方以智评传》,南京:南京大学出版社,1998年,第87页。

镇主张"用虚于实,即事显理",①企图修正、调和尊德性与道问学、精神虚明与道德践履、本体与工夫之间的断裂与冲突。方以智受家学影响,很早即有"坐集千古之智,折中其间"②的宏愿,后来作为明遗民身负亡国之痛,更有总结既往学术以开新局,"天留一磬击新声"的历史担当。他的圆∴之说,就心学而言,能纠尊德性与道问学割裂之弊;就理学而言,能纠理与气、太极与阴阳、人心与道心、天理与人欲二元分裂之弊;就整个传统学术而言,以他理解的"大成均"(孔子)为"天宗"统摄各家学术,调解儒家的入世与佛、道出世之间的矛盾,将入世、出世打通为一;③就中西学术而言,他视西方自然科学"资为郯子",将其作为质测之学与中土通几之学(哲学)结合起来,从而沟通中学与西学;④就诗学而言,他试图解决诗学界长期存在的关于诗与道、格调与性灵、有法与无法等认知之分歧,将各持边见的双方进行深刻的沟通与调和。这些思路,充分表现了方以智炮烹百家以开新声的学术气象。

作者单位:安徽师范大学中国诗学研究中心

---

① 方以智:《释诂》,《通雅》卷三,清光绪十八年(1892)桐城方氏重刊本。
② 方以智:《音义杂论·考古通说》,《通雅》卷首之一,清光绪十八年(1892)桐城方氏重刊本。
③ 方以智撰,庞朴注释:《东西均注释(外一种)》,北京:中华书局,2016年,第7页。
④ 方以智:《游子六〈天经或问〉序》,《浮山文集》后编卷二,清康熙此藏轩刻本。

方以智经世主义实学思想研究

李季林

提　要：在学术上，方以智以独特的范畴学展示了亲科学、重实学的实证思想，提倡中西汇通、虚实相济、"质测"（科学）与"通几"（哲学）互补；主张释、道归儒，三教归一。在政治上，趋向反清复明的经世主义。方以智的一生与明清实学的发展、兴盛相伴，其人生的狂放、奋进、抗拒、逃遁，是与他的家庭出身、所受教育，尤其是明王朝的衰亡纠结在一起的。实学思想主要表现在他的科学精神和经世主义两个方面，在哲学上表现为坚持"气"一元的唯物主义自然观、赋有实证性质的认识论和"一而二，二而一"对立统一的辩证法。方以智的实学思想是为其经世主义服务的。

关键词：方以智　实学　科学精神　经世主义　三教归一

明清之际的实学思想家在各自的领域取得了足以令后人景仰、羡慕的巨大成就，将儒学推向实学和经世主义的新阶段，为引导人们摆脱理学、心学桎梏，跨出中世纪门槛，开启了一扇思想启蒙之门。方以智可谓是经世主义和实学思想的代表。

方以智（1611—1671），字密之，号曼公，又号龙眠愚者、浮山愚者、无可、药地等，安徽桐城人，出身于官宦、儒学世家；明末清初著名的科学家、哲学家、僧人；崇祯十三年（1640）进士，授翰林院检讨；为复社成员，是"明季四公子"之一。明亡后，以一种不屈不挠的精神，在致力于发愤著述、思想救世的同时，秘密组织反清复明活动。康熙十年（1671）三月，因事被捕；当年十月，在押解途中病逝于江西万安惶恐滩。

《清史稿》说他:"生有异禀,年十五,群经、子、史,略能背诵。博涉多通,自天文、舆地、礼乐、律数、声音、文字、书画、医药、技勇之属,皆能考其源流,析其旨趣。著书数十万言。"

方以智著作宏富,主要有:《物理小识》《通雅》《药地炮庄》《东西均》《易余》《一贯问答》《浮山文集》等,可见他的博学和多产。

在学术上,方以智亲科学、重实学,提倡中西汇通、虚实相济、"质测"(科学)与"通几"(哲学)互补;主张释、道归儒,三教归一。

方以智的一生,其人生的狂放、奋进、抗拒、逃遁,是与他的家庭出身、所受教育,尤其是明王朝的衰亡纠结在一起的。

方以智的一生,与明清实学的发展、兴盛相伴。其实学思想主要表现在他的科学精神和经世主义两个方面,在哲学上表现为坚持"气"一元的唯物主义自然观、赋有实证性质的认识论和"一而二,二而一"对立统一的辩证法。

一、方以智与明清实学思潮

实学是明清之际出现的一种主张经世致用、事功救国的社会思潮,是针对程朱理学、陆王心学空谈义理、性命及无济于事的世风而产生的一个儒学流派,包含科学主义、批判精神、启蒙意识和经世思想几个方面,其哲学思想的基本特征是"黜虚崇实",即崇尚事功务实、鄙夷空谈玄虚,提倡实体、实用、实践、实事等。

明清之际实学思潮的产生,有其必然的政治、经济、文化等社会背景。16世纪明朝中期以后,我国封建社会进入后期,社会各种矛盾蜂起并且愈演愈烈,如地主与农民之间的阶级矛盾、统治阶级内部的政治派别矛盾、汉族与少数民族之间的民族矛盾、新兴的市民及工商业者与封建统治者之间的矛盾、西学东渐过程中产生的中西文化冲突及矛盾等,体现在思想文化上为古与今、中与西、新与旧、变与固等的对立。而伴随着李自成率兵攻克北京、满族入主中原,明王朝最终灭亡了。

这一切对于素有忧国忧民传统的知识分子,尤其是当时地主阶级中进步的思想家、改革派,无异于"天崩地解",从而让他们的心灵产生巨大的震动。于是他们纷纷思索、探讨明王朝衰微、灭亡的原因。由于历史和阶级的局限,他们不可能从历史发展规律中找出社会变革的真正原因,而主要从思想、学术等文化上着眼,把明王朝的衰微、灭亡归罪于程朱理学和陆王心学的空疏迂阔。

为了挽救明王朝的社会危机,当时一批进步的思想家如罗钦顺、王廷相、张居正、顾宪成、陈子龙、方以智、顾炎武、黄宗羲等,针砭时弊、上书朝政,要求变革或创办书院、组织社团或著书立说,以期借助于自己的学术思想救国救民。他们在思想文化上,否定传统、怀疑权威、探求真理;在经济上,反对"崇本抑末"的传统思想,主张"工商皆本";在政治上,主张以民为本,抨击封建君主专制;在哲学上,提倡个性解放和主体意识,反对理学、心学,力主实学、实用,表现了积极的经世主义思想。

明清之际著名的科学家、哲学家、僧人方以智,深知"虚易而实难",他不但批判了宋明理学、心学的"空疏",还批判了佛学和老庄的"虚窃":"壁听禅宗药语,专供无善恶之牌位,生怕说着义、利两字,避浅好深,一发好笑。""禅宗之汩没于机锋也。"如果按照老庄那样专主无为,其结果必然是"一家皆无为则一家废,一国皆无为则一国废"。因此,他疾呼:"欲挽虚窃,必重实学。"①

重实学、主经世,是当时社会的现实需求和思想界共同的主题。

二、方以智的气一元论

方以智的实学思想是以他的气一元论的唯物主义自然观为基础的。他认为"盈天地间皆物也",而"一切物皆气所为也",因此天地万物一"气"而已。

方以智的气一元论,是对我国古代唯物主义思想家管子、王充、张载等人气一元论的继承和发展;他否定有神论、坚持"气"的物质属性和表现形式的多样性,同时赋予"气"以抽象性,使"气"兼具"有"与"无"的双重属性,很好地解决了世界的物质性、物质存在的多样性和统一性问题,使得他在实证科学基础上建立起来的气一元论接近于近代科学物质一元论的理论水平。

方以智的气一元论,是通过有与无、气与物、物与理等几个层面展开的。

---

① 方以智:《东西均》,见黄德宽、诸伟奇主编:《方以智全书》第1册,合肥:黄山书社,2019年,第323页。

在世界万物的本源问题上,方以智站在科学和无神论的立场,否定了"上帝""理""心"之说,改造了老子的"道",提出了"无有""太极""气"的概念。"太极者,先天地万物,后天地万物,终之始之,而实泯天地万物,不分先后终始者也。"① 太极乃万物之太极,万物乃太极之万物。在哲学上,方以智用同一性解决了先后的矛盾性。

"混沌生于有,开辟生于无。混沌非终无,开辟非始有。有无不可分,而强分之曰:未生以前,有在无中;既分以后,无在有中。"② 这是对老子"天下万物生于有,有生于无"③ 宇宙生成论的另一种表述,但是它有意忽略了老子的"道",降低了"道"的层次,把"道"等同于"火",而"火"是"气"的一种表现形式,那么"道"就从属于"气"了。

进而,方以智提出人是物、形是物、事是物、气是物、心是物、性命是物、天地是物,而万物都是"气"的产物。因此,万物一"气":

> 盈天地间皆物也。人受其中以生,生寓于身。身寓于世,所见所用,无非事也。事,一物也。圣人制器利用以安其生,因表理以治其心。器,固物也;心,一物也。深而言性命,性命,一物也。通观天地,天地,一物也。④

> 水为润气,火为燥气,木为生气,金为杀气,以其为坚气也;土为冲和之气,是曰五行……但以气言:气凝为形,蕴发为光,窍激为声,皆气也。⑤

> 一切物皆气所为也,空皆气所实也。⑥

---

① 方以智:《东西均》,见黄德宽、诸伟奇主编:《方以智全书》第1册,合肥:黄山书社,2019年,第260页。
② 方以智:《东西均》,见黄德宽、诸伟奇主编:《方以智全书》第1册,合肥:黄山书社,2019年,第258页。
③ 陈鼓应译注:《道德经》"四十章",北京:商务印书馆,2003年,第226页。
④ 方以智:《物理小识自序》,见黄德宽、诸伟奇主编:《方以智全书》第7册,合肥:黄山书社,2019年,第96页。
⑤ 方以智:《物理小识》,见黄德宽、诸伟奇主编:《方以智全书》第7册,合肥:黄山书社,2019年,第124页。
⑥ 方以智:《物理小识》,见黄德宽、诸伟奇主编:《方以智全书》第7册,合肥:黄山书社,2019年,第114页。

可见,方以智的"气"近似于我们现在所说的"物质"。

在物与理的关系上,方以智反对宋明理学"万物一理""理在气先"的观点,认为理是物之理、物是物之物而非理之物,不存在所谓独立于物外的理。"舍物,则理亦无所得矣。"①

当然,由于方以智没有提及"气亦为气",即没有明确作为哲学范畴的"气"与作为具体事物的"气"之间的区别,给人以模糊、混淆概念的嫌疑。

三、方以智的实学思想

针对程朱理学和陆王心学的理在事先、心在物外,以及"吾心即宇宙,宇宙即吾心"的唯心主义自然观和认识论,方以智提出了"学而后知""格物以致知""理以心知"和"以实事征实理"的命题:

> 寓内之方言、称谓、动植、物性、律历、古今之得失,必待学而后知。②

人们认识世间的一切客观事物及其规律,就是学天地、辨物则、探究事物以获得知识。

> 物有则,空亦有则,以费知隐,丝毫不爽,其则也,理之可征者也……人推移其中而变,有不变者存焉。③

方以智认为事物有现象、本质和规律,人们借助于感官能够认识事物常态下所表现的各种现象,借助于理性又能够把握事物多变的现象下相对稳定的本质和规律。

> 天地一物也,心一物也,惟心能通天地万物,知其原,即尽其性矣。④

---

① 方以智:《物理小识总论》,见黄德宽、诸伟奇主编:《方以智全书》第7册,合肥:黄山书社,2019年,第100页。
② 方以智撰,庞朴注释:《东西均注释(外一种)》,北京:中华书局,2016年,第179页。
③ 方以智:《物理小识总论》,见黄德宽、诸伟奇主编:《方以智全书》第7册,合肥:黄山书社,2019年,第100页。
④ 方以智:《物理小识总论》,见黄德宽、诸伟奇主编:《方以智全书》第7册,合肥:黄山书社,2019年,第99页。

方以智认为"心"有认识的功能,而"心一物也",即心是一种能够会通天下事理的特殊物质,是不能离开对象而自显其功能的,因此说"心无体,而因事见理以征几也"。

方以智批判了程朱理学和陆王心学的"离气执理""扫物尊心"的观点,认为它们在认识论上都是错误的,因为"理以心知,知与理来,因物则而后交格以显,岂能离气之质耶"？可见方以智事物可知论的唯物主义立场。方以智又说:"吾以实事征实理,以后理征前理,有不爽然信者乎？"①表达了他的科学实证思想。

方以智主张知与行并重、亲身实践;如果只是静思冥想,是不会有结果的。"学者静正矣,不合俯仰远近而互观之,又何所征哉？"

坚持批判的精神和怀疑主义,方以智反对迷信古人和权威,"考古所以决今,然不可泥古也""借远西为郯子(指西方的自然科学),申禹周之矩积(指我国古代的自然科学)",主张"尊疑""求实",古为今用、洋为中用。

就学术思想的分类问题,方以智提出了"质测"和"通几"的概念。

> 寂感之蕴,深究其所自来,是曰"通几"。物有其故,实考究之,大而元会,小而草木蠡蠕,类其性情,征其好恶,推其常变,是曰"质测"。质测即藏通几者也。②

> 通几护质测之穷。③

所谓"通几",就是贯通事物的内在道理;而"质测"则是考察事物变化的现象,发现事物的规律。可见,"质测"相当于实证、自然科学,"通几"则相当于哲学。

方以智认为"质测即藏通几""通几护质测之穷",即哲学既藏身于科学,又指导科学。这种认识是客观的、辩证的。

---

① 方以智:《东西均》,见黄德宽、诸伟奇主编:《方以智全书》第1册,合肥:黄山书社,2019年,第254页。
② 方以智:《物理小识自序》,见黄德宽、诸伟奇主编:《方以智全书》第7册,合肥:黄山书社,2019年,第96页。
③ 方以智:《青原愚者智禅师语录·示侍子中履》,见黄德宽、诸伟奇主编:《方以智全书》第3册,合肥:黄山书社,2019年,第135页。

方以智关于"质测"和"通几"等众多的哲学范畴,在中国哲学史上,有其独特的理论意义。

四、方以智的辩证思想

方以智在所著的《东西均》中提出"一而二,二而一"的命题,概括了事物的矛盾和矛盾运动,认为事物都是"相救相胜而相成"的,体现出唯物主义和朴素的辩证法思想。这种思想是对我国古代朴素辩证法的继承和发展,是当时自然科学发展水平的哲学反映。

《周易》说:"一阴一阳之谓道。"

《老子》说:"有无相生,难易相成,长短相较……反者,道之动。"

北宋哲学家张载提出了"一物两体"的矛盾观或对立统一的辩证思想。

方以智在此基础上,总结了当时的自然科学知识,提出了"尽天地古今皆二"的哲学命题,肯定了事物矛盾的普遍性。

方以智在《药地炮庄》"齐物论评"一文中,针对庄子泯灭矛盾的对立性、夸大同一性的相对主义,提出:"一切法皆偶也。丧偶者执一奇耶!奇与偶对,亦偶也。"进而批评道:"丧二求一,头上安头;执二迷一,斩头求活。"一而二、二而一,矛盾具有对立性,又具有同一性,不可偏执其一,也不可丧失其一。抹杀矛盾的对立性,去追求超乎客观事物的绝对抽象的同一性,如唯心主义形而上学论者撇开"物"而言"道""理""真宰"等,就与"头上安头"的怪物无异;而执二迷一,只讲矛盾双方的对立,否定其统一性和联系,则无异于"斩头求活",是荒诞的。

方以智认为世间万事万物,"一不可量,量则言二,曰有曰无,两端是也。虚实也,动静也,阴阳也,形气也,道器也,昼夜也,幽明也,生死也,尽天地古今皆二也。两间无不交,则无不二而一者,相反相因,因二以济,而实无二无一也",[①]即"凡天地间皆两端",而"可见不可见,待与无待,皆反对也,皆贯通

---

① 方以智:《东西均》,见黄德宽、诸伟奇主编:《方以智全书》第1册,合肥:黄山书社,2019年,第258页。

也。一不可言,言则为二;一在二中,用二即一"。① 就是说,宇宙间的一切事物都是由两个相互排斥的对立面即矛盾的双方构成的。而矛盾的双方又有主次、轻重之别,且在一定的条件下可以相互转化。方以智从而得出"相因者皆极相反"是"天地间之至理"的科学结论。

在这一方面,方以智因他的科学知识和实证思想达到了同时代思想家所能够达到的最高的水平。当然,方以智也难免受他所处的时代、阶级以及个人学识的局限。在他的思想中,有时也表现出圆融矛盾、悲观虚无和神秘主义的倾向。如受佛教的影响,他认为在真如法界中,"一即一切,一切即一,事事无碍,则一切俱无碍";受老、庄尤其是庄子哲学消极因素的影响,他在生死、苦乐观上,表现出一定的悲观思想和虚无主义,说:"生本不生,死本不死;生死一昼夜……人乐我苦,人苦我乐,人逸我劳,人遽我闲,何须再计?"②意思是人生就那么回事,何必认真呢?

无疑,方以智思想中这种消极成分的形成,他坎坷的中年人生和失意的政治生涯是重要的原因。而方以智思想中赋有的神秘主义宿命色彩的东西,如认为"混沌之先,先有图书、象数",天地之象之数"至定"等,则主要是少年时期受河图、洛书、象数影响的结果。

关于事物的运动,方以智认为"天恒动,人生亦恒动,皆火之为也""生生几几,变变不变""物物皆自为轮",即事物是运动变化的,运动变化的动因是"火"(火是气的一种形式);"变变"是"不变"的,运动变化是绝对的,运动变化的形式是循环往复的。方以智关于事物运动、变化的思想是相对科学的。

五、方以智的经世主义

方以智的一生,历经了积极入世、经世、逃亡、抗拒、出世的波折,按其经历和思想变化,可分为三个时期。

第一个时期,1611—1644 年,即方以智从出生、青少年时期至 33 岁明亡

---

① 方以智:《药地炮庄》,见黄德宽、诸伟奇主编:《方以智全书》第 2 册,合肥:黄山书社,2019 年,第 115 页。
② 方以智:《东西均》,见黄德宽、诸伟奇主编:《方以智全书》第 1 册,合肥:黄山书社,2019 年,第 267 页。

时。年届三十的方以智于崇祯庚辰(1640)中进士,在京任工部观政、翰林院检讨、皇子定王讲官等,由热心诗词文学、关心政治、过着诗酒生活的贵公子步入仕途。但是,1644年李自成率领农民起义军攻克北京、明王朝的覆灭改变了他本应平坦、庸常的仕途生活。

第二个时期,1645—1652年。明亡以后,方以智从北京逃亡到南都南京,投奔南明弘光政权;因不为所容,遂改名换姓,逃往粤南一带,一度以卖药为生。顺治三年(1646),方以智参与拥立南明永历政权的活动,任左中允、少詹事、翰林院侍讲学士,不久又因受排挤而离去,遁迹于湘、桂、粤西一带,过着"曲肱茅屋鸡同宿,举火荒村鬼作邻"的乡野生活。后于顺治七年(1650)清兵入粤之际,披缁为僧,遁入佛门:"吾归则负君,出则负亲,吾其缁乎?"可见方以智出家是迫不得已。两年后的1652年秋天,方以智回到故乡桐城。这一时期,方以智从事一系列带有政治逃亡色彩的抗清复明活动,是方以智由入世而出世的转折期。

第三个时期,1653—1671年,方以智回到故乡以后,拒绝了地方官吏的举荐,于1653年皈依天界寺,真正遁身空门;1664年,受人邀请,方以智主持吉安青原山静居寺佛事,授徒讲学;1671年,方以智因"粤事"被牵连下狱、囚于南昌,在解往广东岭南途中,在江西万安惶恐滩头,因病去世,享年61岁。此间,方以智一边主持佛事、授徒讲学,一边著书立说、潜心学术,写了大量的理论著作。

方以智的一生与明清实学相伴,也与明王朝撕扯不断。方以智早期关心时事、热心政治,是积极入世的。这与他的家庭出身和时代背景有关。方以智出身于书香、官宦世家,其曾祖父方学渐、祖父方大镇、父亲方孔炤等不仅是易学大家,还多是当政朝廷官员,而且直接或间接地与东林党有关,参与一些政治活动。这些对方以智经世、入世思想的影响很大。据记载,方以智14岁时曾徒步百里去参加童子试,以磨炼意志,并对人说:"天下将乱,士君子将习劳苦也。"他认为:"今天下眷眷多事,海内之人不可不识,四方之势不可不识,山川谣俗,纷乱变故,亦不可不详也。"因此,他非常注重游学、交友和经世务实之学,尤其是与西方传教士的结交使其开物亮眼。

明亡以后,方以智流寓南京,亲身经历了社会的大危机和没落王朝的无能、昏聩,凭借书生意气,与陈贞慧、吴应箕、侯方域等"接武东林,主盟复社",品评人物、指点朝政。方以智在一首诗中也自诩"筹当世大计"的一介"狂生"。方以智身体力行,先后写了《拟求贤诏》《拟上求治疏》等,谏议皇上选贤任能、革除弊政、实行改革,然而终不被重用。但是,即使在几经波折、备受排挤的情况下,方以智也没有远离他的经世实学,没有忘记他复兴明室的心志。他曾在《书鹿十一传后》中表示要"挹东海之泽、洗天下之垢",期望清理当时的政治。在农民起义军屡战告捷、清兵南下危及明王朝江山的情势下,方以智毅然上疏,甚至要求投身于行伍,并在崇祯皇帝面前痛陈救危方略,后曾联络东南抗清力量进行抵抗,表现了前朝名士、一介知识分子的忧患意识和救世精神。

六、结语

纵观方以智的一生,他胸怀大志、文武双全、抗清复明、拯人救世,其经世思想和科学精神、实证主义是相辅相成的,是自始至终的,是明清实学思潮的一个重要组成部分。即使是在决心离开官场、出家为僧、回到故乡桐城之后的拒诏期间,方以智也致书当时的军务及朝中诸公,劝勉他们要"勤力同心""卧薪尝胆""练兵爱民,勤于政事";甚至在为僧期间,也不忘下山云游、讲学弘道、交结时人,只是诚如王夫之所言"所延接者皆清孤不屈之士"。这也确实像他儿子所说的,方以智是"逃世还传救世方"。

从方以智的身上,我们清晰可见中国古代知识分子那种百折不挠、或穷或达都始终不忘拯人救世的可贵品质和优良传统。

作者单位:安徽省社会科学院哲学与文化研究所

论方以智的性与理气结构

——以《性故》为中心

叶乐扬

提　要: 方以智在《性故》中所呈现的性论框架及其与理学思想脉络之间的关联,在一个侧面体现为方以智的性论对理学框架中的理气论加以自觉的吸收与重构。方以智试图结合儒学论域中的性命论等内容,建构全新的具备合一性的"性理气结构"。"性"对"理"与"气"的整合、"性""理""气"之间的关系、对性命论与理气论的择取,这三者是方以智建构"性理气结构"过程的主要侧重点。以"性""理""气"等概念的关联性为桥梁、以"性"为切入点重构宋明理学的理气论结构,本质上既是方以智对气论与理气论思想加以统合的理论尝试,也是其试图整合三教形而上学结构的思想实践。这为他进一步建构"无二而不执一"的形而上学哲学思想体系奠定了基础。

关键词: 方以智　性论　理气

一、合理气之性

理气关系是宋明理学思想中极为重要的思想命题,在理学大家朱熹的思想体系中占据重要地位。陈来先生在《朱子哲学研究》中指出:"实际上,理气、理物问题主要是指事物的规律与事物本身的关系,它虽然包含有一般与个别的问题,但在直接意义上并不就是共相与殊相的关系。"[1]作为对事物及

---

[1]　陈来:《朱子哲学研究》,上海:华东师范大学出版社,2000年,第143～144页。

事物规律的刻画,"理"与"气"在理气论框架中的关系呈现出多个层面,包含先后问题、动静问题、分殊问题、同异问题等,而"性"的加入则令这三者之间的关系呈现为一种更为复杂纠合的状态。而这本身同样与"性"自身的语词含义相关。

从所涵摄的论述内容看,"性论"有"性理论""性命论""人性论"等多个不同的概念论域集合。当其与不同的概念相组合时,往往意味着自身概念含义及侧重面的变动。张岱年先生在《中国哲学大纲》中对"性论"争讼中所包含的多种"性"之意味做了分梳和讨论:"关于性论,最应注意者,是各家虽同在论性,而其所说之性,意义实不相同。性最少有三项不同的意谓,是应该分别的……性之第一意谓,是'生而自然'……性之第二意谓,是人之所以为人者……性之第三意谓,是人生之究竟根据。"①在张先生看来,宋代理学家们所言"天地之性"或"本然之性"即"性"的第三意谓。与张先生类似,唐君毅先生也对"性"的含义做了细致的梳理,认为单纯理论分析"性"之一字即可见其至少有现实性、本质性、后性、前性、生生之性五义。② 鉴于"性"自身的概念内涵已然高度复杂,在讨论方以智的性观时必须结合文本的语境才能更好呈现其思想体系中"性"与"理气"的纠葛与杂糅。值得强调的是,从《性故》的文本看,"合理气以言性"当是方以智在性论层面尝试打破理气二分,从而建构一元化宇宙论的理论尝试。这在某种程度上与理学由宋明程朱的理气二元论向明代理气一元论的思想史进程若合符节。③

在《性故》的第三节中,方以智对"性""理""气"有一段以演化论与生成论框架为背景的探讨:

---

① 张岱年:《中国哲学大纲》,南京:江苏教育出版社,2005年,第241~242页。
② 参见唐君毅:《中国哲学原论·原性篇》,《唐君毅全集》第十八卷,北京:九州出版社,2016年,第417~418页。
③ 有关宋明理学理气论与人性论由二元论向一元论转变的具体过程与更多材料,参见高海波:《宋明理学从二元论到一元论的转变——以理气论、人性论为例》,载《哲学动态》,2015年第12期,第35~42页。至于朱子学的宇宙论是否可以用理气二元论来加以描述,唐文明先生则提出不同的看法,认为朱子宇宙论实质上有"心统理气"之义,可备一说。参见唐文明:《朱子论天地以生物为心》,见《中国儒学》第14辑,北京:中国社会科学出版社,2019年,第46~66页。

以质论之：气交凝形，而气籥栖灵，此生后之气质也。即未生前，亦缘气以为质也。辟天地一气质也，混天地一气质也，所以为气者，贯乎混辟气中者也。气凝形者坏，而气不坏；气习聚者散，而大心无聚散，故称性之质为气，而明气之中曰理。物各一理，而共一理也，谓之天理。气分阴阳，则二其性；分五行，则五其性。人物灵蠢各殊，是曰独性，而公性则一也。公性在独性中，遂缘习性。故学以剥复而用之，明辨而晦养之。诚者，君道，必合臣力；诚之者，择善，得一善而止至善矣。若欲通而谓之，以为气，则无非气也；以为心，则无非心也；以为理，则无非理也。正铎为万世善用，开口则恒言理云尔。藏罕于雅，则就事言事云尔。①

　　在此节之前的第二节开端，方以智提出"以称名而言之"的理论视角，结合第一节"何不反覆合观而自参之"②一语可见，方以智此节的主旨与第二节类似，均为提出一个理解"性论"的维度，属于对第一节思想主张的延续与展开。自"以质论之"至"遂缘习性"，方以智以"质"为关键词，论述了"性""理""气"在宇宙生成论结构中各自扮演的角色。"质"指向较为确定和固定的物质实存性，也可称为"实在性"。"以质论之"这一视角的实质，即讨论"性""理""气"在物质形成与宇宙演化过程中所指示的对象及各自的定位。无论宇宙处于"混"或"辟"的任意一种状态，"气"与"质"都是贯通其中、始终呈现的物质存在。而这一存在的原因——即"所以为气者"，同样贯彻于宇宙的混辟过程与作为物质存在的"气"之中。在这个意义上，方以智将"气"视为最普遍的物质实存，这一实存不会因宇宙状态的变化，以及其是否处于宇宙生成这一过程中而消灭。"即未生前，亦缘气以为质也"，是对宇宙未诞生前③物质如何存在这一问题做统贯式的回应，陈来先生将方以智这一独特的"气一时空观"概述为："气构成一切事物，一切空间都充满着气，没有脱离物质的绝

---

① 方以智撰，张昭炜注释：《性故注释》，北京：中华书局，2018年，第3~4页。
② "何不反覆合观而自参之"的对象，当指"性"与"性故"。
③ 以"未生"划分宇宙生成的两个阶段，在某种程度上便是从宇宙演化作为时间性过程的角度对"气"普遍化于时间这一问题进行质疑的前提。

对时空。"①

在"气"普遍化的世界图景中,"性"的含义相对于理学"天地之性""气质之性"的二分也有所变化。在方以智的语境中,"气"构成"性"作为物质存在的实体,在某种程度上也可以"质料"来理解"气"相对于"性"的关系。② 同时,"理"蕴藏于"气"之中。尽管方以智在此处并未对"理"做更为细致和深入的解释,但联系"天理"及"物各一理,而共一理也"的表述,不难发现其对"理"之内涵的理解并没有脱离理学的思想脉络,"理"的本体地位与"理一分殊"这一程朱理学的经典命题都在方以智的宇宙生成论中占有一席之地。至于"气分阴阳,则二其性;分五行,则五其性"一句,则体现了方以智在周敦颐《太极图说》"五行,一阴阳也;阴阳,一太极也;太极,本无极也。五行之生也,各一其性"③的基础之上,建构阴阳五行与性、气关系结构的理论特点。在暂时排除"公性""独性"与"习性"这三个颇具方以智思想特色的"性"概念后,方以智在这一节中所建构的"性""气""理"三者的关系已然呈现出一种整体化的体系结构。这一结构以"气"为中心,结合气论与理气论,呈现出一种独特的性论模式。就核心特征而言,该结构模式无疑是在引入"性"这一概念后,对前代理学中气论与理气论所做的一次整合。

"故称性之质为气,而明气之中曰理"是方以智在此节中对"性""理""气"关系的关键论述。粗看此句,其大意为"性"与"理"分别和"气"建立联系。"气"为"性"的"质",即强调"气"作为"性"之物质实在的地位;"气之中曰理",即言明"理"在"气"的内部而非外在于后者的结构关系。"气"作为"性""理""气"三者关系的核心,看似仅仅是对前文将气作为普遍化物质存在这一观点的展开,实则已经借由"性"这一概念的引入而对其理学意义上的自身内涵及理气关系进行了重构,进而促使方以智的理气观超越了理气二元论并过渡到

---

① 陈来:《中国近世思想史研究》(增订版),北京:生活·读书·新知三联书店,2010 年,第 532~533 页。
② 这同时意味着"气"是"性"中偏物质性的部分,方以智有批驳后儒"外气于性"之语,近乎于言"气在性中"或"气与性同在"。或者说,"气"是"性"在物质层面的呈现,这时"性"与"气"之间存在类似于涵容或同在的结构关系。
③ 周敦颐著,陈克明校点:《周敦颐集》,北京:中华书局,2009 年,第 5 页。

了"性""气""理"合一的一元论。从某种意义上说,"性"能弥合理气二元化后的间隙,其依据在于"性"作为"气"以"质"这一身份相对而言的主体,在气化流行的层面具有与事物之"理"(也可说"气之理")异名而同义的特点,从而得以涵容"气"与"理"。理气关系与性气关系虽然各自所处层面不同,但其关系所具有的相对性则高度一致。而"性"也在一定意义上填补了本体之"理"①(如"天理")与普遍化物质实存"气"之间的空白。考虑到语词本身的复杂含义,"性""气""理"三者之间的复杂关系姑且可如下图所示:

性(理)

理(性)　　　气

此外,在方以智的本体论建构中,终极的本体无论其选用何种命名,始终是一元的。而为了超越理气二元的理学结构,"性"的引入就具有某种理论选择上的必要性。在这个意义上,方以智论述中的"性"具有"合理气"的功能而并非只是将"合理气"视为它的内涵。将"性"作为"合理气"的主体则是对原先气论与理气论结构的一种补足。

二、以气为质与理在气中

值得强调的是,尽管从理气论的视角看,"性"是方以智为重构理气关系而引入的"新"范畴,但从《性故》中性－理－气三者的结构关系看,"气"才是这一理论架构的核心。在性－气关系的层面,方以智认为"性之质为气",以"气"为提供"性"物质存在的依据,赋予了"性"与"命"相似的以"天"为来源的特征——即某种与绝对的物质存在保持隔阂的超越性。在"性之质为气"的性－气关系中,"性"的本体性与"气"的普遍性相结合,从而形成了二者在理论层面对世界的整体性解释。而"气之中曰理"一句,则强调"理"在"气"中而

---

① "理"至少有两个层面的含义:一方面,可以指称终极的本体;另一方面,也可以指向具体事物的规律与道理。这一点在"理一分殊"以及后续方以智本人的论述中都有所体现。而两者都可以与"气"构成二元关系。"性"在本体之"理"与"气"的二元关系中扮演着中间人的角色,在事物之"理"与"气"的二元关系中则扮演着统合物质性与所以然之性的统合者角色,甚至在一定意义上可以取代"理"。

非外于"气"的理气联系。这一观点很明显是对随朱子学兴起的理气二分说的理论反思,也与明代中叶以降罗钦顺、王廷相等气论思想家批判旧理气关系、强调气一元论的立场,乃至明末清初逐渐兴起的经世致用实学精神相契合。王廷相言:"理载于气,非能始气也。世儒谓理能生气,即老氏道生天地矣。"①其句意中有"理"被"气"所承载的含义,与方以智"气之中曰理"一言不可谓无异曲同工之妙。

任何新的理论建构都必然面临着对旧体系的回应这一关键问题。作为理气二分在性论层面的理论呈现,朱子学"天地之性"与"气质之性"的划分始终是方以智重构"性"以"合理气"所必须超越的对象。在《性故》的第二十一节中,方以智对朱子学将"性"分为"天地之性"与"气质之性"的理论建构做了集中回应:

> 问:宋儒气质之性、义理之性,果可分乎?
>
> 曰:委气化者但言子得其母,精其源者乃明子生于父。好浑沦者尝言一家,明统御者必言一家之主。六合万古,一气而已!圣人知所以为气者因而理之,所谓心与理来而理与知泯者也。特尊之以修教,曰於穆之命自命,气数自气数,降衷之性自性,气质自气质,此孟子之两不谓也。因以心理其事,事理其心,灼然分即是合而离微之,使人格致,乃专而通,心物交泯,事理岂二?全盂是水,全盂是润,全盂是甘,此一喻也,曾知味否?故曰气无在无不在,理亦无在无不在。曰无在者,不物于物也;曰无不在者,物物者也。今深谈者止以生前生后相夺相化,而听者遂颠顶矣!既曰生后之树即未生前之仁,则根干花实之中节秩叙历然,又可混乎?仁即是树,则仁中之秩叙历然,又可混乎?理欲忧患,战胜而肥;无我备我,先咷后笑。约万事而理其要,公化私而私亦公矣。就一念而提其因,先化后而后即先矣。精而致其一,中统偏而偏亦中矣。精入神而神不自知,何容言乎?惟天下至诚为能化,化岂可以致力?而况虚谈乎?尽心而已。人肯尽心,欲即无欲。循理故静,是真无心。快口无心,非虫豸即

---

① 王廷相著,王孝鱼点校:《慎言》,《王廷相集》,北京:中华书局,1989年,第753页。

横窃也。似是之莠,恶能不芸?①

方以智在这一段中,整体依旧秉持将气质之性与义理之性合一的立场,同时对气质之性与义理之性何以二分的状况给出了论述。方以智认为,气质之性与义理之性的合一性与理气关系有密切的关联。不同于"委气化""精其源""好浑沦"与"明统御"这几种和气质之性与义理之性相关的观点的各有侧重,他认为可以通过"气"这一普遍的物质性存在来重构理气关系,进而消解气质之性与义理之性在理气性理论框架内部的二元对立。

对对立的消解本身建立在理气关系的基础之上,方以智首先继承了理学对理气关系的部分论述,认为理为气之所以然——"圣人知所以为气者,因而理之"。但这一继承本身又结合了先秦儒者的性命论结构,即认为从圣人修教的角度看,圣人出于教化的考虑,将"理"这一所以然的层面称为"命",并区分其与"气数"之间的关系;将"命"下贯至物质现实后的存在称为"性",并区分"性"与"气质"之间的关系,最终形成"命"与"气数"、"性"与"气质"的"两不谓"区分。换言之,此处方以智借重构孟子之论,试图重新对"性"与"气质"的关系进行判定。在《孟子》原文中,其"两不谓"所指称的原本是君子的"性命"观:

孟子曰:"口之于味也,目之于色也,耳之于声也,鼻之于臭也,四肢之于安佚也,性也,有命焉,君子不谓性也。仁之于父子也,义之于君臣也,礼之于宾主也,智之于贤者也,圣人之于天道也,命也,有性焉,君子不谓命也。"②

方以智将孟子对性命的讨论用以类比"命"与"气数"、"性"与"气质"之间的关系,从而在此处令"性"更接近"命"的含义、"气质"更接近"性"的含义,这在一定程度上从结构性的角度化解了气质之性与义理之性的二分——即气质之性与义理之性分属于两种不同角度的宇宙图景:第一种是性命论模式,

---

① 方以智:《性故》,见黄德宽、诸伟奇主编:《方以智全书》第3册,合肥:黄山书社,2019年,第21~22页。

② 朱熹:《四书章句集注》,北京:中华书局,2012年,第377~378页。

由"命"下落至"性",此时的"性"相对于"命"而言偏重气质的层面;第二种则是理气论模式,"性"与"气质"相区分,"性"相对于"气质"而言则更偏重本体的、所以然的层面。从宇宙生成论与本体论相区别的角度看,前者无疑属于生成论模式而后者则属于本体论模式。方以智这一统合能超越二分,其关键点在于两种模式所对应结构的一致性——即无论是"命"与"性",还是"性"与"气质",彼此之间都存在逻辑上的"下落"关系,这一天人之间的密切关联成为方以智连通二者的关键所在。

"下落"关系在耦合两种性论模式的同时,其本身作为形而上本体至形而下现实层面的下落过程又使得这一区分并不截然。借由"下落"来呈现"性"与"命"的勾连,进而化解二者之间在现实层面的二分,是方以智在这一文本中进一步呈现给我们的理论思路。也就是说,气质之性与义理之性的二分实际有两种表现:第一种表现是二者分属于不同的性论结构,而方以智通过两种结构中两个主体之间相对而言的"下落"关系这一共通之处将二者耦合在一起;第二种表现则是虽然这一"下落"关系本身即二分的一种表现,但其作为两个主体之间的关联,又在实质上可以被视为沟通二者并消解其二分意义的桥梁。因此,方以智在此处实际搭建了"命""性""气质"的三元框架,而这一结构在后续以公独、善恶等论域讨论"性"时还将反复出现。

问题在于,假如"性""命""气质"三者就以上这一三分结构而言被方以智耦合得相对成功,那么理气关系除了用作"性"与"气质"间关系的背景与前提,又有何意义?"气"与"气质"之间又是怎样的关系?为了将理气论与性论更好地结合起来,方以智不能仅仅止步于性命论与性气质论的构建,而必须进一步将理气论与这一框架相融合,促成一个更为广阔的统一体系的出现。为此,方以智必然要在"理为气之所以然"的基础上对理气关系做进一步的论述与刻画。其所选取的具体路径则是引入"心""事""物"等范畴,以及做"水"和其"润""甘"等性质的比喻。在方以智看来,心与事理之间的相互作用经历了由原本的"合一"过渡到"灼然分",进而通过精微之处的格致工夫再次"专而通"的工夫历程。张昭炜先生认为:"此处又可分出两个层次:'心理其事,事理其心',这是第一次合。'灼然分',这是由合而分,通过分,各尽其精微。

'心物交',这是第二次合,第二次相合通过格致功夫来实现。"①方以智通过论述心物与事理的合一性为证成物质化的存在与抽象化的存在之间的相合铺平了道路,并通过"水""润""甘"的比喻将理气关系最终呈现为"理"与"气"共同无在无不在的存在景象。

在"盂中之水"的比喻里,方以智实际提出了这一问题:一个盂中装满了水,是否可以称其为"盂中装满了'润'"或"盂中装满了'甘'"?"润"与"甘"都是水的性质,它们与"水"这一物质之间似乎存在某种隔阂。在方以智看来,这一隔阂实际是论说视角的差异,"全盂是水,全盂是润,全盂是甘"都是同一个比喻。方以智在晚年与他人合编的《青原志略》中对此有更为详尽的讨论:

> 譬之水然,全盂是水,此水之质也。或言全盂是润,可乎?或言全盂是清,可乎?或言全盂是光,可乎?或言全盂是甘,可乎?或言水之味非甘苦之所能到也,谓之无甘无苦,可乎?或言水之清虽入污淖而水性自如故也,可乎?因而质正之曰,水之本甘,非世间五味之甘,然不得谓之苦,决曰无甘无苦谓之至甘,可乎?清非浊所能失,谓之清统清浊,可乎?虽曰清非浊所能失,然正用以瀹茗和羹,必取清水,不则矾澄之、火洗之,可乎?抑将曰牛溲马浡有时救渴,而谓瀹茗和羹不必清水也,可乎?凡此诸说,皆无在无不在者也。曰无在,曰无不在,即相反矣,何待执润、执清、执光、执甘之说各伸其是而渚讹耶?时取一说,以解人之执,古有之矣,实则本不相碍者也。②

方以智在这一处文本中借用"盂中之水"喻,承载了诸多理学问题域中非常熟悉的论述角度,如清浊之分、甘苦与无甘苦之别等与"性"的天地气质二分和"性"的善恶有无之争等高度契合,论说本身相较于《性故》中的内容则更为整全详密。而其以"无在无不在"描述理气合一性的论说立场也并未改变。"曰无在者,不物于物也;曰无不在者,物物者也",通过对物性的肯定与超越实现理气合一,即方以智将理气相合的理论取向,故其将此表述为"理在气

---

① 方以智撰,张昭炜注释:《性故注释》,北京:中华书局,2018年,第208页。
② 方以智编,张永义校注:《青原志略》,北京:华夏出版社,2012年,第365~366页。

中",诚如张昭炜先生所言:"'无在',上达,超越于物之上;'无不在',下贯,具体在物之中。"①以理气合一的立论将理气论纳入"性""命"与"气质"的框架中,意味着同时肯定"下落"两端的主体,但这一肯定本身并不否定"下落"的意义,而是将物质化的存在——"气"视为普遍载体,同时强调气作为"性"的物质表现与蕴含"理"的物质实体的双重身份。因此,理气论对方以智性论框架统一性的意义还在于,如果失去理气关系和"气"作为普遍物质存在这两个基点,那么"下落"的两个端点之间将难以建构起关联。"以气为质"与"理在气中"能成为方以智性论与理气论的两个交点,其必然性正在于此。可以说,方以智在《性故》中所呈现出的性论框架在某种意义上以气本论为根基。

"气本论"的立场自然要求对"气质"本身的含义加以重构,即"气质"不再是程朱理学意义上本体被遮蔽的表现,而是本体得以成立的基础。物质化的世界承载了超越于形而上的意义,性气、理气关系都以此为基准。因此,虽然"性自性,气质自气质",但结合孟子原本的"两不谓"语境,不难发现其中实际存在君子主动且自觉的道德实践——"不谓"。方以智既认可将"性"与"气质"二分有其物质表现层面的缘由和动因,也指出二者之间相依相存的不离关系。至此,"气质"借由"气"脱离了理学语境中的纯粹负面倾向,在方以智的性论框架中担负着性论模式中的基础角色。

在《性故》第二十三节中,方以智追溯并建构了义理之性与气质之性区分的由来——即"性"与"气质"二分的现实动因:

> 性以气为质,凡夫所共见共知者也。气质中之理,则其所不见者也。因天地已分后之气质而举出天地未分前之气质,此智者之巧也。贯混沌与开辟,乃能不作两橛。偏人便倚贯混辟之气质,而圣人必表其贯混辟气质中之理一。表之,而即化其气质,即用其气质矣。立教之言,皆略人生之有余,而举人生之所不足。浚言已甚,则与人生相反,圣人止举其中道耳。如来发明五种中道,所谓即程途是究竟,而遇缘即宗者也。因疑激悟,是通塞之几也。一味造疑藏奸以称尊,不尽为所欺耶?今日具全

---

① 方以智撰,张昭炜注释:《性故注释》,北京:中华书局,2018年,第209页。

眼者,安得不一正决?①

具象与抽象,成为"性"与"气质"产生隔阂的存在根由。因为抽象本身在具体感官之外,故对其理解和描述都属于"智者之巧"。圣人正是因其能指示气质中之"理一",才使得理学话语中的"变化气质"②成为可能。"性"与"气质"的分野不仅有存在论依据,并且为圣人行教化的可能性与方式奠定了基础。通过对现实性之"不得不"的转圜,方以智建构了理学将义理之性与气质之性二分的现实考量,也再一次为自身的性命理气框架提供了侧面依托——既然二分本身是现实中之不容已,那么合一自然便是本体的显现与特性。

三、性命与理气

性命论与理气论作为先秦与宋明这两个儒学思想最具代表性的历史时期的思想论域,始终是方以智性论框架中的两大思想资源。尽管宋明理学同样对先秦儒学的性命论有所择取与发扬,但方以智在前者的肩膀上面对着更为宽广雄厚的思想之海。择取的择取自然在许多层面有别于择取。方以智如何处理性命论与理气论之间的关系,成为其能否整合儒家内部的性论争讼进而实现初步统一的关键步骤。

在前一节中,笔者已然呈现了方以智借用性命论模式以化解宋儒气质之性与义理之性二分的理论建构,而对方以智如何在其体系内部化用性命论并没有过多着墨。这一方面是出于将理气论作为本章核心关注点的考虑,另一方面也是因为方以智对性命论与理气论的吸收在很大程度上并不止于二者内部的争论,而是两个框架在整体结构上的对撞与交融。因此,其中的诸多问题有待以单独一节的形式与内容为基础,做更为细致的梳理与澄清。

如果说在《性故》第二十一节中,方以智是以性命论和生成论的框架为解释和化解宋儒气质之性与义理之性二分的立论奠基,那么在《性故》第十五节中,方以智则正面回应了性命论与理气论的关联及其对应性是否可能的

---

① 方以智撰,张昭炜注释:《性故注释》,北京:中华书局,2018年,第27页。
② 当然,方以智所用"变化气质"并非完全将"气质"视为负面的因素,"化其气质"即在于"用其气质"。

论方以智的性与理气结构

问题：

> 或问：性以理言、命以气言乎？曰：将谓气聚则生、气散而死者，命根乎？将谓不待生而存，不随死而亡者，性体乎？神明者，得其实际，用其通几，不二而不执一也。四端之心尽，乃能知性，而知性即所以知天。彼求知天于阴阳之说者，外矣。不离阴阳，能转阴阳，即阴阳以征知之，则"一阴一阳之谓道"即"继善""成性"之用也。几希之心存，是为养性，而养性即所以事天。彼求事天于主宰之帝者，疏矣。即心是主宰之帝，而尊称帝，以神其主宰，是亦养养事事之几也。知所谓性，而存心以致其养；善养其性，而尽心以用其知。事之物之，覆载皆身；依之游之，膏沐皆修，而修身即以立命。彼求立命于夭寿之数者，末矣。彭祖亦夭，颜子亦寿，而夭无碍，寿亦无碍矣。凡夫圣人共此者，性乎？言性则期于尽私，求尽其性之所欲，而秉不彝矣。故言一定之命以矫之，使有制伏而不敢骋。夫是之谓以命忍性，不以性衡命。彼若独丰，此若独啬者，命乎？言命则主于安，苟安于命之所限，而降不衷矣。故言本同之性以振之，使有所鼓舞而不容罢。夫是之谓以性立命，不以命弃性。①

在这一段中，方以智化用孟子之论与《周易》之语，通过对性命关系的建构回应性命论与理气论的关系问题。在方以智看来，"性以理言，命以气言"这样一种将性命论与理气论简单比附的模式，无法达致既不将性命与理气截然割裂，亦不将二者简单地归为一谈的正确态度。在《易余·性命质》中，方以智对此有更为直接的否定：

> 请再质析而质合之，曰：气聚则生、气散而死者，命根也；不待生而存、不随死而亡者，性体也；此性命之不可一者也。命以气言，终无气外理为气之所依；性以理言，终无理外气为理之所托。如波荡水，全水在波；如水成波，全波是水；此性命之不可二者也。②

---

① 方以智撰，张昭炜注释：《性故注释》，北京：中华书局，2018年，第17~18页。
② 方以智：《易余》，见黄德宽、诸伟奇主编：《方以智全书》第1册，合肥：黄山书社，2019年，第222页。

方以智认为,如果以"气"言"命",那么终究没有"气"外之"理"来为"气"所依凭;如果以"理"言"性",那么终究没有"理"外之"气"来承载"理",将性命与理气混然必将导致二者在结构性上的错乱与缺失。"性"与"命"之间恰如水与波的关系,从波荡水的角度看,水隶属于波,而从水组成波的角度看,波全部都是水。水和波之间既有从身份上看的归属关系,也有从数量组成上看的全体对应关系,这是"性"与"命"不可二分、互相包含交融之处。同时,因为"命"之根由在于"气"的聚散,而"性"之体又恰恰不因"气"的聚散而存亡,故即便仅就和"气"之间的关系这一点而言,"性""命"也不可完全归为一事。对"性"与"命"之间关系的正确看待方式,应是"不二而不执一也"。如果将性命论与理气论简单地综合起来看,认为"性"与"理"、"命"和"气"——对应,那便无法实现对这一视角的合理运用,更无法理解方以智在性论中实现统合性命论与理气论的理论目的。

值得一提的是,《易余》中此处文本后即跟随《性故》中"四端之心尽"至"不以命弃性"之论,除少数字句有所删改外大意基本一致。因张永堂先生认为《易余》写成于清顺治七年(1650),① 故《性故》与《易余》在此处的相似性与其所论《易余》《性故》高度接近的成书时间可构成互相佐证的逻辑闭环,进一步增大了后者的可靠程度。而"四端之心尽"至"不以命弃性"的论说,从内容上看是方以智对以孟子为代表的先秦儒家性命论的阐发,也构成了对孟子"两不谓"这一性命论文本的阐释。在方以智看来,对"性"的言说即潜藏着对实现"私"的期许,故要言具有确定性的"命"来对其加以矫正;对"命"的言说则主要以安顿为潜台词,体现出对命运局限的偏安和臣服,故需要言具有普遍性的"性"来振奋人的精神,使民众受到鼓舞而不容停歇。

在澄清性命论与理气论之间的结构关系时,方以智要面对如何将二者统合起来的实际建构问题。既然"性以理言""命以气言"的简单比附无法实现这一目的,那么就必然需要另一条路径。方以智对此在《易余》中有所呈现:

> 孔子之言相近,以其受变于气之分数言之也。孟子之道性善,以其

---

① 张永堂:《〈易余〉整理说明》,见黄德宽、诸伟奇主编:《方以智全书》第 1 册,合肥:黄山书社,2019 年,第 3 页。

不受变于气之本体言之也。程子之言生之谓性,岂告子之生之谓性乎?告子混气于性而执其生,如谓影是月;后儒外气于性而执其理,如谓水非冰。然告子之执断不可恃,而气外乎?此明于孟子之不谓,以明子思之谓也。然不知因人以导之,徒拗人以不敢近;此胶于不谓之瑟,而不合通谓之琴矣。果知无非天地万物之心,则何所非天地万物之理乎?[①]

在方以智的观念中,告子的"混气于性"和后儒的"外气于性"的性观都存在问题。其中,前者将"性"和"气"混为一谈,执取"性"物理性的"生"这一性质,犹如将月亮的倒影理解为月亮本身,后者则将性与气截然割裂而执拗地执取性之"理",如同认为水与冰存在本质上的差异(水与冰实则是同一物质实存的不同表现状态)。因此,在方以智看来,"性"是统合流行层面之理气的存在,它既有物质性的"气",也包含"气"之所以然的"理"。这样一种统言理气的"性"在性命论的框架内,则体现为孟子之"不谓"与子思之"谓"的同一性——即孟子"君子不谓性也(命也)"与子思"天命之谓性"在义理上的同一性。性与命一方面如孟子所言,有其二分以及互相补偏救弊的必要性;另一方面则如子思所言"天命之谓性",在存在论上有根本关联。因此,性合理气而言之正说明性作为天命下贯于人的表现,既不能脱离具体的物质实在,也不能执拗于这一生成过程而忽视其内在蕴含的规律和道理。在这个意义上,方以智将理气论中的"理"与"气"统合为一个整体以描述和规定"性",并且将"性"置入性命论框架中加以理解,从而实现理气论与性命论以"性"为中心的统合。不同于讨论气质时以"气"为核心和根本的结构化视角,方以智在面对性命论与理气论的直接比较与碰撞时,选择以二者共同的语词"性"为核心,从两个不同的层面——"性"的组成与"性"的来源——加以论述,进而将性命论与理气论相结合,尝试化解二种论说之间的差异与张力。对此,结合前文所述"命"与"气数"、"性"与"气质"的"两不谓"区分,或可有如下图示加以呈现:

---

① 方以智:《易余》,见黄德宽、诸伟奇主编:《方以智全书》第1册,合肥:黄山书社,2019年,第223页。

命(理)	气(气数)
性(理)	气(气质)

这一立论意图同样在《性故》中有所表现。在《性故》的第十六节和第十八节中，方以智分别回应了性命论与理气论中较为经典的诸多观点，以及"命"与"理"的关系。在方以智看来，"命"与"理"皆可作为对至高本体的代称，就其工夫的最终目的而言，都可谓"知其故"：

> 或曰：物之吉凶生死，皆以其性自为其命，弗可奈何矣。或曰：半天半人。或曰：言天则无人，言人则无天。或云：统之曰性，降于人曰命，气足而知觉用之曰心，自践其形曰身，与天下共之、各之曰世。平叟曰：吾安知性命之先后哉？立其在我而已。我本无我，而皆备于我者也。我用性，性用命，夫无善恶而善恶依焉。不定而一定者，此性命之才也，知止至善者在我也。虽然，安知吾之自主者不为命乎？因而决之曰：俱不是。而使归不可知之天者，所以转物之权，使自求其主中主，而即能自主者，究竟予人以权。由此言之，因物、用物、转物，而尽人即天者，非理之至公者乎？非天命之至神者乎？故曰：一门深极，而精致神明。反复剥烂，而不惑不动；究竟无息，而神藏诸用，此元元本本而当当者也。俯仰远近，并为一画，则万物皆备于我。万物皆备于我，岂复分物我？又岂待合物我乎？是谓"穷理尽性以至于命"，知其故矣。忍性、尽性、节性、率性、见性、无性，本一贯也。①

"我"与"命"为何种关系是命运论与决定论问题中常见的难点，即如何判断个体的自主性并不是由"命"所决定的。方以智同样用此难点将"命"的性质描述为"不可知"并将之归为"天"，从而在自主与"命"之间划开界限。不过这一界限也并非截然对立，因为如果达致"万物皆备于我"的境界，那么物我一体的本来状态即有所显现。为了达致这一境界，则必须在"我"上立性命，做"尽人知天""穷理尽性"的工夫。这一工夫的可能性依据即在于"至公之

---

① 方以智撰，张昭炜注释：《性故注释》，北京：中华书局，2018年，第19～20页。

理"与"天命之至神"。由此可见,尽管"命"与"理"作为形而上本体的不同表述各有侧重,但它们作为天人关系与道德实践的本体依据也有共通性。尽管从认识具体的事物之理到尽性知命的工夫实践在逻辑上有先后,但最终它们在工夫论上依旧成为一体。如果以"性"为核心梳理工夫论的层次,那么"忍性""尽性""节性""率性""见性""无性",本来即一贯的。

方以智在《东西均》中对"命"有如下解释:"草木出土曰生,物之始得于天者,天命之矣。"① "命"作为连接"物"与"天"的纽带,为物质的生化提供本体式来源的保证。而具体的生化过程亦各有其规律与"理"。以经典的树木生长为喻,方以智指出:"核中之仁与根干花实之树,二耶,一耶?贯核仁根干花实者,生理在生气中。犹不信耶?或姑舍其分名而会其总耳,或剔出其气中之理而标之,或洋举其统理气之理而一之,拘者外理于气,而执其名;荡者执一,而荒逞矣。"② 在这一比喻中,"理"是对生物成长与演化过程之规律的表述,"气"是生化本身的物质实存。正确的认识是既不能外"理"于"气"导致理气截然对立,亦不能将"理""气"混然一谈。尽管同样会有与"气"相对之"理"和"统理气"之"理"这两种"理"的视角,但它们归根结底都以生化本身为对象,而前文所言之"命"则追溯并规定着生化的来源。"命"与"理"的这一区别在方以智看来同样是比较明显的。

四、结语:无二而不执一

综合来看,方以智的性论框架无疑相当立体,其从多个角度整合了宋明理学与先秦儒学中诸多对"性"的论说与分析。其中尤为称道的是两种比喻,即"盂中之水"喻及"根干花树"喻。通过它们,方以智形象地将"性""命""理""气"纳入其中,实现对各个概念范畴的精准区分与精确表达。同时,他直接借用喻体自身的整全性——"水"与"树"自身即成一体——从而令各概念之间的区别不至于影响体系本身的统一性。当然,值得强调的是方以智对各范畴的区分并不是"二分式"的思维,他本人应当更倾向于判定此为"不执一",

---

① 方以智撰,庞朴注释:《东西均注释(外一种)》,北京:中华书局,2016年,第235页。
② 方以智撰,张昭炜注释:《性故注释》,北京:中华书局,2018年,第22页。

也就是不执着于消解"二分"后的"一"。"二分"与"不执一"看似一致,实则在思维层次上有所差异。在具体的认识与建构路径上,由"二分"到"无二"再到"不执一",本身是一个递进的过程。认识到本质的同一之后所接续的对差异的肯定并不同于最先接触时的评定。在这个意义上,"无二而不执一"可以说是方以智建构一元三分的思想体系、整合性命论与理气论的思想立场。本体的一元意味着对经验现实层面中"二"的超越,但本体之"一"始终必须由"二"方可见得。这种一二关系反映在方以智对性命论与理气论的处理上,即体现为:一方面,出于整合的需要,必须化解性命论与理气论之间的结构性冲突与张力;另一方面,这种化解并不能全然取消二者的差异并将它们视为完全等价的论说。更进一步,方以智在性论框架中论述"性"与"理气"的关系时,在"性合理气"的层面既不能将"性"完全等同于"理气",也不能把"性"和"理气"相割裂。再深入一层,在理气关系内部,固然不能将"理"与"气"截然二分而无视它们之间的依存关系,亦不能将二者混然一谈。可以说,这样一种"无二而不执一"的思维模式作为一元三分法的根本立场,贯彻方以智理解概念范畴间关系从而建构性论体系的所有层次,成为其坐集千古之智、折中百家之说的根本支撑与方法依据。

作者单位:清华大学哲学系

广·提·炮·通:《庄子》的另类解法

张永义

提　要: 晚明清初是庄学史上的又一个高峰。除了系统疏解《庄子》全书的著作外,这一时期还出现了不少以"广""提""炮""通"为书名的作品。这些作品并不以追求《庄子》本意为旨归,而是借助于一些解释技巧把《庄子》跟其他学说会通起来,从而把时代问题置入对《庄子》的理解中。从某种意义上说,这种重塑庄子的做法其实也是对《庄子》文风的一种模仿。跟那些以追寻本义为旨归的《庄》注、《庄》疏相比,此类作品可能更接近于庄子本人的风格。

关键词:《庄子》　袁宏道　觉浪道盛　方以智　王夫之

晚明清初的庄学有一个特别的现象,就是喜欢用"广""提""炮""通"之类的字眼做书名。譬如,袁宏道(1568—1610)的书叫《广庄》,其弟小修(1570—1626)的书叫《导庄》,觉浪道盛(1592—1659)的书叫《庄子提正》,方以智(1611—1671)的书叫《药地炮庄》(其中总论部分还有专门的七篇《总炮》),释净挺(1615—1684)的书叫《漆园指通》,王夫之(1619—1692)的书叫《庄子通》。

"广"者推广,"导"者疏导,"提"者拈提,"正"者是正,"炮"者炮制,"通"者会通。用这些词儿做书名,说明作者十分清楚地知道,他们的解释跟《庄子》文本有一定的距离。换句话说,他们著书的主要目的不是寻求《庄子》的本

＊ 本文是国家社科基金重大项目"桐城方氏学派文献整理与研究"(19ZDA030)的阶段性成果。

义,而是借助于一些解释技巧把《庄子》跟其他学说会通起来。由于每个人的身份不同,有的是居士,有的是僧人,有的是正统的儒者,他们重新解释《庄子》时所依赖的思想资源也不一样,但大体上不外乎儒、佛两家。结果就是,这些作者笔下的庄子基本上呈现两种类型:一是佛学化的庄子,一是儒学化的庄子。

对于这一现象,我们当然可以放到晚明以来三教合流的大背景下讨论,甚至还可以联系到易代之际著者们的生存境遇来思考。但另外一个因素也不能忽视,那就是《庄子》本身言说方式的影响。《庄子》"寓言十九,重言十七,卮言曼衍",本来就包含着极大的解释空间,再加上这些作者多数都很推崇《庄子》的文风,他们在解《庄》时有意无意地模仿《庄子》,其实也是一件很正常的事儿。从某种意义上说,他们这种重塑《庄子》的做法,比起那些以追寻本义为旨归的《庄》注、《庄》疏来,可能还更接近庄子的风格。

下面我们就以《广庄》《庄子提正》《药地炮庄》《庄子通》四书为例,对此略加说明和解释,希望能有助于了解庄学史上这一比较特别的现象。

一、"自为一《庄》"

袁宏道的《广庄》作于1598年,是这几部著作中最早的一部。在给友人的信中,袁宏道写道:"寒天无事,小修著《导庄》,弟著《广庄》,各七篇。导者导其流,似疏非疏也。广者推广其意,自为一《庄》,如左氏之《春秋》、《易经》之《太玄》也。"[①]

兄弟俩谁先动议解《庄》,信中没说,但《广庄》和《导庄》作于同时则是肯定的。两书皆七篇,分别对应着《庄子》的内七篇。对书名,袁宏道在信中做了解释:小修的"导庄"是"导其流,似疏非疏",他自己的"广庄"是"推广其意,自为一《庄》"。"导其流"和"推广其意"意思差不多,说的都是对《庄子》之意的引申和发挥。但"似疏非疏"与"自为一《庄》"则略有不同。"似疏非疏"是说《导庄》虽然内容不属于注疏,但形式还有点注疏的样子。而"自为一《庄》"不仅内容不属于注疏,连形式也跟注疏无关,它完全是一种独立的作品。袁

[①] 袁宏道著,钱伯城笺校:《袁宏道集笺校》,上海:上海古籍出版社,2008年,第763页。

宏道以《左传》《太玄》做类比,说明他从一开始就把《广庄》定位为"拟《庄》"之作。

《广庄》形式上模仿《庄子》的痕迹十分明显。首先,《广庄》直接采用了《庄子》内七篇的题目,各篇的主题也与内七篇保持一致。如《逍遥游》讲"小大之辨",《齐物论》讲"是非",《养生主》讲"养生",《人间世》讲"处世",《德充符》讲"形神",《大宗师》讲"生死",《应帝王》讲"无为而治"。其次,《广庄》虽以议论性的文字为主,但也像《庄子》一样时常穿插些寓言故事。那些寓言故事有的取自佛经,但多数应该是袁宏道自己的杜撰。取自佛经的,如《养生主》中"主人"与功德天和黑暗女的对话,[①]此故事直接照搬自《涅槃经·圣行品》。袁宏道自己杜撰的,有《德充符》中优娥与龟蒙先生的对话、彭祖与国殇的对话,《应帝王》中文中子与弟子的对话、舜与丈人的对话、齐威王与西郭先生的对话等。其中,优娥与龟蒙先生对话末尾提到的"不见己焉耳,不见人焉耳",明显化自《德充符》"不见己焉尔,不得类焉尔。所爱其母者,非爱其形也,爱使其形者也"。在齐威王与西郭先生对话中提到的"知天下雨点之数",按小修《导庄》所说,则与佛典中的梵天有关。再次,这些寓言故事多以舜、文中子等圣贤为主角,也可以看成袁宏道对《庄子》"重言"的效法。最后,《广庄》批评"俗儒小士"的语气,也跟《庄子》嬉笑怒骂的风格略相仿佛。

不过,《广庄》对《庄子》的模仿仅限于形式。就具体内容而言,佛学才是它的底色。袁宏道是一位虔诚的居士,[②]他推广《庄子》之意的依据主要来自佛教,这使得《广庄》呈现浓厚的佛学色彩。

在《广庄》中,佛学术语随处可见。如《逍遥游》:"竖儒所谓大小,皆就情

---

① 《广庄·养生主》:"西方有神女,相好光明,旦谒主人于门。主人曰:'神何来?'女曰:'余功德天。凡余所至之家,求福者福,求慧者慧,乞男女者男女,诸所愿欲,无不吉祥如意。'主人乃洗浴稽首,延之上座。顷之,一丑女至,面若涂漆,发若野蒿。主人曰:'若何来?'女曰:'余黑暗女。凡余所至之家,富者贫,贵者贱,幼者殇,壮者衰,男子昼哭,妇媪夜啼。'主人乃奋臂挈杖,驱之出门。天曰:'不然。有事我者,亦当事彼。余与彼如形之影,如水之波,如车之轮,非我无彼,非彼无我。'主人大骇,挥手谢天,送之惟恐不速。"

② 袁宏道受李贽和大哥袁宗道的影响,很早就深入佛藏,对佛教义理有着精深的理解。他编著的《西方合论》,是净土宗的一部重要经典。

量所及言之耳。"①《齐物论》:"呜呼,是非之衡,衡于六根。六根所常,执为道理。"②《人间世》:"贤智能大而不能小,能实而不能虚,能出缠而不能入缠,是此象也。"③《德充符》:"根者诸湿之偶聚,如湿热之蒸而成菌也。识者六缘之虚影,如巴蕉之卷而成心也。蕉落心空,缘去识亡。热谢菌枯,湿尽形坏。向非觉明真常客于其中,一具白骨,立见僵仆。"④《大宗师》:"此非识心分别可知,智证乃见。"⑤情量、六根、六缘、出缠、入缠、觉明真常、识心、智证等均为佛学术语,在袁宏道笔下,它们都成了理解《庄子》大小之辨、是非之争、形德关系等问题的依据。

不仅如此,《广庄》还经常直接援引佛经的文句。如《逍遥游》称:"《经》曰:'发毛、爪齿、皮肉、筋骨,皆归于地。'吾是以知地特发毛之大者。'唾涕、浓血、津液、涎沫,皆归于水。'吾是以知水特唾涕之大者。'暖气归火,动转归风。'吾是以知风火特喘息之大者。"⑥这里的"经"指的是《圆觉经》。《德充符》称:"《经》云:'空生大觉中,如海一沤发。'又云:'汝身汝心,皆是妙明真心中物。'"⑦这里的"经"指的是《楞严经》。

借助于佛典,袁宏道对《庄子》中的一些重要观念重新做了解释。如《广庄》说"逍遥",曰:"惟能安人虫之分,而不以一己之情量与大小争,斯无往而不逍遥矣。"⑧"安人虫之分"看上去有似乎郭注的"适性",但引入"情量"后,句意就发生了变化。在佛家,情者妄情,量者比度,情量指的是虚妄的识见。"不以一己之情量与大小争,斯无往而不逍遥",意思是说只有从妄识中解脱出来,才能实现逍遥。这样理解的"逍遥",显然已经带上了佛学的色彩。又如《广庄》说"齐物",曰:"物本自齐,非吾能齐。若有可齐,终非齐物。"⑨这句

---

① 袁宏道著,钱伯城笺校:《袁宏道集笺校》,上海:上海古籍出版社,2008年,第795页。
② 袁宏道著,钱伯城笺校:《袁宏道集笺校》,上海:上海古籍出版社,2008年,第798页。
③ 袁宏道著,钱伯城笺校:《袁宏道集笺校》,上海:上海古籍出版社,2008年,第804页。
④ 袁宏道著,钱伯城笺校:《袁宏道集笺校》,上海:上海古籍出版社,2008年,第807页。
⑤ 袁宏道著,钱伯城笺校:《袁宏道集笺校》,上海:上海古籍出版社,2008年,第811页。
⑥ 袁宏道著,钱伯城笺校:《袁宏道集笺校》,上海:上海古籍出版社,2008年,第795页。
⑦ 袁宏道著,钱伯城笺校:《袁宏道集笺校》,上海:上海古籍出版社,2008年,第808页。
⑧ 袁宏道著,钱伯城笺校:《袁宏道集笺校》,上海:上海古籍出版社,2008年,第796页。
⑨ 袁宏道著,钱伯城笺校:《袁宏道集笺校》,上海:上海古籍出版社,2008年,第799页。

话看上去跟《庄子》的"齐万物""齐是非"似乎也没太大的不同,但当进一步解释何以会产生是非、不齐时,《广庄》就又回到了佛教的教义之上:"是非之衡,衡于六根。六根所常,执为道理。"在庄子那里,是非源于成心,成心是一种偏见。加入佛学因素后,是非就不仅是一种偏见,它还跟六根所执的无明妄识有关。

在《导庄》序中,袁小修说过一句名言:"庄生内篇,为贝叶前茅。"[①]从袁宏道几乎毫无保留地借佛学"广"《庄子》来看,他对庄、佛关系的理解应当十分接近于他的弟弟。只不过,过分强调两者的同,也有消弭各自独立性的危险。《广庄》中的庄子,经过袁宏道的重新解释后,基本上就变成了佛学的注脚。

二、"自托孤"与"自正孤"

觉浪道盛的《庄子提正》(以下简称"《提正》")作于 1648 年,比《广庄》晚了刚好 50 年。《提正》与《广庄》,有同有异。同的是,它们都以佛释《庄》。异的是,《广庄》直接用佛学义理对接《庄子》,《提正》则主要把佛学当作沟通庄子和儒家的一种手段。结果就是,袁宏道笔下的庄子类似于小修所说的"大士分身",觉浪道盛笔下的庄子则成了"儒宗别传"。

《广庄》中也曾隐约提到庄儒关系,如说"庄去孔圣未远,七篇之中半引孔语,语语破生死之的。倪谓蒙庄不实,则《中庸》亦伪书矣",[②]但袁宏道没有做进一步的展开。《提正》一书则不同,《提正》几乎所有的内容都围绕着庄儒关系进行。

相对而言,《提正》的这个任务要比《广庄》困难得多。用佛教义理推广庄意,只须着眼于庄、佛的相同或近似处即可。但要把庄子归入儒门,除了必须证明两者在义理上存在一致性外,还得说明庄子与孔、老的师承关系。特别是,《庄子》书中有不少剽剥儒墨的话,也需要给出一个合理的解释。

觉浪道盛对这些问题的解决主要借自禅学。禅学是一门建立在参究之

---

① 袁中道著,钱伯城笺校:《珂雪斋集》,上海:上海古籍出版社,1989 年,第 935 页。
② 袁宏道著,钱伯城笺校:《袁宏道集笺校》,上海:上海古籍出版社,2008 年,第 810 页。

上的觉悟之学,由于第一义不可说,历代禅师们开发出了种种说不可说的手段或方法,如抑扬纵夺、横拈倒用、呵佛骂祖等。这些手段或方法往往充满玄机,没法按常情去理解,唯一途径就是靠参悟。作为曹洞宗高僧,道盛对这套参禅方法自然不会陌生。

道盛认为,庄子的风格跟禅宗非常接近,所以同样需要借助于参究来理解。他这样感叹:"噫,吾于是独惜庄子未见吾宗,而又独奇庄子之绝似吾宗。"①道盛并不认为禅学是庄子化的佛学,所以他才会为庄子未见"吾宗"而惋惜。但"绝似吾宗"的说法,又证明道盛的确相信两者在风格上十分相似。他曾这样概括《庄子》的文风:

> 盖有主有宾,有权有实。至于纵横杀活,隐显正奇,放肆诡诞,嬉笑怒骂,有以直指其天真,有以曲示其密意,其为移出人心之天,而成其自然之性者,不可以常情臆见领略,而且有如聋如瞽者,是何足怪哉?②

宾主、权实、嬉笑怒骂、正打傍敲都是禅师擅长的杀活手段,但在道盛看来,它们同样也是《庄子》一书的表达方式。对这类表达方式,我们不能用常情臆见来理解,而必须借助于参究的方法,去体会它们背后的深意。如果仅仅停留在文字的表面意思上,将会"如聋如瞽",茫然不知所云。

在上面这段话的后边,道盛紧接着就谈到了庄子"剽剥儒墨"的问题:

> 内七篇抑扬错综,要不过正打傍敲,以阐发其神化自然之旨,而归应帝王于尧舜,归大宗师于孔颜也。自谓天下沉浊,不可与庄语,故为此无端崖之辞以移之,使天下疑怪以自得之,则庶几借此明吾心中之所存,行吾心中之所主耳。世人不知,以为诋毁尧舜孔颜,又孰知称尧舜孔颜更有尚于庄生者乎?③

---

① 觉浪道盛:《天界觉浪盛禅师全录》卷三十,见《嘉兴藏》第 34 册,台北:新文丰出版公司,1987 年,第 769 页。
② 觉浪道盛:《天界觉浪盛禅师全录》卷三十,见《嘉兴藏》第 34 册,台北:新文丰出版公司,1987 年,第 768 页。
③ 觉浪道盛:《天界觉浪盛禅师全录》卷三十,见《嘉兴藏》第 34 册,台北:新文丰出版公司,1987 年,第 768 页。

道盛承认《庄子》中确实有批评嘲讽儒家圣贤的话,但他同时认为这些话不能被当成对圣贤的诋毁,它们只是庄子"正打傍敲"的一种手段而已。庄子意识到天下沉浊,不可与庄语,所以故意说一些荒唐之言,目的是让人产生怀疑,由疑生悟,进而明白他内心的真实想法("心之所存""心之所主")。从内七篇来看,庄子的真实想法以"神化自然"为宗旨,以尧舜为外王,以孔颜为内圣。所以,就推崇尧舜孔颜来说,再也找不到一个超过庄子的人。世人看不透庄子之意,才把那些话当成了对圣贤的诋毁。

道盛的这种解释让我们很容易联想到禅家的"呵佛骂祖"。禅师同样认为,呵骂本身并非不尊重,而是一种破执的手段。如果通过呵骂获得觉悟,那反而更接近佛祖教导的真义。问题是,禅师即便经常呵佛骂祖,也不会有人怀疑他们的佛子身份。可庄子假如真的是对尧孔明骂暗取的话,他为什么不被看成儒者,反而长期以来一直被当作老子的传人、道家的代表?

对这个问题,道盛在《提正》第一篇《正庄为尧孔真孤》中做了专门的回答。其主要观点如下:

> 古人以死节易,立孤难。立孤者必先亡身避仇,使彼无隙以肆其害,则必转徙藏之深远莽渺,托其可倚之家,易其名,变其状,以扶植之成人,然后乃可复其宗,而昌大其后。予读《庄子》,乃深知为儒宗别传。夫既为儒宗矣,何又欲别传之乎?盖庄子有若深痛此内圣外王之道,至战国,儒者不知有尧、孔之宗,惟名相功利是求,不至杀夺不餍。至于治方术者,窃仁义礼乐而杀夺,以丧乱其统宗,使尧舜危微精一、孔颜至诚天命之道,并归于杀夺。即有一二真儒,亦未深究性命之极,冥才识智虑、仁义礼乐而复其初,遂使后世不复有穷神知化之事,而天下脊脊不能安性命之情,则所学皆滞迹耳。而此嫡血之正脉孤而不存,天下万世下有为内圣外王之道者,无所宗承,庄生于是有托孤之惧矣。[①]

按照这段话,庄子本来属于儒家的正宗,所讲的是最高深的天人性命之

---

① 觉浪道盛:《天界觉浪盛禅师全录》卷三十,见《嘉兴藏》第34册,台北:新文丰出版公司,1987年,第769页。

学,但生逢战国之时,儒者要么流于名相,要么流于功利,把尧孔真精神给丢掉了,庄子出于忧患意识,才不得已改名换姓,投到了老子门下。庄子这样做的目的是,借主动托孤来为孔门保留一点"嫡血正脉",所以从内在精神上说,庄子其实一刻也没有离开过儒家。

道盛这段话就是人们常说的"托孤说"的主要内容。由这段话开头部分可以知道,此说的原型来自赵氏孤儿。

在庄学史上,把庄子纳入孔门的例子并不少见,但像道盛这样直接把庄子抬到了"别传""真孤"的地步,大概还是头一次。道盛本人也十分清楚这一点,他说:"庄子至今且二千年,知者固少,赏音者不绝,未有谓其为孤,又孰能亲正其为真孤哉?"①

"托孤说"把庄子正式归宗到儒门,这属于《庄子提正》的"正"。但要想证成此"正",还必须得到《庄子》文本的支持,需要从《庄子》文本中找到相应的证据。这是《提正》另外八篇的任务,这八篇文章依次叫《提内七篇》《提逍遥游》《提齐物论》等。

所谓"提",即借拈提的方式求出其宗旨。拈提的基础仍在参究,它是建立在觉悟基础之上的一种理解。道盛借助于这种拈提方法,在《庄子》中找到了大量的契合儒家义理的内容。下面是其中的几例:(1)"夫无己、无功、无名,其果谁乎?尧让天下与许由,庶几似之。"②这是《提逍遥游》中的一句话。传统上,这则"尧许相让"的故事被认为是贬尧抬许,但道盛不这样看,他认为尧本来就是国君,却愿意舍弃君位,正是无己、无功、无名的表现。(2)"养生以何为主?即缘督以为经,率性之谓道也。""此自善其刀十九年如新发于硎者,是君子之能慎独于莫见莫显之中也。"③这是《提养生主》中的两句。"缘督为经""善刀而藏",在道盛的体会下,都成了《中庸》"率性""慎独"的例证。

---

① 觉浪道盛:《天界觉浪盛禅师全录》卷三十,见《嘉兴藏》第 34 册,台北:新文丰出版公司,1987 年,第 769 页。

② 觉浪道盛:《天界觉浪盛禅师全录》卷三十,见《嘉兴藏》第 34 册,台北:新文丰出版公司,1987 年,第 770 页。

③ 觉浪道盛:《天界觉浪盛禅师全录》卷三十,见《嘉兴藏》第 34 册,台北:新文丰出版公司,1987 年,第 771 页。

(3)"仲尼曰:'无所逃于天地间,是为大戒。夫事其亲者,不择地而安之,孝之至也。事其君者,不择事而安之,忠之盛也。自事其心者,哀乐不易施乎前,知无可奈何而安之若命,德之至也。为人臣子者,固有所不得已,行事之情而忘其身,何暇至于悦生恶死?'此决断为臣子之心,与事心之不逾矩处,如斩钉截铁,真孔子万古不易之正论也。"①这是《提人间世》中的一段话。《庄子》原文借孔颜对话说明人间世的艰险和命运的无奈,道盛从中悟到的是孔子的忠孝节义,以及从心所欲不逾矩。(4)"不读《中庸》乎,首提天命之性,即'未始出吾宗'也。率性之谓道,即'神动而天随'也。至于修率工夫而莫显莫见,即'渊默龙见、机发于踵'也。故君子必慎其独以致中和,正'虚而委蛇,无不藏无不应'也。所谓'予怀明德,不大声以色,其上天之载,无声无臭',非浑沌而何?"②这是《提应帝王》中的一段。壶子之"四门示相",经过道盛的参究,每一个步骤都成了《中庸》的注脚。

在《提正》中,类似这样的例子还有很多,它们都是道盛借参究所发现的庄、儒的相同之处。《中庸》被反复提及,跟道盛对《庄子》的定位有关。道盛认为,《庄子》的核心思想是天人性命之学,而在儒家经典中,这部分内容主要体现在《中庸》和《易传》两书中。所以,庄子正是接续《易》《庸》之学的那个人:"夫论大《易》之精微,天人之妙密,性命之中和,位育之自然,孰有过于庄生者乎?"③

借助于"托孤说"和各种拈提方法,道盛在《提正》中终于成功会通庄儒,实现了庄子的归宗。可是,在交代该书写作缘起时,他突然又说了一句让人十分意外的话:

> 时予倚仗灵山,偶与不二社诸子谈及庄生之秘,曹子请为快提以晓未悟,故提此托孤以正其别传。即有谓予借庄子自为托孤与自为正孤,

---

① 觉浪道盛:《天界觉浪盛禅师全录》卷三十,见《嘉兴藏》第34册,台北:新文丰出版公司,1987年,第772页。
② 觉浪道盛:《天界觉浪盛禅师全录》卷三十,见《嘉兴藏》第34册,台北:新文丰出版公司,1987年,第775页。
③ 觉浪道盛:《天界觉浪盛禅师全录》卷三十,见《嘉兴藏》第34册,台北:新文丰出版公司,1987年,第769页。

谓非《庄子》之本旨,予又何辞!①

末尾的"予又何辞"可以有两解:一是我无言以对,一是我并不推辞。但不管做哪种理解,道盛都是在提醒我们,《提正》这本书也是他自己"托孤"和自己"正孤"的著作。从这个意义上,是否合乎《庄子》的本旨,其实没那么重要。

那么,什么是道盛本人的孤怀呢?他的弟子大时凌世韶给了我们提示:"师云:'世界未有不坏,圣人未有不死。独此圣贤之经法与佛祖之宗旨,固不可一日昧灭。'乃知吾师所谓正孤,非直以正庄生所托尧孔之孤,实吾师借此以正自正之孤,用正天下万世佛祖、圣贤之真孤也。"②

按照大时的意思,道盛一贯儒佛并尊,不做世间、出世间的分别,他虽然讲的是庄子"托孤",但同时包含着他个人对儒家圣贤的推崇。这样说来,《提正》就不仅仅是发"庄生之秘"的问题,也是道盛自己的一次精神上的归宗。

大时的说法可以找到很多材料来支持,如道盛曾深度介入世间之事;道盛曾与弟子一起结双选社,以成佛成圣相期许;等等。但"托孤说"还有一层意思,大时恐怕也不敢说得太明白,那就是给明遗民提供一个生存的理由。易代之后,每位士人都面临着或出或处的艰难抉择。作为僧中"遗民",道盛拈出"托孤说",不仅可以勾起他们的共同记忆,还有另外一种暗示,即只要不忘记"真孤""嫡脉"所在,避地隐居也好,游戏人间也好,甚至舍身事仇也好,都各有各的价值和意义。这应当是道盛藏之最深的孤怀。

三、"《庄》不可庄"

方以智是觉浪道盛的弟子,他编撰《药地炮庄》(以下简称《炮庄》),也是老师托付的任务。在他们师门内部,这件事同样被称作"托孤"。

参与编写的陈丹衷曾说:

---

① 觉浪道盛:《天界觉浪盛禅师全录》卷三十,见《嘉兴藏》第34册,台北:新文丰出版公司,1987年,第769页。

② 觉浪道盛:《天界觉浪盛禅师全录》卷三十,见《嘉兴藏》第34册,台北:新文丰出版公司,1987年,第776页。

杖人癸巳,又全标《庄子》,以付竹关。奄忽十年,无可大师乃成《炮庄》。解拘救荡,因风吹火云耳。①

"杖人"是道盛的别号。"癸巳"指1653年,是方以智正式剃度、投入道盛门下之年。"竹关"是方以智在南京的闭关处。道盛癸巳年把自己"全标"的《庄子》交付方以智,这说明方以智一入师门,就接到了"炮庄"任务。"无可"是方以智的法号。"奄忽十年"说的是方以智编纂此书所用的时间,所以《炮庄》的完稿应该在1663年前后。"解拘救荡"讲的是这本书的编纂动机,"拘"者拘谨、庸俗,"荡"者狂荡,两者分别对应着晚明士风中的"俗儒"和"狂禅",方以智本人更喜欢用"庸""奇"二字指代他们。按陈丹衷所说,方以智编写《炮庄》的主要目的是反省和纠正时弊,所以这本书并不能简单地理解为一部《庄子》的注疏。"因风吹火",指的是方以智和觉浪道盛的继承关系,意思是说,方以智的《炮庄》是在道盛《提正》基础上所做的进一步发挥和推广。

由于《炮庄》出自道盛的托付,这部著作的核心思想仍然以会通庄、儒为主,"托孤说"在其中占有相当重要的位置。但有两点需要说明。

第一,方以智拜师之前就已经完全接受了"托孤说",因此"托孤说"不能看成道盛强加给他的观点。1652年,方以智在庐山时曾写过两篇文章,分别叫《向子期与郭子玄书》(以下简称"《向郭书》")、《惠子与庄子书》(以下简称"《惠庄书》"),可以明显看出其受《提正》一书的影响。

譬如《向郭书》说:"《庄子》者,可参而不可诂者也。以诂行,则漆园之天蔽矣。庄子叹世之溺于功利而疚心其始,又不可与庄语,为此无端崖之词,卮之、寓之、大小重之,无谓有谓,有谓无谓,使见之者疑愤,疑愤不已,乃有旦暮遇之者。鹏之与鹦也,椿之与瓠也,豕零也,骷髅也,虫臂鼠肝也,会则直会,不烦更仆,岂特《天道》《天运》为正论、末后叙六经而悲一曲为本怀乎?不见天地之纯、古人之大体,虽曲为之解,亦终身骈拇而不反者也。况以注名,胶

---

① 陈丹衷:《庄子提正跋》,《天界觉浪盛禅师全录》卷三十,见《嘉兴藏》第34册,台北:新文丰出版公司,1987年,第776页。

胶然曰我庄子知己也。冤哉！冤哉！"①这段话区分"参"和"诂"，认为《庄子》只能"参"，不能"诂"，这跟道盛《提正》中的说法如出一辙。稍有不同的是，道盛多从庄禅相似处着眼，方以智更多的是从《庄子》"三言"本身的特点来分析。

又如《向郭书》说："吾故曰《庄子》者，殆《易》之风而《中庸》之魂乎！""寓宅而致心斋，无所逃于大戒，此庄子新发《系辞》斋戒之砌，以利用《春秋》之狱也。"《惠庄书》说："义精仁熟，而后可读《庄子》。蒸溽六经，而后可读《庄子》。则《庄子》庶几乎饱食后之茗莽耳。"②这几处都是把《庄子》接续到《易传》和《中庸》的传统上，跟道盛的说法完全一致。末句把六经比作食物，把《庄子》比作消食的茶水，也是道盛"六经，正告也。庄子，奇兵也"③的翻版。

第二，"炮庄"这个名字应该是由方以智最早使用的。在庐山二书后面，方以智的弟子传笑有一段识语，已经称它们为"炮庄"了："此愚者大师五老峰头笔也。佛以一语穷诸外道，曾知佛现外道身，以激扬而晓后世乎？苟不达此，不须读《庄》，又何能读《炮庄》？"④极有可能的是，方以智入师门之际就把"炮庄"的想法告诉了道盛，并得到了后者的首肯，因此才有了他们师徒之间围绕《庄子》的"托孤"。据《炮庄发凡》所载，道盛门下有不少好《庄》之士，如薛更生、陈丹衷、石溪等，他们也都曾编过《庄子》集解类的作品。道盛没把"全标"的《庄子》交给他们，反而托付给刚刚投入门下的方以智，也可以看出道盛对这位弟子的信任。

相对于《提正》来说，《炮庄》是十年写就的数十万字的大书。所以，无论是涉及的范围，还是讨论的深度，它都要远远超过《提正》。我们可以从三个方面来看《炮庄》对《提正》的推进。

---

① 方以智著，张永义、邢益海校点：《药地炮庄》（修订版），北京：华夏出版社，2016年，第74~75页。

② 方以智著，张永义、邢益海校点：《药地炮庄》（修订版），北京：华夏出版社，2016年，第76、77、81页。

③ 方以智著，张永义、邢益海校点：《药地炮庄》（修订版），北京：华夏出版社，2016年，第49页。

④ 方以智著，张永义、邢益海校点：《药地炮庄》（修订版），北京：华夏出版社，2016年，第85页。

第一,在解释方法上,《炮庄》更自觉,也更全面。道盛在《提正》中只是随处指点参悟的重要性,对于如何参究,并未做细致的讨论。《炮庄》全书有发凡,有总论,正文九卷还汇集了大量的《庄》评、《庄》注作为参究的对象。特别是大别所作的《发凡》,对《炮庄》的结构、《庄子》的特点、方以智的师承和家学都有介绍,让我们知道整本书的编排都是建立在其独特的解释方法之上的。

《发凡》说:"训词,注之于下。诸家议论,汇之于后。别路拈提,列之于上。"①训词,相当于少量的训诂,附在《庄子》正文之下。"诸家议论"指历代对《庄子》的评论,其中有各种相互对立的观点,这部分列在正文后面。"别路拈提"类似于禅宗的看话头,拈提的对象既包括《庄子》的文本,也包括诸家议论,这部分列于书眉。

在《炮庄》中,"训词"最不重要,字数也很少。原因是,方以智认为《庄子》可参而不可诂。"诸家议论"和"别路拈提"构成了全书的主体,它们的目的都在于获得觉悟,但有些区别。

"诸家议论"对应的是"炮制",也是《炮庄》取名的关键。"炮"字取自医学,医师制药时把不同的药材混合在一起加工,以降低毒性、增强疗效。用在《庄子》上,历代各家的议论就类似于各种不同的药材,他们观点的对立就相当于不同药材的相生相克。把这些不同甚至冲突的言论汇集在一起,让读的人无所适从,从而产生出怀疑和觉悟,这就是所谓"炮制"。同一段《庄子》的话,《炮庄》中经常会列出好多家解释,方以智本人并不做论断,就是为了让读者自己觉悟。用方以智的话说,就是:"浮山药地,因大集古今之削漆者,芩桂硫磺,同置药笼。彼且赢粮揭竿,与之洒濯;彼且踉位闻跫,与之謦欬;彼且屠龙削锯,与之作目;彼且辖饵爨冰,与之伏火;彼且甘寝秉羽,与之消闲。随人自尝而吞吐之,愚者不复一喙。果有薰粉唐、许、藐姑者,不容声矣。"②

"别路拈提"是把《庄子》和各家言论作为话头来参究,与禅门的公案十分类似。也可以说,就是对禅门公案的模仿。这部分内容占了全书篇幅的四分

---

① 方以智著,张永义、邢益海校点:《药地炮庄》(修订版),北京:华夏出版社,2016年,第9页。
② 方以智著,张永义、邢益海校点:《药地炮庄》(修订版),北京:华夏出版社,2016年,第8页。

之一,方以智同样没有提供答案。下面是《逍遥游》中的一例:"一僧问赵州:'狗子有佛性也无?'曰:'有。'一僧又问,曰:'无。'向在浮山,有客语狗子佛性有无话,一曰喜《庄子》藐姑射,谓是不落有无。时正犬吠,愚曰:狗子吞却藐姑射久矣。"①这类文字多数没有确解,也不能说破,能说破就没必要参了。

同样是在《逍遥游》篇的"别路拈提"中,方以智说:"《庄》不可庄,且暮遇者莫怪。"②由于《庄子》的特殊文风,解《庄》也不可太庄重,这大概是方以智选择"拈提""炮制"的主要理由。

第二,从会通庄儒来说,《炮庄》提供了更多、更详细的"论证"。《提正》已经举出了一些《庄子》跟《中庸》契合的地方,也提出了纲领性的"托孤说",但跟《炮庄》比起来,仍属宏观性的概括。《炮庄》则不一样,它会把庄儒关系说得十分具体。姑举一例于下:

《内篇》凡七,而统于《游》。愚者曰:游即息也,息即无息也。太极游于六十四,乾游于六龙,《庄子》之御六气,正抄此耳。姑以表法言之,以一游六者也。《齐》《主》《世》如内三爻,《符》《宗》《应》如外三爻,各具三谛。《逍遥》如见群龙无首之用。六龙首尾,蟠于潜、亢,而见、飞于法界,惕、跃为几乎!六皆法界,则六皆蟠皆几也。姑以寓数约几言之,自两仪加倍至六层,为六十四,而举太极,则七也。乾坤用爻,亦七也。七者,一也,正表六爻设用而转为体,太极至体而转为用也。本无体用者,急口明之耳。曰六月息,曰御六气,岂无故乎?用九藏于用六也,参两之会也。再两之为三四之会。故举半则示六,而言七则示周,曾有会来复周行之故者耶?寓数约几,惟在奇偶方圆,即冒费隐。对待者,二也。绝待者,一也。可见不可见,待与无待,皆反对也,皆贯通也。一不可言,言则是二。一在二中,用二即一。南北也,鲲鹏也,有无也,犹之坎离也,体用也,生死也。善用贯有无,贯即冥矣。不堕不离,寓象寓数,绝非人力思虑之所及也,是谁信得及耶?善寓莫如《易》,而《庄》更寓言之以化执,至

---

① 方以智著,张永义、邢益海校点:《药地炮庄》(修订版),北京:华夏出版社,2016年,第102页。

② 方以智著,张永义、邢益海校点:《药地炮庄》(修订版),北京:华夏出版社,2016年,第101页。

此更不可执。①

这段话摘自《炮庄》卷一的开头,是对《庄子》内七篇结构与《周易》关系的分析。方以智认为,七篇的顺序并不是随意安排的,它们跟"乾"卦一一对应。《逍遥游》相当于"乾"卦的"用九",《齐物论》《养生主》《人间世》相当于"乾"卦的内卦,《德充符》《大宗师》《应帝王》相当于"乾"卦的外卦。"用九"没有具体的爻位,但"用九"就潜藏在其他六爻之中,正如太极和六十四卦的关系一样,太极无形,只能潜藏于六十四卦之中。《逍遥游》和其他六篇就是这样的一种体用关系,这就叫"内篇凡七,而统于《游》"。方以智认为,支持他这种看法的,除了《逍遥游》那些特殊的数字如"去以六月息""御六气之变",还有"北冥""南冥""鲲鹏"等名字。因此,《周易》是圣人借卦爻象数寄寓天地万物之理的书,《庄子》则把南北坎离这些变化之道通过寓言的方式呈现出来,两者有着明显的继承关系。

第三,从反省和救弊的角度看,《炮庄》对明代学术的总结和批评也要远比《提正》多。《提正》"托孤说"隐晦地为明遗民提供了一种自我说服的理由,但对整个中晚明学术和世风的反省并不多。《炮庄》成书时,明亡已经近20年,总结国家灭亡的教训也提上日程。《炮庄》中有不少反省明代学术的话语,如《总论上》:"陈巨源曰:学者见地有真入处,毋雷同,毋耳食。一似今世讲良知学,陈陈相因,即阳明子复起,未有不唾而走。"②《总论中》:"近日倚现成良知以呵学,与狂禅画少不肯遍参,相和教猱,识法者惧。得此一篇,炮制之功大矣哉!"③这两处都是批评良知学的。又如《总论上》:"夫举世皆以训诂贩货骄其妻妾,便欲以寻行咕哗称儒业,以圈鹿栏牛称淳谨,反訾世外之高洁、出格之奇才,谓非中庸。或且皋比戏仿椎拂,象数物理,抈为技艺,古今学问早已扫除,叩其性命切己,则容成、黄冶而已。路见不平,投袂天下,爱才好

---

① 方以智著,张永义、邢益海校点:《药地炮庄》(修订版),北京:华夏出版社,2016年,第100页。

② 方以智著,张永义、邢益海校点:《药地炮庄》(修订版),北京:华夏出版社,2016年,第28页。

③ 方以智著,张永义、邢益海校点:《药地炮庄》(修订版),北京:华夏出版社,2016年,第70页。

学,落落晨星,况其上乎?庸庸多福,本自如此。高才、博学、洁行,自累耳。""质测、通几,后儒草草。捉个冒总,禅便器器。核真象数,让痴子矣。然秩序端几,费隐一际。在齐《灵》《素》,律历同符。一石一草,物则历然。夫岂可以掠虚昧灭哉?"①这两处都是批评俗儒不好学的。

反省和批评都是为了补救,大别在《发凡》中直接把《炮庄》说成了救世之方:"尽古今是病,尽古今是药,非漫说而已也。医不明运气、经脉、变症、药性之故,争挂单方招牌,将谁欺乎?婴杵血诚,不容轻白。既已尝毒,愿补《图经》。"②《四库提要》也曾评论《炮庄》说:"大旨诠以佛理,借滉洋恣肆之谈,以自摅其意。盖有托而言,非《庄子》当如是解,亦非以智所见真谓《庄子》当如是解也。"③这些看法都说明,方以智有意地把自己时代的问题代入对《庄子》的"炮制"之中。

其实,方以智自己也清楚地表示过,他的解释包含着对《庄子》的改造。如他在《应帝王总炮》中说:"灌漆园以礼田,以此报德。"④"礼田"出自《礼运》:"人情者,圣王之田也。修礼以耕之,陈义以种之,讲学以耨之,本仁以聚之,播乐以安之。""灌漆园以礼田"就是用"仁义礼乐学"来填充庄子的"无为而治"(用《总炮》的话讲,就是"不见下篇之斗斛权衡乎?一回盘错,愈放神光,然后知斗斛权衡乃大镜中不知不识之浑沌髓也")。既然是"灌",那就是添加给《庄子》的,这也是《炮庄》中"炮"字的应有之义。

四、"通君子之道"

王夫之有两部关于《庄子》的书,一为《庄子通》,一为《庄子解》。《庄子解》大体上是顺着《庄子》的脉络做解释,《庄子通》则是对《庄子》进行儒家化

---

① 方以智著,张永义、邢益海校点:《药地炮庄》(修订版),北京:华夏出版社,2016年,第43、33页。
② 方以智著,张永义、邢益海校点:《药地炮庄》(修订版),北京:华夏出版社,2016年,第10页。
③ 方以智著,张永义、邢益海校点:《药地炮庄》(修订版),北京:华夏出版社,2016年,第475页。
④ 方以智著,张永义、邢益海校点:《药地炮庄》(修订版),北京:华夏出版社,2016年,第98页。

的改造。就宗旨而言,《庄子通》跟《炮庄》有近似之处,但两者的方法不同,王夫之的解释不涉及禅学。

王夫之是方以智的好友,在《搔首问》中,他曾评论过方以智的"炮庄"工作:"其谈说,借庄、释而欲檠之以正。"①意思是,方以智虽然谈庄说禅,但落脚点还是在儒。这句话其实也可以拿来形容他自己的《庄子通》。

研究者早已注意到,王夫之在其他著作中经常痛批老庄,跟《庄子解》《庄子通》的态度常常相左,好似有一个分裂的人格。个人认为,这其实也没那么奇怪。对一家学说,可以站在外面批评,也可以站在里面去了解。王夫之更不喜欢佛老,但不妨碍他著《相宗络索》《老子衍》。了解一家学说与接受这家学说是两码事儿。

另外,文本一旦离开作者,就是一种完全独立的东西。读者可以努力体会作者之意,但不妨碍添加自己的理解。王夫之在这一点上,区分得非常清楚。他在《庄子通》的小序中说:

> 己未春,避兵楂林山中,麇麚之室也。众籁不喧,枯坐得以自念:念予以不能言之心,行乎不相涉之世,浮沉其侧者五年弗获已,所以应之者,薄似庄生之术,得无大疚愧?然而予固非庄生之徒也,有所不可,两行,不容不出乎此,因而通之,可以与心、理不背。颜渊、蘧伯玉、叶公之行,叔山无趾、哀骀它之貌,凡以通吾心也,心苟为求仁之心,又奚不可?②

"己未"是康熙十八年(1679)。"楂林"位于湖南洞口境内,王夫之隐居此处多年。他所谓"薄似庄生之术",指的大概就是庄子的"不遣是非,以与世俗处"。王夫之紧接着就强调自己不是庄生之徒。这一立场的宣示马上把他跟方以智、觉浪道盛区别开来。王夫之虽然也有"檠之以正"的意愿,但把庄子直接说成是儒家的嫡传,他绝对不能接受。王夫之能够接受的是,只有在"两行""不遣是非"是为了保全和践行自己的"求仁之心"的情况下,才可以打通

---

① 王夫之:《船山全书》第12册,长沙:岳麓书社,2011年,第631页。
② 王夫之:《船山全书》第13册,长沙:岳麓书社,2011年,第493页。

《庄子》与儒学。

用儒学来贯通《庄子》,此《庄子》已经是儒家化的庄子,跟原本道家的庄子完全不同。所以王夫之才会接着说"故不问庄生之能及此与否,而可以成其一说":

> 或曰:庄生处七雄之世,是以云然。虽然,为庄生者,犹可不尔。以予通之,尤合辙焉。予之为大瘿、无脤,予之居才不才之间,知我者谓我心忧,不知我者谓我何求,孰为知我者哉?谓予以庄生之术,祈免于羿之彀中,予亦无容自解,而无能见壶子于天壤之示也久矣。凡庄生之说,皆可因以通君子之道,类如此。故不问庄生之能及此与否,而可以成其一说。①

"是以云然"指的仍然是"两行""不遣是非"。有人说庄子之所以选择两行,是因为身处乱世,不得已而已。王夫之则认为,即便身处乱世,仍然可以不走两行之路,这叫"犹可不尔"。他暗示自己看似无用、看似遁世和逃避,其实充满忧患之情,是待时而动的一种表现。"天壤之示",见于《应帝王》。壶子说:"乡吾示之以天壤,名实不入,而机发于踵,是殆见吾善者机也。"所谓"机发于踵",是指生机从深处发起,开始有了由静而动的苗头。王夫之以此说明他自己那些看似避世的行为其实是有所期待的,只是不被人理解罢了。

如果上述理解正确的话,那么,王夫之作《庄子通》,与道盛作《提正》、方以智作《炮庄》一样,都含有遗民群体自我辩解、自我说服的意味。

《庄子通》一共二十六篇。王夫之认为,《让王》《盗跖》《说剑》《渔父》四篇为赝书,故直接排除。另阙《徐无鬼》《寓言》《列御寇》三篇,原因不详。这二十六篇中,贯通《庄子》与儒家的内容各有侧重。这里也姑举数例,以窥一斑。

(1)知兼乎寡,而后多不讳寡也;知兼乎短,而后长不辞短也;知兼乎轻,而后重不略轻也;知兼乎小,而后大不忘小也。不忘小,乃可以忘小。忘小忘大,而有不忘者存,陶铸焉,斯为尧舜矣。②

---

① 王夫之:《船山全书》第13册,长沙:岳麓书社,2011年,第493页。
② 王夫之:《船山全书》第13册,长沙:岳麓书社,2011年,第496页。

这段话摘自《庄子通·逍遥游》。王夫之对"小大之辨"有一种独特的看法,即认为小大不是一种对耦关系,而是大包含着小、多包含着少,小的可以变成大的,少的也可以变成多的。可是,小的常为情所困,大的常为势所困,都做不到逍遥。乘正御气的圣人不为势所困,故能做到包容少的、小的。因为能包容小的,所以成就了他们的大,尧舜即为其例。王夫之这种解释意在强调圣人的包容性,有点君子尊贤容众的味道。但在《庄子》文本中,圣人无己,神人无功,他们根本不会弊弊焉以天下为事。神人的尘垢秕糠可以陶铸尧舜,尧舜明显是被贬低的对象。

(2)王者之兵,不多其敌;君子之教,不追其往。天下之心知无涯而可以一二靡,终其身于忧患而不与忧患牾,无他,有经而已矣。经者絜也,絜者正也,正者无厚者也。反经而不与天下争于智数,孰谓君子之王其神为樊雉也哉?①

这段话摘自《庄子通·养生主》。文中涉及"缘督以为经"和泽雉"神虽王,不善也"两句。对"缘督以为经",《庄子解》与这里的说法完全不同,《庄子解》基本上是以中虚来解缘督的:"身后之中脉曰督。督者居静,而不倚于左右,有脉之位而无形质者也。缘督者,以清微纤妙之气循虚而行,止于所不可行,而行自顺以适得其中。"而这段话却引入孟子"反经"说,强调君子守经的重要性,完全改变了泽雉寓言的意思。

(3)圣人不可死者也,大盗不可止者也。盗既不可止矣,圣人果不可死矣。知圣人之不可死,大盗之不可止,无可奈何而安之以道,犹将延颈举趾。指贤智为名以殉其私利,而欲以止盗,其不为大乱也鲜矣。知其玄同,以生其道法,是圣人日生,大盗日弭,孰标提仁义以为盗竽也哉?②

这段话摘自《庄子通·胠箧》。在外杂篇中,《胠箧》是批评圣人比较激烈的篇章,有所谓"圣人生而大盗起""圣人不死,大盗不止"等语。王夫之这里完全颠倒其意,把圣人创制的道法看成止盗最好的手段。

---

① 王夫之:《船山全书》第13册,长沙:岳麓书社,2011年,第498页。
② 王夫之:《船山全书》第13册,长沙:岳麓书社,2011年,第505页。

《庄子通》其他篇章,基本与上述情况相似,这里就不一一列举了。它们足以证明该书跟前面几种著作一样,都不是严格意义上的注解,而是对《庄子》的发挥和改造。

五、结语

以上是对《广庄》《庄子提正》《药地炮庄》《庄子通》四部书的粗浅介绍,现在做几点简单的总结。

首先,这四部书都是明末清初这一特殊时期的作品,三教会通思潮对它们的内容和形式都有很大的影响。四位作者中,袁宏道是居士,觉浪道盛和方以智是和尚,所以佛学在他们三人的作品中占有十分重要的地位。特别是道盛和方以智,两个和尚利用禅学的方法把道家的《庄子》解释成儒家的别传,最具象征意义。王夫之是正统的儒者,他走的是庄儒会通的路子。

其次,这四部著作都不是严格意义上的注疏,而是对《庄子》的引申和发挥。四位作者都把自己时代的问题代入了对《庄子》的理解,在这几部著作中,他们其实也并不打算寻求《庄子》的本义。袁宏道明确说《广庄》是"自为一庄",道盛和方以智提"托孤说"是为了化解遗民的精神困扰并反省明亡的教训,王夫之则直接说他的《庄子通》自"成其一说",不必考虑跟《庄子》的本义是否相合。这种解《庄》方式可能会受到质疑,被认为附会的成分太重。不过,经典通常都是经过不断地阐释才成为经典的,如果没有后人的引申、发挥甚至有意的误读,一部著作的影响力将会大打折扣。况且,把《庄子》与儒、佛勾连起来,也并不全是捕风捉影。庄子是不是儒家的别派,禅宗在多大程度上是受《庄子》影响的,这类问题至今仍然是庄学研究持续讨论的话题。无论如何,这类以广、提、炮、通为特色的著作也构成了庄学史的一个部分,它们已经影响了我们对《庄子》一书的理解。

最后,这四部书都受到《庄子》文风的影响,反过来也证明了《庄子》这本书的魅力。几位作者都是《庄子》的爱好者。袁宏道早年十分好《庄子》,他在诗文中经常提到《庄子》的篇名、人名及其他意象,如"吁嗟我生年十九,头发未长颠已朽……虫臂鼠肝彼何人,嗟来子桑真吾友"(《病中短歌》)、"闭门读庄子,秋水马蹄篇"(《病起独坐》)等。方以智同样如此,在《象环寤记》中曾借

"缗老人"之口说:"汝卬时,汝祖督汝小学,汝曰'旷达行吾曲谨',吾呼汝弥陀,汝曰'逍遥是吾乐国',全以庄子为护身符,吾无如汝何。"①王夫之也曾自称,为文"有得于《南华》,故于内外诸篇,俱能辨其真赝"。②《庄子》一书充满谬悠之说、荒唐之言,也给各种不同的甚至相反的解释留下了丰富的余地。四位作者用卮寓连番的语言,或拟《庄》,或炮《庄》,或提《庄》,或通《庄》,跟庄子本人借尧舜孔颜之口讲自己的意思,也差不多属于同一个套路。就此而言,也似乎不能说他们从《庄子》那里学到的就一定不是真传。

作者单位:中山大学哲学系

---

① 方以智:《象环寤记》,见黄德宽、诸伟奇主编:《方以智全书》第1册,合肥:黄山书社,2019年,第394页。
② 王夫之:《船山全书》第13册,长沙:岳麓书社,2011年,第476页。

《药地炮庄》对方以智家学的传承略论

——以方学渐思想为中心

温祥国

提　要：方以智撰《药地炮庄》，既是针对当时理学、心学在传承过程中表现出来的种种弊端提出的解决方法，也是对始自方学渐的家学的一种传承："宗孔"、传承"尧孔之道"是根本宗旨，"性善""道器不离""理事不二"是理论主张，"忠孝""文章薪火"是实践态度。《药地炮庄》表现出的"融汇三教"的特点，是方以智特殊的经历以及接受觉浪道盛"托孤"思想等导致的。这种做法不符合方学渐家学传统，是对家学的一种"背离"，或谓之一种特殊的传承方式。

关键词：《药地炮庄》　方学渐　家学　传承

引言

　　方以智的家学始于其曾祖父方学渐，以"宗孔"、传承"尧孔之道"为根本宗旨，面对"理学"的"执于实"与"心学"的"沦于虚"的流弊提出"崇实"的主张，是对《易》"性善""道器"思想的一种阐发。方以智撰《药地炮庄》体现了这一特点，既有对方学渐思想的继承，由于自身的特定处境，又有"背离"——或可谓"发展"，即以"融汇三教"的面目行"传承家学、弘扬尧孔之道"之实。

　　为便于了解方以智的家学脉络，现对其家世、家学做简单概述。

方以智,字密之,1611年生于安庆府桐城县凤仪里。其先祖居池州,后迁居桐城,《合山栾庐诗·慕述》自注:"方氏自逢辰公之后,由池迁桐,居凤仪里。"①其曾祖方学渐,"字达卿,号本庵"。②祖父方大镇,"字君静,号鲁岳","授大名府推官……累迁大理寺少卿……门人私谥曰文孝"。③其父方孔炤,字潜夫,或称"鹿湖老人""贞述先生"。万历四十四年(1616)进士。④其外祖父吴应宾,字尚之,号观我,人称"宗一先生",或称"三一老人"。万历丙戌(1586)进士及第,官"编修"。曾师事林兆恩。⑤

方以智家学开创于曾祖父方学渐:"阐明性学……著书凡数十万言。""以孝友笃行……门人私谥明善先生。"⑥其著有《易蠡》《性善绎》《桐夷》《迩训》《桐川语》等。方学渐与同时代的顾宪成、高攀龙等名流有交往。曾到"东林书院"讲"身心性命之学",为高攀龙所推崇,把他与顾宪成并称。晚年于桐城建"桐川会馆",邀张甑山、何唐为主讲,教授弟子有数百人之多,其中有对方以智思想影响很深的王宣。方学渐早年师事耿定理。他治学以"崇实"为主旨,强调"理是实理,事是实事",坚持"究良知而归实"。他讨论"心性"问题时主张"心体至善",依据是"生理"。⑦

其祖父方大镇著有"《易意》《诗意》《礼说》《荷薪义》《宁澹居诗集》"等。⑧

其外祖父吴应宾著有"《宗一圣论》《学庸释论》《三一斋稿》《方外游》《学〈易〉全集》"等。其思想有"圆三宗一,代错弥纶,集大成,破群疑";其学说渊源为"受戒莲池,闻法五乳"。⑨《药地炮庄》有云:"吴宫谕受戒莲池,祈教憨

---

① 任道斌:《方以智年谱》,合肥:安徽教育出版社,1983年,第4页。
② 黄宗羲著,沈芝盈点校:《明儒学案》,北京:中华书局,1985年,第837页。
③ 马其昶著,毛伯舟点注:《桐城耆旧传》,合肥:黄山书社,1990年,第123~124页。
④ 任道斌:《方以智年谱》,合肥:安徽教育出版社,1983年,第6页。
⑤ 马其昶著,毛伯舟点注:《桐城耆旧传》,合肥:黄山书社,1990年,第120~121页。任道斌:《方以智年谱》,合肥:安徽教育出版社,1983年,第6页。
⑥ 任道斌:《方以智年谱》,合肥:安徽教育出版社,1983年,第5页
⑦ 方学渐事参见任道斌:《方以智年谱》,合肥:安徽教育出版社,1983年,第5页;黄宗羲著,沈芝盈点校:《明儒学案》,北京:中华书局,1985年,第837~844页;马其昶著,毛伯舟点注:《桐城耆旧传》,合肥:黄山书社,1990年,第101~102页。
⑧ 参马其昶著,毛伯舟点注:《桐城耆旧传》,合肥:黄山书社,1990年,第124页。
⑨ 方以智著,邢益海校注:《冬灰录》,北京:华夏出版社,2014年,第32页。

山,于博山处脱桶底。"①

其父方孔炤,"阐《河》《洛》之旨,烹明善之薪,而以《周易时论》终焉"。方以智称其父:"发明秩序变化之易,以继明善公、廷尉公之学。"②又称:"家君子自辛未庐墓白鹿三年,广先曾王父《易蠡》、先王父《易意》而阐之,名曰《时论》。以六虚之归环中者,时也。""忤楚相被逮时,石斋先生亦拜杖下理……两先生翛然相得,盖无不讲《易》朝夕也。"③"石斋先生"即黄道周,方以智的《易》学思想与其亦有渊源。

方以智之子方中履称:"先大父中丞公既没,裒集所著书,有《周易时论》《尚书世论》《诗经永论》《春秋窃论》《礼记节论》《四书当问》……《环中堂诗集文集》,总若干卷。"④

综合前述可知:方以智家学底蕴深厚,其思想与其家学密不可分,其在《药地炮庄》中所表达的思想,如"宗孔""性善",特别是《易》学思想,更是其家学的几代传承。而其"性善""道器不离""事理不二"等思想,具体乃承袭方学渐。

关于方以智《药地炮庄》的缘起与其家学渊源,他的学友与学生都有说明。左藏一称:"吾桐方廷尉野同先生(大镇),与吴宫谕观我先生,激扬二十年,而王虚舟先生合之。廷尉本诸本庵先生(学渐),传之中丞潜夫先生(孔炤),三世研极,遍征百家,而愚者大师承之。"⑤

而其学友戴移孝(戴以方以智为师,自称"学人",见《浮山后集》卷二)在《合山栾庐诗》跋语中说:"(方以智)三世《诗》《礼》,学《易》之旨,合之王虚舟先生之《图》《书》,寂历吴观我先生之宗一圆三,环中晚径,可谓皆备。"⑥

由左、戴二人之说可明:《药地炮庄》在思想上虽近承其父方孔炤而远承

---

① 方以智:《药地炮庄》,见顾廷龙主编:《续修四库全书》第957册,上海:上海古籍出版社,2002年,第216页。
② 方以智:《灵前告哀文》,《浮山文集》后编卷一,清康熙此藏轩刻本。
③ 任道斌:《方以智年谱》,合肥:安徽教育出版社,1983年,第7页。
④ 任道斌:《方以智年谱》,合肥:安徽教育出版社,1983年,第7页。
⑤ 方以智:《药地炮庄》,见顾廷龙主编:《续修四库全书》第957册,上海:上海古籍出版社,2002年,第218页。
⑥ 任道斌:《方以智年谱》,合肥:安徽教育出版社,1983年,第200页。

祖父方大镇，但其更广的思想渊源则意味着对方大镇、吴应宾、王宣三人思想的融会贯通。

方大镇著有《易意》《诗意》《礼说》《荷薪义》《宁澹居诗集》等；方孔炤对《易》《诗》《书》《礼》《春秋》等都有研究并有相关作品。① 方氏"三世《诗》《礼》，学《易》之旨"，其家学主要是正统"儒家"之学，提倡"性善""忠孝"，强调"经世济用"。

然而吴应宾与王宣，前者援"禅"入儒，后者援"道"入儒，对方氏正统儒学皆起增益作用。《药地炮庄》正文九卷前署有"天界觉杖人评""三一斋老人正"，揭示了《药地炮庄》与道盛、吴应宾思想的密切关系。至于方大镇、方孔炤思想，在《药地炮庄》中也有明显的呈现。《药地炮庄》经常引用他们的话以"评《庄》"，有的是大段引用。而对于方学渐思想的重视，从表面看，《药地炮庄》的反映却不那么明显与突出，但认真研读的话，还是不难体认这一点的：事实上，方以智在《药地炮庄》中对方学渐思想是有传承的。这种传承主要体现在弘扬"尧孔之道"、坚持"性善"与"尽心"、如何处理"心"与"道器""事理"的关系以及"以天下万世为身"的"忠孝"思想等方面。以下就此——《药地炮庄》对方学渐思想的传承——略加阐述。

一、"宗孔"与传承"尧孔之道"

方学渐对孔子的态度可以概括为"宗孔"、传承"尧孔之道"、重"礼"。由《药地炮庄》可以看出这为方以智所继承。

方学渐对孔子是非常尊崇的，他以孔子为"圣门"、以孔子思想为"圣学"，自觉地以孔子为宗。例如，他在《东林会言》中论"孝"，就以孔子为"孝"之楷模。他认为"孝"不单指"生事丧祭"，而是要看一个人的行为——"观其所行"，孔子是"不以一人之身为身"而"以天下万世为身"的。这样的"孝"是真正的"大孝"。因为阐明"三纲五常"，孔子成为"道之宗主"；因为有孔子，尧孔之"道"，"无一日不流行，无一处不旁浃，无一人之血脉不贯通"。有孔子，"天地得以清宁，万物得以茂育"。

---

① 任道斌：《方以智年谱》，合肥：安徽教育出版社，1983年，第7页。

他认为孔子其人"知天下之不可上也,而身下之,为退逊,为沉潜,为默识","能庸言庸行之两不敢,智、仁、勇之三无能,空空待问而无知"。

方学渐以"礼"为"立身""达道"不可或缺的行为准则,而孔子就是以"礼""立身""达道"的楷模。孔子是"自少知礼"的"达者",他之于礼,浅而言之为"温良恭俭让",深而言之为"约礼"。孔子又是"知礼者能下"者,而"能下者必上达也",孔子终能达万世通行之道。孔子能"大明其道,行于天下,万世而成大孝","道而及于万世","光显父母莫大于此"。①

方学渐认为孔子之"道"与尧舜是一脉相传的。他阐述"善"时说:"性有常善,善无常主。"应该以何为主呢?就是主于"一"——"伊尹言善归于克一"。对这个"一",圣人各有表述:"尧曰'中',舜曰'心',孔子曰'黄中通理'。"孔子是"所以述尧舜"的。②

方学渐把"尧孔之道"解释为"理"。他所谓"理",是指存在于变化之中、随变化而决定变化,然其本身永恒不变者,即所谓"天下之不变者,理也。天下之至变者,亦理也","通至变于不变之外,执不变于至变之中"。而"穷理"的目的正在于贯通"天人"。其逻辑展开,照方学渐所说,是这样的过程:"穷理"则能"明善","明善"则能"知性","知性"则能贯通"天人"。

上述方学渐思想,在方以智《药地炮庄》中都得到了继承。"尊孔"与传承"尧孔之道",自不待言,因为《药地炮庄》的主旨即庄子是"尧孔之孤"、《庄子》是"尧孔之道"的"别传"。方以智自己就是以"扇扬大成之药肆者"自居的。至于"礼",方以智与方学渐一样十分重视。如他在《惠子与庄子书》中引《法言》曰:"吾见诸子之小礼乐也,不见圣人之小礼乐也。"引程子曰:"盗贼亦有礼乐,将何解耶?夫礼乐者,中和也。"③这表明他不但主张要以"礼乐"约束人的行为,还强调"礼乐"是"致中和"的方法。而关于"礼乐"与"中和"的关系,方以智这样阐述:没有"礼乐"就没有"中和"——"礼乐者,中和也";"礼乐"是不可废弃的,连"盗贼亦有礼乐";诸子与圣人之区别就在于对"礼乐"的

---

① 方学渐:《东林会言》,《东游纪》卷一,清光绪十四年(1888)刻,《桐城方氏七代遗书》本。
② 方学渐:《东林别语》,《东游纪》卷二,清光绪十四年(1888)刻,《桐城方氏七代遗书》本。
③ 方以智:《药地炮庄》,见顾廷龙主编:《续修四库全书》第957册,上海:上海古籍出版社,2002年,第221页。

态度不同——诸子轻视"礼乐"而圣人重视"礼乐",因此,见"诸子之小礼乐",不见"圣人之小礼乐"。

二、"心体至善"与"至善统善恶"——"性善"与"尽心"

方学渐坚持"性善"说,他的"性本善"是对《易》的"继善成性"思想的发展:"阴阳以理言,故谓之道。""此道生生,毫无杀机,故曰善。""得此而成性,其善可知。"①

他认为"诚者善之本体,几者诚之发用","本体""发用"都是"善"的,"善恶"只是"既发,则其善有过有不及,就其'过不及'名之为'恶'";认为"善"是本有的,"恶"是后天的,"善其本来,恶则半途而来,非两物相对而出也";②认为善恶不是相伴而生、同时并存的。这实际是说"至善"之"善"不与"恶"并立相待,可以视为方以智"至善统善恶"之说的渊源。

方学渐所著《东游纪》有云:"人生而静即至善也。"③这与方以智所谓"先天至善",说法虽有异,但意思相同。他批评当时"阳明后学"的"自是而上则混沌境界,不容置说"观点:"今以为无善无恶是向上去说,不知自是而上,乃上帝未降之衷,已含有理在是不与恶对之善,不得说无善也。"④他提出"不与恶对之善"的"至善",传到方以智,就被高度地概括为"至善统善恶"。

方学渐分析"善恶"关系,认为"性"之"本体"是"善"的,其用则有"恶"。但他又认为"天理"是既有"善"又有"恶"的,他说:"善之为天理,人皆知之;恶之为天理,人未必知之。"而这个"天理"——"本善","后来流入于恶","恶"亦"从天理而来",只是"恶可反而为善",犹"水之源本清也,后来流入于浊,原浊之初亦从清源而来,故浊可澄而为清"。这一点类似于程颢,他说:"程子原其初,曰'皆天理'。"

方学渐的"性善"之说是针对当时的现实提出的:"是时无善无恶之说涂人耳目,驱天下入禅,而东林独标'性善',依《中庸》,障颓波而砥柱之,学渐亦

---

① 黄宗羲著,沈芝盈点校:《明儒学案》,北京:中华书局,1985年,第838页。
② 黄宗羲著,沈芝盈点校:《明儒学案》,北京:中华书局,1985年,第839页。
③ 方学渐:《东林会言》,《东游纪》卷一,清光绪十四年(1888)刻,《桐城方氏七代遗书》本。
④ 方学渐:《东林会言》,《东游纪》卷一,清光绪十四年(1888)刻,《桐城方氏七代遗书》本。

抱杞人之忧,著论自坊务崇实学,其中要领不约而同。倘谓同心之言,其臭如兰,非耶?"①

方以智对方学渐"性善"思想的继承,体现在沿着方学渐的"性善""尽心"思想而深入阐发,从而在"心体至善"基础上提出"至善统善恶"的观念。

方以智对程颢所谓"人生而静以上不容说,才说是性早已不是性"的阐释,体现了其对方学渐思想的继承。方以智承认"天地之性、气质之性"说法具有合理性,认为告子所谓"生之谓性"没有程颢说得好。而荀子、孟子的"性"论可以用这一说法进行解释:"荀言性恶,正痛荒委气质之变而以礼法节之,责重人事也。"荀子之所以主张"性恶",是因为人们"荒委气质之变",即忽视了后天的修持而"故为此激言以待人之合参"。而孟子的"不谓性、不谓命""动心忍性""天下之言性也,则故而已"等说法贯通先天与后天,乃贯通"天地之性、气质之性"的正确做法。而"扬、韩言混"是没有搞清楚"所以然"的,就是说二人没有搞清楚"天地之性、气质之性"。他则认为,谈"性"当先区分"天地之性"与"气质之性"。

方以智区分先天之"性"与后天之"习",认为先天之"性"是"善"的,后天之"习"则可能"不善"。这实际上是本着程颢的"人生而静以上不容说,才说是性早已不是性"说法以主张先天"性善"。他还提出"道""性""善"是"非三非一"的观点:"道摄善、性,性统善、道,善宰性、道。非三非一,信得及否?"在"炮《大宗师》"时,他说:"道器不可须臾离也。庄子正以虚无为反对之药而归实于极物耳。太极亦是孔子创说,而随即泯之于阴阳中。表道、善、性,以贯仁智百姓之用,尚不执一,岂执三乎?"他还说:"心、气、理,三耶一耶?道、善、性,三耶一耶?"②可见,对方以智而言,"道、善、性"的"非三非一"实际上是"三"而"一"、"一"而"三"的。"性"是"天命之谓性","道"却是"率性之谓道",而"修道之谓教","修道"即"行善",必落实于"百姓之用",而不是只盯着先天之"性善"而谓之"善"。

---

① 方学渐论性之善恶之详情,参见方学渐:《东林会言》,《东游纪》卷一;《东林别语》,《东游纪》卷二,清光绪十四年(1888)刻,《桐城方氏七代遗书》本。
② 方以智著,张永义、邢益海校点:《药地炮庄》,北京:华夏出版社,2011年,第209~210、211页。

方以智认为:"且问《中庸》'一言尽',则首三句有遗旨耶?后云'自诚明谓之性,自明诚谓之教',第一句天命竟不提起矣,此处何不起疑?"①所谓"一言尽",盖指"知人、知天"以"修身""事亲",而如何"知人、知天"以"修身""事亲"则"所以行之者一"。所谓"第一句天命竟不提起",这个"一"即"慎其独""致中和"。

方以智认为《应帝王》结尾语旨在揭示《庄子》与《大学》都是对《易》的"继善成性"思想的发挥,是对《易》之"善"与《大学》之"至善"的融会贯通。他说:"待之甚善,继之者善,在止于至善,此中具倏、忽、浑沌之用。"②《庄子·达生》说:"吾生于陵而安于陵,故也……性也……命也。"方以智对此评论说:"此三句可与《易》之'继善成性'同参。"③可见,方以智《药地炮庄》中的"性善"说是根据《易》之"继善成性"思想来论述的。

《大宗师》"子桑叹命"一说,方以智认为是"穷理尽性至于命"思想的表现,进而又将其归之于孔子、《易》,强调"应世""造命":"命者,无生无死之一也。神不可知而尽心者,知之即能为万物造命矣。"伏羲、文王、周、孔一脉相传:"四圣阐《易》,尼山集成,其为万世造命,信得及乎?"④

方以智的其他作品也论"性善"。如《性故》所谓"称名而言之",是说之所以言"性"称谓不同,是因为人从不同的角度把握"性":从"生之所本"而言谓之"性";从人受禀赋于天而言谓之"命";从人为天所主宰而言谓之"天";从人事所共而言谓之"道";从人之得道而言谓之"德";从审视其所具道理而言谓之"理";从人把握"道""理"的基础功能而言谓之"心";从性之本然之德而言谓之"善"。由此可知,在方以智看来,所谓"性""命""天""道""德""理""心""善",只是人们对同一个绝待"性"的不同表达而已。这可以与《药地炮庄》中的"性善"说互勘。

方以智恪守方学渐"性善"说的理由,至少可以归纳为以下几点:一是依

---

① 方以智:《药地炮庄》,见顾廷龙主编:《续修四库全书》第957册,上海:上海古籍出版社,2002年,第209页。
② 方以智著,张永义、邢益海校点:《药地炮庄》,北京:华夏出版社,2011年,第240页。
③ 方以智著,张永义、邢益海校点:《药地炮庄》,北京:华夏出版社,2011年,第341页。
④ 方以智著,张永义、邢益海校点:《药地炮庄》,北京:华夏出版社,2011年,第226页。

据儒家经典。《药地炮庄》强调《庄子》乃"《易》之风,《庸》之魂",以《易》《庸》精神"炮庄",是《药地炮庄》的主旨所在。那么,根据《易》《中庸》(二书认为人本"性善"),《药地炮庄》谈"性",势必主"性善"说。二是从孔子。方以智与曾祖方学渐一样,认为《系辞》是孔子所作,《易》的"性善"思想实是孔子思想,他既"尊孔",以传"尧孔之道"为己任,则谈"性"自然会从孔子的"性善"说。三是传家学。曾祖父方学渐既主"性善",则以传承家学为抱负的方以智坚守"性善"说,也就在情理之中。何况他本人在学理上也认同"性善"说。

三、"理是实理,事是实事"——"心"与"事理""道器"

方以智继承了方学渐的思想,从他对"心"与"事理""道器"关系的认识上也可以得以证明。方学渐处于"阳明后学"时代,其哲学同样属于"心学"一脉,所以黄宗羲谓其"一言一动,一切归而证诸心"。①他著有《心学宗》,表达自己学问上归宗"心学",但他并不赞同"阳明后学"的"谈心"之说,深以他们"往往以无善无恶为宗"为忧,强调谈"心"以"实"为宗、主张以"心"贯通"事、理",强调"事理不二""即器是道"。

方学渐的"心说"主要是以"人心、道心不二"阐述《尚书》"十六字"思想,认为"人心""天理"是一致的。"人心"顺应"天理"即"道心"。对"危"与"微"做出自己的解释,认为"危"是"高大"的意思,"心危而微"谓之"中",认为"慕高大而忽精微,必至于荡而多歧矣"。

他主张"事理不二""即事求道","性具于心,谓之道心",所以"人心、道心不二",于"人心"即可求"道心",强调"求道于心,不求道于事物","善事心者,日用事物皆心也"。由此可见,其说与"寻常日用即是道"所异无多。

方学渐解读《大学》之"敬止以心",认为"一心发之为仁、敬、孝、慈、信,是一止而众止,五者根于一止",又以"正心行正事"之意释《大学》"正心,正物",突出"践履"。方学渐还以"上"为"道","下"为"践履",指出"中人以下,不可以语上,谓其慕上于下之外也";于践履之外求道,则是流于慕高而蹈虚空。他说:"理无上下,学乎下,所以达乎上。中人以上,可以语上,谓其悟上于下

---

① 黄宗羲著,沈芝盈点校:《明儒学案》,北京:中华书局,1985年,第837页。

之内也。中人以下，不可以语上，谓其慕上于下之外也。"他还说："洒扫应对是下，洒扫应对之心是上。"即强调"寻常日用即是道"。

在此基础上，方学渐特别强调"心物不二""即器是道"："孟子指理义根于心，而后之人曰'在物为理，处物为义'，此异说所由起也。"方学渐认为"物"虽不是"心"，但是人心可以理解"物理"，"物在外，物之理在心"。因用心"能物物"，所以"理在心而不在物也"，因而"心物不二"。

他以一"心"统"性"与"天"，解说"穷理尽性至于命"，谓以"正心"为首，"尽心"而能正行则尽性。

方学渐把"道器"之"道"替换为"理"："此理涵于物先，流于物后，超于物外，贯于物中。"认为应当即"物"求"理"，"其在物先物外者不可测，而在物后物中者有可见"。以可见之"物"求不可见之"理"，于物中求"理"，是所谓"《中庸》之学"。实际是要以即"物"求"理"贯通先、后天，主要是针对沦入"虚空"之说。①《东游纪》中主张心、事、理为"一"："除却心别无事物之理矣。""天下即吾心，吾心即天下。"②"理事不二"，换言之，乃"即器是道"，则物（事）中求"理"，对他来说，也就是"由器求道""道器不离"。"不徒曰'上'，而曰'形上'，形即器也，安得求道于器之外乎？"③离开"器"则无从求"道"。他还用"树、根本、枝叶"比喻"道器关系"："根本是未发之枝叶，枝叶是已发之根本。但见冲漠无朕，不见其中有万象之根，是谓根本无枝叶，后来欲芟枝叶以还根本也，可乎？"④

方以智在《药地炮庄》的《惠子与庄子书》中所讲的"心、物、道"关系与方学渐所论的"心物"关系基本相同。方以智认为"天道"是"人事"之"本然"，"人事"是"天道"之"当然"。其要在一"心"，以"心"贯通"心、物、道"的关系，也即"心"与"道、器"或"心"与"事、理"的关系。"道、器"是侧重"天道"的表达方式，而"事、理"是侧重"人事"的表达方式。他认为庄子所谓"以有形者象无

---

① 方学渐心学思想，参见黄宗羲著，沈芝盈点校：《明儒学案》，北京：中华书局，1985年，第838～842页。
② 方学渐：《东林会言》，《东游纪》卷一，清光绪十四年（1888）刻，《桐城方氏七代遗书》本。
③ 黄宗羲著，沈芝盈点校：《明儒学案》，北京：中华书局，1985年，第843页。
④ 黄宗羲著，沈芝盈点校：《明儒学案》，北京：中华书局，1985年，第840页。

形者而定矣"的思想是表明"天道"是"人事"之"本然","人事"是"天道"之"当然"的思想。他以"道器不离""事理不二"表达他的观点,认为"皆本然,即皆当然。止有当然,是为本然"。没有"人事"之"当然",则"天道"之"本然"无法体现。

方以智在《惠子与庄子书》中从"道器""事理"的角度阐释"天人"关系,主张"道在器中""道问无应""即器是道"。"事理不二"——"象数征理,数以度用",强调"经世济用"。针对重"义理"轻"象数"的现象,他主张"行"以贯"事理",即所谓"政府立而宰民并宰君"。这些观念与《药地炮庄》正文的思想是完全一致的。特别是"政府立而宰民并宰君",是贯穿于《药地炮庄》的一个体现方以智"道器""事理"关系说的典型说法。而另一种表述是"君臣道合于臣力",表明"天道人事"或"道器"及"事理"的关系:"人力即天也,善用者行无事⋯⋯儒言性必尊德性,言天必言天理⋯⋯象一理也,气一理也,理一理也⋯⋯庄曰:'君道,天也;臣道,人也。'曾知君臣道合于臣力乎?"①

《药地炮庄》的《内篇》篇首语也有对"道器""事理"关系的阐述。方氏认为天地之道、人事之理无不在《易》中,"寓数约机"惟在"奇偶方圆"。"绝待者",道之体;"对待者",道之用。体、用一如,"对待者,一也,绝待者,一也"。所谓"即冒费隐",即"道器不离""即器是道"之意,"道"不可见而必以"器"之可见,即"待与无待皆反对",是方氏"道器"思想的一种表达。这在《向子期与郭子玄书》中,则表达为"方圆同时,于穆不已"是"无待之环中"。"顺物因理"即"无待":"又顺有待者,使不失其所待,指正屈时,屈无待也,指正伸时,伸岂有待哉?"②

方以智认为要贯通"心"及"道器"与"事理",其行为准则在于正确处理"中和""礼乐"的关系。这与方学渐的观点也是一致的:"情不可纵,亦不可灭,是权衡者混沌天地之神髓也。圣人贯万古而表其公平,立仁与义,正所以宰其阴阳、刚柔而天弗违者也。万物一体,仁也;各得其宜,义也。塞天塞地,本仁义矣。岂待正名立教,乃曰:'子为克家之督,政府宰民并宰君哉?'"③再

---

① 方以智著,张永义、邢益海校点:《药地炮庄》,北京:华夏出版社,2011年,第28页。
② 方以智著,张永义、邢益海校点:《药地炮庄》,北京:华夏出版社,2011年,第77页。
③ 方以智著,张永义、邢益海校点:《药地炮庄》,北京:华夏出版社,2011年,第243页。

一次提及"政府立而宰民并宰君",表明以"践履"之"政府"贯通"天道"(君)、"人事"(民)的主张。《天道》中曹心易也有类似的说法:"大人至至人而不住于至人,故立政府而后能公享无为之性,正是缘于不得已,其所以然,岂忧烂却乎?"①

《知北游》篇重申了"心""事""理""物"的关系:"所以为气者何邪?不得已而理之,理因心知,心与理来,特因事物、时位而显其常变,圣人一眼看彻。故明此天下一气中之理,还天下一气中之物,乘天下一气之时位,而安天下一气之本事。"②以"心"明"物"(气)、"理""事"而因"时位"以"安天下一气之本事"。"事理不二","心、事、理、物"四者而一贯与方学渐的思想是同样的。

评"舜问乎丞曰:'道可得而有乎?'"时说:"乾知坤行。君主相用。丞之对舜如此,可悟'政府宰民而并宰其君'。"③后文又说:"一画以前万象历然,一尽以后万理寂然。寂历同时之家,惟在子孙善理其家事而已。"④"寂历同时"即"道器不离""事理不二","先天后天"不可截然分,"惟在子孙善理其家事而已"。

四、"以天下万世为身"
——"'学'贯'忠、孝'"与"薪火相传"

方学渐《东林会言》中论孔子"孝"的思想,是方以智《药地炮庄》所表达的"忠孝"思想的依据之一。

方学渐认为人子学"孝"当学孔子,"孔子之孝为大";认为"为政""为教"不外乎一个"孝"字,《孝经》《大学》总是一言,修身、立身,总是一事:"惟孝故能友兄弟而施于政。"认为孔子"为政于家"只用一"孝"字,为教于天下万世依然是一"孝"字。"孝"就是"以明德亲民止至善为纲,以格致诚正修齐治平为目",而"归于修身为本"。因此,"此之为道,大道也;此之为学,大学也;此之为孝,大孝也"。方学渐认为"孝即良知",是人之本有,即"本心"。要尽

---

① 方以智著,张永义、邢益海校点:《药地炮庄》,北京:华夏出版社,2011年,第295页。
② 方以智著,张永义、邢益海校点:《药地炮庄》,北京:华夏出版社,2011年,第360页。
③ 方以智著,张永义、邢益海校点:《药地炮庄》,北京:华夏出版社,2011年,第362页。
④ 方以智著,张永义、邢益海校点:《药地炮庄》,北京:华夏出版社,2011年,第369页。

"孝","立身行道"从"立志"始,"志在于学":"立身行道,日精日熟,与时俱进。""志学"以"下"字为"入窍"。①

方以智继承了方学渐所谓"孝"的思想,主张"学贯忠孝""薪火相传":"性道犹春也;文章犹花也。"而"以文传道"当以孔子为榜样:"圣人知之,故老任斯文,删述大集,与万世共。"②以孔子为榜样最后当落实在"忠孝"上:"草孝其根,肢忠其首,知命俟之,素其时位。"③(即《中庸》的"素位而行"。)

方以智"忠孝"思想的特别之处,在于强调以"文章薪火"为其"忠孝"行为的具体实现方式。这一点在《药地炮庄》中是通过对司马迁的评论来表达的。方以智认为其遭遇和思想抱负与司马迁类似,司马迁"受宫刑之辱"而不死,继承父志撰写《史记》,是为了"立名著述之美"。而他自己著《药地炮庄》,也是要表达他"薪火相传"的抱负。方以智认为司马迁撰《史记》是为了传承孔子的思想——"正《易传》继《春秋》,本《诗》《书》《礼》《乐》之际"是"以达王事而已矣"。司马迁著《孔子世家》而以"老、庄、申、韩"同传,是以表明"匹夫统君师之道,六家归于素王"。④方以智引王通语:"安得圆机之士,与之共语九流哉?安得皇极之主,与之共叙九畴哉?"⑤可以反映方以智著《药地炮庄》亦有借传"文章薪火"以表"忠孝"之意。

方以智《药地炮庄》以"万法统于易"为根本原则,在此基础上主张"道器不离""即器是道""事理不二"。"道器""事理"归之于"忠孝"而以"尽分"结之,贯通"世出世间"以解决自身身心困顿。所谓"随分自尽"是在"尽忠无位""尽孝无亲"时归之于"学",而以"文章传薪火"践行之、实现之。可以说这是方以智对以方学渐为代表的家学进行传承的一种表现。

综前述:方以智在《药地炮庄》中对方学渐的思想是有传承的。但是,由于其"逃禅避仕"的特殊经历,以及由此而接受道盛"托孤"的原因,《药地炮

---

① 参见方学渐:《东林会言》,《东游纪》卷一,清光绪十四年(1888)刻,《桐城方氏七代遗书》本。
② 方以智:《文章薪火》,清《昭代丛书》本。
③ 方以智:《惠子与庄子书》,《浮山文集》后编卷一,清康熙此藏轩刻本。
④ 方以智著,张永义、邢益海校点:《药地炮庄》,北京:华夏出版社,2011年,第18页。
⑤ 方以智著,张永义、邢益海校点:《药地炮庄》,北京:华夏出版社,2011年,第17页。

庄》表现出明显的"融汇三教"的特点。这与其家传"正学"特别是与方学渐的思想不是完全符合的,一定程度上可以视为背离了方学渐的思想。这是客观存在的,也是方以智曾经纠结的问题,此可参见方以智所撰《象环寤记》一文,此处不展开讨论。

现以方以智自己的一段话结束本文,从中可以看出《药地炮庄》的思想渊源、家学传承、表达特色、学术宗旨等内涵:"吾将聚千圣之薪,烧三世之鼎炮之,以阳符咒之,以神药裁成之,以公因反因范围之,以贞一用二,时当舞运,秩序大集,使天下万世晓然于环中之旨、三一之宗,谓方氏之学集儒、昙、道教之成,克尽子职,所以报也。"[①]可见,方以智是以"融汇三教"的《药地炮庄》来"克尽子职"的。

作者单位:江苏经贸职业技术学院

---

① 方以智:《惠子与庄子书》,《浮山文集》后编卷一,清康熙此藏轩刻本。

无知之知，不齐之齐

——方以智的《齐物论》阐释

蔡添阳

摘　要：在"齐"物与"齐"论的努力外，方以智试图以"不齐"对《齐物论》的精神加以概括。"齐物"问题的关键并不在于齐同万物或令物论纷扰平息，而在于"知止"，知万物之"不齐"。"齐"物、"齐"论的实质是主体以某种特殊方式把握事物，令其进入整体性秩序中。区别于"齐"物、"齐"论对事物之羁縻，"不齐"则全然谦退，承认人为秩序的限度，表现为对事物的释放与容受，思的任务因而由把握转向承担。由齐转向不齐并非意味着对齐的放弃，相反，意味着对齐之限度的领会。在此领会中，齐寓于不齐中，不齐即至齐。方以智借此诠释知与无知、体与用、一与多的关系，相较于对待，其更多表现为显隐。"无知之知，不齐之齐"表现在政治领域，并非某种整全价值或整体性视域，而是一种因任万物自行发生的哲学态度。

关键词：《药地炮庄》　方以智　齐物论　不齐之齐

庄学阐释在方以智的思想中占据特殊的位置，方以智自谓"全以《庄子》为护身符"，[①]晚年更写就"趋庭无别语，开示终《南华》"，[②]而其关键性著作，

[①] 方以智：《象环寤记》，见张昭炜整理：《象环寤记 易余 一贯问答》，北京：九州出版社，2015年，第20页。
[②] 方中通：《陪诗》卷三，收入继声堂本《陪集》，见《清代诗文集汇编》第133册，上海：上海古籍出版社，2010年。

皆或隐或显地贯穿着"炮庄"的任务。① 以《药地炮庄》为核心,围绕方以智的庄学研究已有一定规模,然而除了思想史的诀发与"三教合流"等具体论题,相关讨论多集中于《逍遥游》,②对方氏借"炮庄"所阐发的具体思想并无足够的关注。③

与《逍遥游》相比,方以智对《齐物论》的诠释要少得多。但这并不意味着后者便无足轻重——就经典自身而言,作为庄子,乃至道家的代表作之一,④《齐物论》在一定程度上甚至代表了庄子哲学的基础部分和总纲。⑤ 就方以智的思想而言,《齐物论》着重于对"物"的考察,⑥集中体现了庄子对待物、物

---

① 详见邢益海:《方以智庄学研究》,北京:北京师范大学出版社,2015年,第5页。作者更进一步在该书第五章《终生的庄学关怀》中对此加以梳理,见该书第190~204页。

② 相关文献如邓克铭:《方以智论庄子的逍遥游》,《明末清初〈庄子〉注解研究——以憨山德清、方以智、王船山为例》,台北:文津出版社,2016年,第81~114页;韩焕忠:《无执始能逍遥游——方以智〈药地炮庄·逍遥游〉浅析》,载《西南民族大学学报(人文社会科学版)》,2021年第10期,第75~82页;吴卿:《论支道林与方以智对〈庄子〉"逍遥义"的不同诠释》,载《五台山研究》,2021年第4期,第39~43页。

③ 思想史的考察主要涉及对明末清初的思潮(杨儒宾:《儒门别传——明末清初〈庄〉〈易〉同流的思想史意义》,见邢益海编:《冬炼三时传旧火——港台学人论方以智》,北京:华夏出版社,2012年,第183~222页)、方以智本人家学、师承(张永义:《折中其间:方以智和他的家、师之学》《觉浪道盛师徒对〈庄子〉的定位》,《异类中行——方以智的思想世界》,北京:商务印书馆,2022年,第3~43页)和明末遗民的思想趋向(方勇:《"非庄子当如是解"——明遗民借解〈庄子〉以自摅其意》,载《湖南工程学院学报(社会科学版)》,2021年第1期,第1~7页;谢明阳:《明遗民的"怨""群"诗学精神——从觉浪道盛到方以智、钱澄之》,台北:大安出版社,2004年)的考察。具体论题的考察则涵盖"三教合一"(蔡振丰:《方以智三教道一论的特色及其体知意义》,见邢益海编:《冬炼三时传旧火——港台学人论方以智》,北京:华夏出版社,2012年,第369~410页)与方以智的生死观(吴卿:《方以智的"生死观"摭论——以〈药地炮庄〉为中心》,载《吉林师范大学学报(人文社会科学版)》,2022年第3期,第34~40页)、太极观、中庸观、道家观、易学观、惠施论等。

④ 曹础基:《庄子浅注》(修订本),北京:中华书局,2000年,第13页。另,本文援引《庄子》原文,如无特别说明,则一律引自本书。

⑤ 关锋:《庄子内篇译解和批判》,北京:中华书局,1961年,第7页。崔宜明:《从鹏扶摇到蝶蹁跹:〈逍遥游〉〈齐物论〉通释》,上海:上海人民出版社,2018年,第14页。

⑥ 陈少明评价道:"从未见有如此专注于'物'者。"见陈少明:《〈齐物论〉及其影响》,北京:北京大学出版社,2004年,第8页。

论的态度；①而方氏则同样对有关"物"的论题表示出极大的热忱，并因此特别对惠施予以同情和理解。不仅如此，作为方氏核心概念之一的"环中"及其对应的"陶均"隐喻，均直接来自《齐物论》。② 就此而言，针对方氏《齐物论》诠释的分析有其必要性。

方氏诠释《齐物论》的核心可概括为"不齐"，在《一贯问答》中他这样写道："《齐物论》正谓其不可齐即是至齐，此之谓以明，乃所以知止其所不知也。"③就此而言，他的理解颇近似于以王应麟为代表的观点，主张"物（论）不可齐"，④即将庄子在此篇中传达的思索理解为某种否定的姿态，意在揭露人之有限性。后者令人联想起憨山借注疏《庄子》而展开的对儒、道、释的判摄。他将老、庄视为泯法，其要在于以言破执，"诃教劝离、隳形泯智"而"使离人入天、去贪欲之累故耳"。⑤ 同为禅僧，方氏对憨山之言不可谓不熟，然而他却反其道而行，将庄子解为"禅之先机"。⑥ 这一论断突破三教分隔，颇有可玩味处，如果联想到释家在憨山架构中可融通有无，随波逐流地判分，则方以智笔下的"不齐"在否定之外，无疑具有更为丰厚的内涵——"不齐"更是一种

---

① 钱穆特别强调庄子对"物"的重视，指出其"对于外物观察其本质与真相"。见钱穆：《庄老通辨》，北京：生活·读书·新知三联书店，2002年，第33～34页。

② 对此，杨儒宾在《儒门内的庄子》《卮——道的隐喻》两文中有较为详细的考察，他特别指出"庄子特善运用轮转的隐喻，如门枢、圆环、陶均、石臼、车轮、浑天、漩涡等等"，"庄子是用浑天与陶均这两个最根源的隐喻当作贯穿《齐物论》一文的主轴。天均、天倪两个语词皆意指陶均，或陶均的变形"，同时也特别提到方以智所用之"均"与此的关联。详见杨儒宾：《儒门内的庄子》，上海：上海古籍出版社，2020年，第156、299—300页。

③ 方以智：《一贯问答》，见张昭炜整理：《象环寱记 易余 一贯问答》，北京：九州出版社，2015年，第760页。

④ 王应麟："庄子《齐物论》，非欲'齐物'也，盖谓'物论'之难齐也。"转引自钱穆：《庄子纂笺》，北京：九州出版社，2011年，第9页。

⑤ 上文论断引自憨山德清：《老子道德经解》，武汉：崇文书局，2015年，第166页。憨山于《庄子内篇注》所附"憨山序言"指出："庄子一书，乃老子之注疏。"（憨山德清：《庄子内篇注》，武汉：崇文书局，2015年，第153页）方以智在《药地炮庄》"总论"部分特引"憨山影响论"，摘录："不知《春秋》，不能经世；不知老庄，不能忘世；不参禅，不能出世。"（方以智著，赵锋点校：《药地炮庄》（上），北京：中华书局，2022年，第44页）此篇中憨山特将老、庄并举，又与佛教严格区分，"解庄而谓尽佛经，不但不知佛意，而亦不知庄意"。（同上，第164页）

⑥ 方以智：《一贯问答》，见张照炜整理：《象环寱记 易余 一贯问答》，北京：九州出版社，2015年，第761页。

"至齐"。此种"不齐之(至)齐"的思考方式更进一步贯通于方氏的阐诠,串联起"无－知""体－用""一－多"的概念,并赋予其全新的内涵。

有鉴于此,本文的任务得以明确,具体展开为三个部分:第一部分,沿着方以智在《药地炮庄》中对"齐"的思索,考察"齐"的三重意蕴,指出无论是齐"物"、齐"论",抑或是"不可齐"都已然运作于"齐"的机制之下。以此为基础,试图将事物纳入某种封闭的整体性秩序,无论是"一体平铺,万物混同",抑或是"是非虽异,彼我混同",均是上述运作的产物。"物"也由此为人所把握,丧失自身。第二部分,进一步指出,与"齐"之把握相对,在"不齐"的态度中,把握转向一种释放和容受,从而放弃奠基性的姿态和整体性的要求。"不齐"在结果上并不能导出对"齐"的放弃,反而意味着其对"齐"之限度的领会,从而建立"不齐"与"齐"的积极联系。"齐"与"知"相关联,"不齐之齐"因而导向"无知之知"。第三部分,依据"不齐之齐"的架构,对方氏在体与用和一与多问题上所做的发明做一梳理,指出三者分享了同样的关系,并非对待,而是显(费)隐,在此关系中原本对立的双方实则共属一体。同时,由一多关系引申出一元寓于多元中,更进一步引出方以智借注《庄》传达的政治思索,一方面拆解"齐"的政治机制,另一方面在"不齐"中栖息而有所安顿,展现一种因任万物生发的哲学态度。

一、齐物、齐论与不可齐:齐之机制与不齐之方

有关《齐物论》,一个首要的问题在于标题的含义。一般而论,"齐物论"可涵盖"齐物"与"齐论"两义,一如钟泰所言:"'齐物论'者,齐物之不齐,齐论之不齐也。"[①]陈少明在此基础上总结出三义:"齐物论"是对是非标准的质疑;"齐万物"是对自我中心态度的放弃;"齐物我"则在本体论上化有为无,导向丧我和无为。[②] 然而,在《齐物论》注释的开头,方以智却这样写道:"物论如何齐得?药地拾一古方,举起看曰:字经三写,乌焉成马。"[③]此言不易解,"字经三写,乌焉成马",乃是说几经辗转传抄,文辞讹误,错把"乌""焉"作为

---

① 钟泰:《庄子发微》,上海:上海古籍出版社,2002年,第26页。
② 陈少明:《〈齐物论〉及其影响》,北京:北京大学出版社,2004年,第15～19页。
③ 方以智著,赵锋点校:《药地炮庄》(上),北京:中华书局,2022年,第154页。

"马",暗示人在历史活动中的误读与涂擦。"古方"有两解:一者说错讹乃物论不齐之原因,则古方便指向病因;一者说错讹本就是化解问题之方案,则古方便为治病之药方。后一说显得有些荒谬,难道错讹本身便可称一味药?因而便自然地选择前一种说法,但一张有症而无药的"古方"亦不免让人心生疑窦,反倒烹炮流毒,因法救法暗合"炮庄"之精义。①

错讹、停止错讹,分别对应"不齐"与"齐",这似乎是方氏针对"物论"开出的两张古方。"马"字颇容易让人想到文中有关"指"与"非指"的思索:

> 以指喻指之非指,不若以非指喻指之非指也;以马喻马之非马,不若以非马喻马之非马也。天地一指也,万物一马也。可乎可,不可乎不可。道行之而成,物谓之而然……恢恑憰怪,道通为一。(《齐物论》)

对于"天地一指",方以智这样诠释:

> 渔樵耕牧,各安其分;寒冰暑焦,各造其极。或初渐而甚,甚与初反,而各当其候。或外与内离,离反得合,而仍分其用。此非《齐物论》之天地一指耶?②

打鱼砍柴、耕种放牧,是不同的农业活动,却各司其职,各安其分。天寒酷暑、冰冻土焦,分别指向隆冬与盛夏,二者截然对立,却又各自指向冷热的极致。四季轮转,却各当其候,各有所时;内外相分,却相互补充,各有所用,如此方为"天地一指"。区别于方以智的诠释策略,牟宗三则从逻辑层面对"指"加以细致的辨析。在他看来,"非指""非马"并非某些负面的词语,强调对"指"与"马"之具体存在的否定,而是应当视作"非"指、"非"马,即对"指""马"本身的否定,指无独立之自性,马亦无独立之自性,万物莫不如是而依待于心。是故,他说"天地一指也,万物一马也",传达的是心的一个境界,"心不动,一切都停止;心一动,所有花样都出来了"。③ 依据一心之活动,而平齐是非、善

---

① 方以智著,赵锋点校:《药地炮庄》(下),北京:中华书局,2022年,第693页。
② 方以智著,赵锋点校:《药地炮庄》(上),北京:中华书局,2022年,第173页。
③ 牟宗三演讲,卢雪崑整理,杨祖汉校订:《牟宗三先生讲演录四 庄子·齐物论》,台北:鹅湖月刊社,2019年,第93页。

恶、美丑，①化去个体性。牟氏所论，就实质而言，是将"齐物"还原为"齐论"，并由后者反过来推及一切价值性的判断，进而"齐事事物物"。② 其言"一体平铺，万物混同"之意涵，乃专就个体境界来阐发"无为无不为"的道理。

相形之下，方以智笔下的庄子并不似牟氏所解，欲消除个体，平齐万物，而是必须在某种协同作用中保证事事物物的差别和分化。方氏引范仲暗"手用力时，浑身俱在两手，岂分左右？然肝必不混肾，肺必不混脾，脉络井然"③之语对此点进行说明。固然，在特定情形中，事物能够消弭差异，但它们也以自身独特的组织方式，抵抗着"齐"的力量，并维持自身的独立性。这也在一定程度上对以"齐"为方的说法构成质疑。同时，方氏在此留下一句"岐伯用毒药，衰其半而止。随分纳些些，适得而几矣"，④反而支持对"古方"的另一重解释。

尽管牟氏所谓"境界"并不等同于实践，亦不同于理性，但一讲到境界则必然有理性与实践问题随之而起。承担此实践责任的理想人格，则无疑指向庄子笔下的圣人。

> 滑疑之耀，圣人之所图也。为是不用而寓诸庸，此之谓以明。（《齐物论》）

对于方以智而言，"漫道弹琴传妙指，须知三五旧差徽"，圣人之用好比弹琴之指法技艺，纵使高超，三弦与五弦之间的差异仍无可否认。圣人只是让物之间某种恰到好处的交织显现出来，却并不因此根本性地改变万物。"鼓琴不鼓琴，声皆本全者也，成亏亦何碍焉"，此言针对郭象所发，郭注"滑疑之耀"曰：

---

① 牟宗三演讲，卢雪崑整理，杨祖汉校订：《牟宗三先生讲演录四 庄子·齐物论》，台北：鹅湖月刊社，2019年，第19页。

② 在演讲中，牟宗三特就"齐物论"的含义展开辨析，主张不可将"齐"之对象限于"物论"，相反，物事广义，事事物物都要齐，一切比较的、价值性的、相对的判断都要平齐。参见牟宗三演讲，卢雪崑整理，杨祖汉校订：《牟宗三先生讲演录四 庄子·齐物论》，台北：鹅湖月刊社，2019年，第7页。

③ 方以智著，赵锋点校：《药地炮庄》（上），北京：中华书局，2022年，第172页。

④ 方以智著，赵锋点校：《药地炮庄》（上），北京：中华书局，2022年，第172页。

> 夫圣人，无我者也。故滑疑之耀，则图而域之；恢恑憰怪，则通而一之。使群异各安其所安，众人不失其所是，则己不用于物，而万物之用用矣。①

据此，圣人是这样一种超越性人格的典范，通过他能够令万物相通为一，各安其所，各用其用，后者似乎也能构成对方氏"天地一指"注的回应。然而，若将此评论与方氏的解读并置，则方氏之言便构成对郭注的双重回应：其一，圣人的作用被夸大，他并非某种指归，而更像一个标识；其二，不齐并不能推出对用的损毁的结论，因而不必以圣人齐之来弥补。在方氏看来，郭象只看到了鼓琴发声，却并未意识到圣人之齐仅仅提示了一种可能性，在鼓琴之声外，尚有不鼓琴之声。圣人只是借滑疑之耀展示某种"理想政制"的范例，而非"理想政制"本身。换言之，他并非某种目标，相反更像一处标识，②被领会后便可消失。同时，方氏特别指出，若郭注"各用其用"成立，则万物物物而不物于物。然一者举物物，一者举不物于物，二者便是你死我活的矛盾，自是不齐。然而此种不齐，譬如坎、离，相夺而不相坏，是故亦不必齐。

上述反驳一方面针对牟氏齐论之说构成一种批判之延续，另一方面包含对齐物之说的反驳，后者正指向郭象独化之论。固也，如严复所论，"物有本性，不可齐也"。③ 对此，郭象分两步加以回应：首先，在具体的是非价值问题上，物各有不齐，但这种不齐在一种更高的层次上又能达成一种"均"，④是故物之本性可齐。其次，彼我虽非，块然自生，却可相与相成，"会而共成一天"。⑤ "天"是"万物之总名"，而非一个役使者，因而此种齐乃物之自齐，非有外力间杂。郭象为物之齐专门划分出一阶二阶，此可以应对方氏对各用其用批判之第一环，"物物"和"不物于物"同属"物物而不物于物"的结构。更进

---

① 郭象注，成玄英疏：《庄子注疏》，北京：中华书局，2011年，第42页。
② 方氏所言"指头"在笔者看来便是此义。（"然则圣人亦用指头骗人也耶？"见方以智著，赵锋点校：《药地炮庄》（上），北京：中华书局，2022年，第175页）
③ 转引自钱穆：《庄子纂笺》，北京：九州出版社，2011年，第9页。
④ 郭象注："夫自是而非彼，美己而恶人，物莫不皆然。然故是非虽异，而彼我均也。"见郭象注，成玄英疏：《庄子注疏》，北京：中华书局，2011年，第23页。
⑤ 郭象注，成玄英疏：《庄子注疏》，北京：中华书局，2011年，第26页。

一步,上述整体结构作为"天"确保了事物自生,不受外扰,从而小大虽殊,但物任其性。

郭象的思考与牟宗三恰好相反,乃力图将物论反推至物,并以齐同的方式保有万物。然而,这不正是已经将万物吸纳到天这一整体性架构中了吗?在这一架构中,事事物物固然各安其性,却以各不相通的方式生存,其后果乃一种分隔限制,鲲鹏、蜩、鸠不相与知。这种不知更为极端的后果乃是对于天的不知:"莫适为天,是何籁耶?"①方氏的追问指向了更为深刻的诘难:若不能知天,则蜩、鸠永远只会讥笑鲲鹏,鲲鹏则永远不能正视蜩、鸠,看似踏入玄同中的它们,实则堕入我见。无实际修持,齐物便成空言。② 更进一步,不见彼我,谈何见天?他者的丧失,令事事物物也失去了趋向整全视域的可能,后者正是郭象齐物独化之悖谬所在。方氏一针见血:"郭注圣人不论六合之外,恐引万物以学其所不能也。然则《庄子》标未始之三竿,是引万物以学其所不能者乎?""六合之外,亦是一种分域耶? 且问道既无封,以何者为外耶?"③郭象一方面要"天"隐于万物之中,不做役使者;另一方面却又要其发挥积极作用来调停万物,这必然导向"天"最内在的撕裂,并令之最终不得不沦为集约万物的架构。若无圣人,则万物永远活在自我封闭之中,其可能性因而也就丧尽了。

无论是"一体平铺,万物混同"的齐论,抑或是"是非虽异,彼我混同"的齐物,最终都陷入某种整体性秩序中。后者实际即所谓"齐",在此"齐"中,事物要么丧失自身的独一性,要么困于自身独一性之茧中不得脱身。在上述过程中,事物都成了某种与自身生存相反对的东西。至此,我们似乎不得不如王应麟那般慨叹:"物(论)不可齐。"对此,方氏再次提出"正去奈何,已惑乱矣"的反驳,④并引王安石之言,指出"执情形者错,灭情形者又错"。固然"执血

---

① 方以智著,赵锋点校:《药地炮庄》(上),北京:中华书局,2022年,第158页。
② "又庄子文,郭象注有异者,庄扬大抑小,犹大乘之象,郭小大各适其分,乃试图达最上乘。然而郭无实际修持,所谈皆成空言。"见张文江:《庄子内七篇析义》,上海:上海人民出版社,2012年,第6页。
③ 方以智著,赵锋点校:《药地炮庄》(上),北京:中华书局,2022年,第181页。
④ 方以智著,赵锋点校:《药地炮庄》(上),北京:中华书局,2022年,第160页。

肉为心者"是浅陋的,难道"执虚空为心者"就正确了？方氏以禅宗之偈为譬喻,指出"爱之则是爱矿,弃之则是弃金"。① 在此,爱与弃、齐之与不可齐被归并一道,转而又齐齐打落。的确,当我们言"不可齐"时,"齐"的任务难道不是首先已被接受了吗？是故,承认"不可齐"难道不也早已如"齐物"和"齐论"一般运作于"齐"之机制下了吗？就此,若要挣脱"齐"之机制,则需要一种比"不可齐"更彻底的方案。为此,方以智重解《庄子》,要之"不落有言,不落无言","莫若以明,一刀两断"。② 方氏以嚘音譬喻庄生之言,在"不可辨别"③的基础上进一步指出其"不可为准","不可为准"却又"谁奈何之"。以上辨析无不表明,方氏开出的那张古方,不是"齐",不是对错讹的终止,相反恰恰是"不齐",是错讹本身。唯有在不齐之中,才能找到化解齐之机制的可能。

二、无知之知,不齐之齐:莫若以明

对于齐物、齐论与不可齐的考察,业已向我们揭露了无所不在的齐之机制。作为一个整体性的秩序,它将万物置入其中,要么泯除个体性,要么陷于个体性。此一机制囊括我们的个中认识,以至于万事万物皆无所逃于天地之间。然而,"若非行至水穷处,那得坐看云起时？"④在方氏看来,危险与救渡本就共属一体,也唯有在此意义下,作为药方的"不齐"与"错讹"才能真正发挥作用,此处恰是方以智"炮庄"精要所在。然而,"错讹"何解？何以同不齐相关？这一问题在前文尚未得到披露。为此,须首先考察方以智对"错"的理解。

一般而言,"错"首先是错误,当认识不符合事实的时候,"错"便产生了。据此,作为名词的"错"首先指向认识过程中认知与事实的间隙。然而,方氏却从"错"引涉江语:"日月星参次不齐,而错以成时。"⑤人总会出错,这种"错",诚如方氏所言,可以是"非错之错言",纵使"牛铎食器"也可用以协和音

---

① 方以智著,赵锋点校:《药地炮庄》(上),北京:中华书局,2022年,第165页。
② 方以智著,赵锋点校:《药地炮庄》(上),北京:中华书局,2022年,第164页。
③ 郭庆藩撰,王孝鱼点校:《庄子集释》,北京:中华书局,2013年,第62页。
④ 方以智著,赵锋点校:《药地炮庄》(上),北京:中华书局,2022年,第161页。
⑤ 方以智著,赵锋点校:《药地炮庄》(上),北京:中华书局,2022年,第178页。

律,正像日月星辰在"错"中表现不同的时间。据此,他意识到"错"所代表的间隙可以为我们所运用,并通过具体策略而使之达成某种协和。有关红枣和黄檗的例子也有助于我们理解这一观点:"尽是土,无寸土。红枣甜,黄檗苦。"方氏言辞诡谲,实际是说,事事物物就是这般参差,本不可齐,但它们恰恰能因此达成不同的功用与效果,黄檗之苦可以"调水火",红枣之甜可以"养脏腑"。前者是药,后者是食,食不可当药,药不可抵食,且正是在这种"不可齐"中,食、药各得其所。方以智意识到"错"之间隙的积极意涵,并对其加以揭示,这首先意味着其对间隙的领会。有用必有错,有错方有用。由此,前述问题也得到明确:并非"错讹"本身,而是对"错讹"之领受,将我们带向"不齐"——错讹的必然性与必要性迫使我们不得不承认,我们的观念、名言之中的"物"的破损。换言之,事物与我的关系本身就是充满断裂与错位的。"直须跳出天池外,穿破苍苍中,你道是个甚么?"①一如庄子本人,方氏之言亦庄亦谐,却也隐微地传达着上述观点。

理念之"物"的破损首先指向"齐"之机制的破损,后者意味着某种整体性秩序的非整体性。换言之,它始终有所欠缺,有所匮乏。破损、欠缺和匮乏,可视作一条界线。若从"齐"的角度看,从一个无所不包的要求出发而观之,无疑是消极的。如前文所述,"齐"首先表现为一种把握的尝试,将物捕捉,继而置入物我关系中,无论是在"我"之下,万物齐同,抑或是"我"为一物,万物纷然,在方氏看来要么是"无物齐我",要么是"无我齐物",而俱是物论。② 其所依据的都是某种坚实的物我关系,而这一关系的稳定必然要求我们将万物吸纳,并羁縻于齐之机制中。就此而言,"齐"并不能使物得以自立,反倒在强行置入的过程中造成了个体与整体的对峙。在这种对峙中,我们把一种"无思性用作衡量物的尺度"。③

当物物的可能性出现时,不物于物也因之而显。后者将我们引向"不齐",它必然承认上述吸纳和羁縻的不完全,也是最终的不可能,而奠基性的

---

① 方以智著,赵锋点校:《药地炮庄》(上),北京:中华书局,2022年,第158页。
② 方以智著,赵锋点校:《药地炮庄》(上),北京:中华书局,2022年,第106页。
③ 海德格尔著,赵卫国译:《物的追问:康德关于先验原理的学说》,上海:上海译文出版社,2010年,第38页。

姿态与整体性的要求作为齐之执着,在此被放弃。这种承认也意味着对万物的释放与容受。对于封闭着的机制,释放与容受无疑是一组矛盾。然而,在"不齐"之中,二者却反过来结成一体:容受意味着物在其中,而物在其中则提示着有物可入。① 由此,我们的视域接纳万物,却又朝向森然的万物敞开。在这一过程中,思的任务也随之转向,承受着事物对自身的锤击,不再陶醉于自身所营构的秩序感。在这种锤击的阵痛中,思想学会聆听与自我克制,而思的克制与退守,也正意味着物的涌现。不齐之齐,莫若以明。② 因是,物得以挣脱个体性、整体性之对峙,重新赢获了自身的存在。③

正是在此,"齐"转向"不齐",则齐之界限在不齐的谦退中一转成为一个指引并具有积极意义:破损,同时亦是对封闭的开放,由此得以令万物周流其间,交通为一。需要注意的是,"不齐"在行动上并不导向对"齐"的放弃。方氏引桱楃、朔易之言,设想了荀子、韩非与庄子,朱熹与陆象山等一战。在方氏看来,他们"往往互非","惟赖战胜而肥者照之,而大德敦化者齐之"。④ 据此,就结果而言,尽管有是非争论,但在诸般不齐者的交错中,言语或理论最后仍旧走向某种齐。但这并非意味着不齐重新走入某种齐之机制。正是通过对不齐之争的领会,我们也意识到作为一种状态的平齐只是一个历史性过

---

① 海德格尔以水杯为例做了类似的论证:杯子虽然空着,但其于空处聚集,聚集以保藏。见海德格尔著、陈春文译:《思的经验》,北京:商务印书馆,2018年,第199页。

② 唐君毅将"以明"释为"去成心而使人我意通之道",去成心并非意通之必要条件,而就是意通,是"自超拔于其成心所执,而为其辩论所据之前提","照之于天,乃能再由上彻下,兼明人我"。见唐君毅:《中国哲学原论·导论篇》,北京:中国社会科学出版社,2005年,第154页。

③ 彭富春对此已有所见,他特别指出海德格尔与庄子的相通性:"庄子对物的道的态度注重了物自身的本性,这样他所追求的是物的无用性,而不是它的有用性。""对于物的道的态度和对于物的诗意的态度都具有一个相似的视点,即让物作为物自身存在。这实际上意味着让物从非自身走向自身。因此道或诗意的态度是一种解放,即去掉对于物自身的遮蔽。所谓遮蔽就是庄子所说的技的态度,海德格尔所说的技术的态度。"见彭富春:《论海德格尔》,北京:人民出版社,2012年,第220、224页。彭氏也指出二者的不同:庄子试图令物回归自然,而海德格则在诗意中让物走向世界,也即自身的聚集。(同上,第225页)彭氏之所以有此论断,在笔者看来是因为他聚焦于庄子对技和道的讨论。方以智对《齐物论》中齐与不齐的重新阐释则有助于我们重新审视上述观点,意识到庄子同样有对物本身的集聚与人的设定之关系的讨论。

④ 方以智著,赵锋点校:《药地炮庄》(上),北京:中华书局,2022年,第167页。

程的产物,而并非那在历史运动中真正发生作用的东西,二者的关系如同历史与历史之表现。换言之,平齐固然是一时之结果,但在历史的绵延中总会重归不齐之交错。这种"交错"也即方氏所谓"代明错行",它并非我们思维的对象,但从根本上说,是我们思维的方式和本源。①

我们唯有在上述意义上把握"代明错行",才能对方氏"莫若以明,亦因是已"的说法加以诠释。因是已,乃是"此是非无是非之主中主"。在《总炮》中,方氏引《闻语》言:"大人因,君子复,众人循。视听自民,扬遏顺天。"②"因"做"顺从"解,同时包含认识和行动的双重维度,后者指向事物发生的秩序,前者则指向思维回溯的秩序。

就行动维度而言,涉及"公因""反因"的问题。所谓"反因",方氏在解读"辩无胜"段时有所提及:"各各互为用,且坐一炉炭。此一大反因,葬送者何限?"③由此可知,"反因"乃是事物的相互作用与反作用,即"相反相因"。更进一步可知,"反因"总是与"用"相关,因而总不免限于特定的视域。不同于"反因","公因"就其内涵而言,正如《冬灰录》中写道:"愚者尝言万法皆两端交纲,两端皆相反、皆相因,而公因贯乎其中。"④"反因"相待,"公因"绝待,绝待并非与物相待,若是如此,则绝待亦是相待。由此,在方氏看来,公因是普遍必然的,是贯穿于天地万物的,⑤却又作为始终处于特定视域之外的,无法被化约为具体之用的剩余而在。是以,公因作为反因之限度而与反因构成一组不可化约的交错。由之转而思及反因,既然唯有明白自身的限度才能同时领会它在之在,那么公因之普遍必然是令各各不同之视域、各各不同之用得

---

① 在笔者看来,拉吕埃勒在《论黑色宇宙》一文中对"宇宙"的定义与方氏的"代明错行"极为相似,他这样写道:"人把宇宙的情感领入了狭隘的思维的世界中。宇宙,一个比世界更为宏伟的对象,不是思维的对象,毋宁说是其方式和根据。宇宙是一种晦暗且隐匿的思想,它已然作为一个无梦之梦的空间,穿越人紧闭的双眼。"原文请见 Francois Laruelle, "Du noir univers: dans les foundations humaines de la couleur". In: *La Décision philosophique* 5, 1988, pp. 107~112. 承蒙吾友丁闻望(复旦大学哲学系 2022 级马克思主义哲学专业)翻译,特此致谢。
② 方以智著,赵锋点校:《药地炮庄》(上),北京:中华书局,2022 年,第 106 页。
③ 方以智著,赵锋点校:《药地炮庄》(上),北京:中华书局,2022 年,第 188 页。
④ 方以智著,邢益海校注:《冬灰录》,北京:华夏出版社,2014 年,第 140 页。
⑤ 方氏列举了乌鸦、飞蛾、鬼神、孺子等例子来说明此种普遍必然乃贯穿于天地人物事各自之用中。见方以智著,赵锋点校:《药地炮庄》(上),北京:中华书局,2022 年,第 106 页。

以相互沟通的东西,也只有在沟通的意义上,各各视域才有其用。在这个意义上,公因并非某一视域之用,而是使某一具体视域得以敞开,从而成其所用的东西。敞开即通过,通过即贯,由是则公因贯反因明矣。

就认识维度而言,则涉及无知与知的问题。对庄子而言,无知与知的关系本就是一个重要问题。①从"因"的角度而言,因循事物内在包含了"知"的要求,不知则不能因。然而方以智却特别提出"知而无知,以无知知"的观念,并以《齐物论》"知止其所不知,至矣"加以例证。②吕惠卿对此注曰:"知止其所不知,则知之至者也。此所以明白四达而无知也。夫唯无知,是谓不言之辩,不道之道。若有能知,此之谓天府,天府者,有万不同而至富者也。非盈也,故注焉而不满。非虚也,故酌焉而不竭。非有所自也,故不知其所由来。夫唯不知其所由来,则光而不耀者也,故谓之葆光。"③在他看来,知之停止,因其指向道体本源,同时亦是知之至者。此本源通达万物而明之,自身却是无知的,这种无知又是一种能知。对此道体,我们不可能知其所由来,因为它本身处于因果秩序之前,超越盈满与空虚的对立,源源不断地提供认识的条件。吕氏在此特别引入老子笔下"葆光"这一意象,"光而不耀",是故万物皆可被照亮,同时亦不消融于此光中,正是在此光中,具体事物的显现与认知成为可能。④方以智接受吕氏的诠释,更进一步将上述问题具体化为人的生存现实:"众妙之门即众祸之门,昼好夜丑,可无分别;为生所累,不得不循绳正暴耳。"在他看来,"知"是世间万物为意识所捕捉的结果,尽管各有不同,统名为知,以供生存之便。⑤就此而言,知总是同语言相关的。然而,诚如方氏杜撰的何何氏所言,譬如饮水,冷暖自知,以此为代表,有一种知超出名言之外,

---

① 相关分析与梳理详见陈赟:《"不知之知"与"非人之人":从帝王政治典范到原初秩序经验》,《〈庄子·应帝王〉与引导性的政治哲学》,北京:学苑出版社,2023年,第192—291页。
② 方以智撰,庞朴注释:《东西均注释(外一种)》,北京:中华书局,2016年,第114页。
③ 吕惠卿:《庄子义集校》,北京:中华书局,2009年,第41页。
④ 就此种"让……可能"而言,"葆光"与海德格尔笔下的"澄明"(Lichtung)颇有相似之处。见海德格尔著,陈小文、孙周兴译:《面向思的事情·哲学的终结和思的任务》,北京:商务印书馆,1999年,第77～78页。
⑤ "人有心而有知:意起矣,识藏矣,传送而分别矣。本一而歧出,其出百变,概谓之知。"见方以智撰,庞朴注释:《东西均注释(外一种)》,北京:中华书局,2016年,第112页。

不可为言语,因而也就不可为意识所把握。此种"自知",即所谓"无知"。①就此而论,此处"无知"并非知的匮乏,而是从根本上不属于知的范畴,转而指向生存本身。是故,方氏勉强诠释曰"心以无知之知为体",知与无知固然并非一事,却也并非打作两截,②而是以更为积极的方式相互联系:针对具体知识,其是"无知",以超越意识与名言;针对彻底的无知,其是"知",以免于落入匮乏和缺陷。就此而言,无知之知完整地揭示了自身的内涵,它所指向的无非是人的现实存在本身,以肯定的形式向我们揭示各种观点与名言的来源;同时以否定的形式展示后两者自身的缺陷,从而令个体不必陷于纷扰而为其所惑。而这正是知止,一方面指向认识活动的停止,另一方面指向知识本身的停止。借助于上述双重的停止,"无知之知"得以运作于界限之上而维持其自身,正是在此,人之生存得以安定,而不必面对染污虚妄之困扰。

知止即不齐,人的安定与栖止同时也让一直为我们所忽视的"代明错行"自然呈露于眼前。无知之知、不齐之齐。正是在这一过程中,天人得以各安其位,各得其所。是故,不知不齐,更是至知至齐。

三、体用、一多与显隐:一种政治的可能

前文业已沿着方以智的界说,对"无知之知""不齐之齐"加以疏解,由此表明"不齐"并非对"齐"的否定,而是对于"齐"之限制的领会,此一领会使得"齐"得以有效地实现,同时避免"齐"之机制所造成的问题。就此而言,可以把"不齐"视作"齐"之进一步完成。"不齐之齐"的架构,并非仅仅针对"齐"这一独立的问题而发,更在很大程度上反映了方氏解庄的一贯思路。在方氏看来,这正是"齐物"之可能所在。③ 后者更进一步表现于方氏对体用与一多这两对范畴的讨论中。

就体用关系而言,方氏着力破除体用的孤离,并在二者之间建立起某种

---

① 方以智撰,庞朴注释:《东西均注释(外一种)》,北京:中华书局,2016年,第113页。
② 方以智:《物理小识》,见《四库全书》第867册,上海:上海古籍出版社,1987年,第753页。
③ 方中通指出:"极物而止,此庄所以齐物也。"见方以智著,赵锋点校:《药地炮庄》(上),北京:中华书局,2022年,第193页。

积极的关联。针对体用问题,熊十力已将其推至"体用不二"的高度。从上述角度出发,熊氏主张《齐物论》传达"人生与天地万物通为一体",而天地随人事革新俱化之理。① 从认识论出发,他将庄子笔下"小知间间"释为分别之知,既有分别之小则无可得闻整全之道。② 而当我们超出分别的理知,体证到真宰,则能识得本体,意识到"当知宇宙自有实体,万化万变谓一切行。不是凭空幻现",③进而明白"实证天地与我并生,万物与我为一","与群生痛痒相关之情,自发于不容已"。④ 经由上述步骤,熊氏强调"体证本体"的重要性,同时将本体视为一个展开于大用万殊的过程,从而将体用相结合。然而,在不可分离之外,他未能就体与用之间的关系做出更进一步的论断。同时,将本体悬系于心体明觉,实则是从人生境界讲齐物问题,不能实际地肯定之,执着于本体却只是虚讲体用不二,不免又落回前文所叙牟宗三所持的立场中。

针对熊氏的问题,方以智首先主张:"物呼以名,则此物矣,不必究其自体也。裂缯剪锦,以为服裳,非成而何?断木伐石,以为屋舍,非毁而何?"⑤对于本体的执着是不必要的,特别是在意识之世界中,物总是处在"用"的视域中,就此而言,辨别"体""用"并无意义:若需要衣服,则锦缎成衣服;若需要锦缎,则衣服毁锦缎。然而,若停留于此,则无疑矮化了熊氏的抱负——后者所图乃是对用的层次做出彻底超越,从而达到某种真实的生存状态。⑥ 就此,方氏的以上回复则可表明,如熊氏那般试图从个体出发对上述层次的把握是无效的,因为即便就人的生存而言,也总是需要将外物视作某种"用"。若对此也要加以否定,则无疑是"堕混沌无记空"。⑦

更进一步,在方氏看来,熊氏通达本体的方案并非唯一:体固然不可见

---

① 熊十力:《乾坤衍》,上海:上海书店出版社,2008年,第29页。
② 熊十力:《体用论(外一种)》,上海:上海书店出版社,2009年,第173~174页。
③ 熊十力:《新唯识论》,上海:上海书店出版社,2008年,第166页。
④ 熊十力:《读经示要》,上海:上海古籍出版社,2019年,第398页。
⑤ 方以智著,赵锋点校:《药地炮庄》(上),北京:中华书局,2022年,第173页。
⑥ 林安梧:《存有・意识与实践》,台北:东大图书股份有限公司,1993年,第302页。
⑦ 方以智著,赵锋点校:《药地炮庄》(上),北京:中华书局,2022年,第156页。

知,却可显现,所谓"那叱析骨还父,析肉还母,始现全身",①对小体肉身之执着的超越并不指向对大体的认取,然而大体却得以自然显现于其中。方氏以天与四时之关系来阐明上述道理:无论是象、数、气,抑或是理,世人总是以各自的方法试图将天铭刻在意识与语言中。然而或者"急口冒天自慰解",或者"偏词搜天以夺人"②,最终只得感叹"莫适为天"。事实上,在方氏看来,悍然离于春秋冬夏而自认为找到某一独立自存之天,无非只是某种自迷自误。③与之相反,春夏秋冬总是天行,天之本体并无寒暑可言,却可定四时节气。④方氏引《阴符经》"天之至私,用之至公"为证,并进一步佐之以管笙经人一吹便自然发出恰当的音节,⑤酷寒酷暑的极端天气少,而适宜个体生存之日多等例。在此,方氏并非采用了某种粗糙的目的论,从现实的结果出发回溯至某个安排一切现象的原因。结合他对个体生存之用的说明,在方氏看来,人的意识与名言始终落在诸用之中,是故由用推体自然不可能,在行动的世界中并无天体或道体自身。然而,这也意味着天也以一种特定的方式表现其自身之用,天不等于四时,却不外于四时,确切地说,是四时以特定方式的周行。在用的世界中,天体转化为天行与天用,此种用又并非奠基于人的行动——无论是人把住或是放手,天总是"以贞明群象正",一如地总是"通消息百川潮"。⑥ 在天用中,四时之用得以各尽其极,却又适度发挥。就此而言,体并非与用相对、与用殊绝,亦不可绕开用而知体。相反,体就在用中,且是用之节制,因而更是用之完成。

就一多关系而言,方氏则力图超越一多对峙的情形,同时恢复"一"的关键性地位。一与多的关系出现在《齐物论》中,也指向《逍遥游》与《齐物论》之

---

① 方以智著,赵锋点校:《药地炮庄》(上),北京:中华书局,2022年,第154页。
② 方以智著,赵锋点校:《药地炮庄》(上),北京:中华书局,2022年,第158页。
③ 方以智著,赵锋点校:《药地炮庄》(上),北京:中华书局,2022年,第169页。
④ 方以智著,赵锋点校:《药地炮庄》(上),北京:中华书局,2022年,第107页。
⑤ 方以智著,赵锋点校:《药地炮庄》(上),北京:中华书局,2022年,第166页。
⑥ 方以智著,赵锋点校:《药地炮庄》(上),北京:中华书局,2022年,第194页。

关系①,方以智在注释的开篇以一句谐语对此加以描述:"鲲鹏蜩鷽,权教蝴蝶暂吞。"②"鲲鹏蜩鷽"指向《逍遥游》中的小大之多,而"蝴蝶"无疑是《齐物论》之"一"的托名。据此,"暂吞"便标明两篇之间的相互关联。"吞"可做"容受"解,表示"齐物"可容"逍遥","一"可容"多"义,然而"暂"字须做何解释尚不清楚。是故,还须首先就《齐物论》中所涉及的一多问题做一考察。

近代章太炎对此多有分辨,并从中阐发一套平等原则。通过引入法相宗的观点,章氏主张《齐物论》开篇的"吾丧我"实即佛教"破我执"之说。"天地与我并生,万物与我为一",章氏则视之等同于"相禅说""缘起说"。③ 依据"缘起说",则万有不持住,无自性,因而俱是幻有。是故,人与万物没有任何隔绝差异,乃破除我法二执。世事皆是一识心之造作,而物我俱泯,则万物平等可知矣。章氏以识心造作,物无自性来解读法藏"十钱喻",在他看来:"一"是由十小数进位而得,因而"一"是缘成而为十所摄;"十"乃由十个一累成,因而"十"是缘成而为一所摄。由此类推,一切数皆借由与其他数之关系比例而成其自身。章太炎由此解读"一即一切,一切即一",主张不齐之"多"相互关联,相互支撑,而无独一自性。④ 同时,章氏则对"一"赋予双重含义:一方面它作为多中一部分而隶属于"多";另一方面它又超出万有之多,而指向某种绝对的独一。章氏以为此"一"便是阿赖耶识,一切识皆含藏其中,并随着人类活动而发生分化:当我们对此"一"加以称呼并诠释时,便有一名言与之对立,从而有"二"。更进一步,有就人的意识而言,有能诠所诠作为认识对象与认识活动,二者与原本的"独一"又共成为三。

根据上述分析,若依方以智的谐语,则章氏实将"暂"从历时性的维度理解为"暂时"。在章氏看来,一与多之间乃演化关系,在识心造作中,"一"层层展开为"多",俗见执着于多而错失其一,因而造成了物之不齐,唯当个体超越

---

① 崔宜明指出了两文在明面上的不连贯性:"《逍遥游》是讲小大之辨的,世界上的一切事物有大与小的不同,而大比小好;人的精神自由最大最好。但是,《齐物论》讲的却是无大无小,万物平等,齐生死,齐是非。"参见崔宜明:《从鹏扶摇到蝶蹁跹:〈逍遥游〉〈齐物论〉通释》,上海:上海人民出版社,2018年,第14页。
② 方以智著,赵锋点校:《药地炮庄》(上),北京:中华书局,2022年,第154页。
③ 参见章太炎著,曲经伟校点:《齐物论释》,武汉:崇文书局,2016年,第45页。
④ 参见章太炎著,曲经伟校点:《齐物论释》,武汉:崇文书局,2016年,第39页。

我法二执，突入真谛，并由后者回观万物，方能明白万物皆以真谛为其根据，而具有平等的品格。

然而，仔细考察章氏对于"十钱喻"的解读，当我们认识数字十的时候，我们首先并未学习十之所是，而是事先已经知道或必然知道了十的构造方式及作为构造基数的一，否则我们永远无法将十作为十来把握。就此而言，并非我们的认识活动将它把握为"多"，而是在我们决定如此把握它之前，它早已被当作"多"加以理解了。这也意味着，并非我们的认识活动造成了"多"，而是"多"必须被奠基于源初的"一"，即阿赖耶识之上。然而，若如章氏所言，"一"性即"无"性，源初之一本即空无，则无法满足奠基之要求，则"多"便不可能存在。退一步说，若"多"真从"一"处变现而来，则"一"须是一实体。作为实体的"一"要想产生"多"，便必然产生一多分离。

然而，诚如方以智所言，"丧二求一，头上按头。执二迷一，斩头求活"。① 真正的"一"不可能外在于"多"，更不可能被分离为"多"。② 若"一"是可分的，便意味着它可以分为"多"且后者独立于此"一"，进而造成一多对待的困局。相反，方氏警醒我们："知春秋之二，为无春无秋之一乎？觉矣。"③"一"与"多"的区别必须在"知"中得以把握，然而诚如章太炎业已指出的那样，"一"与"多"具有源初与派生的关系，后者似乎又意味着我们无法以"知"的形式把握源初之"一"。对此，方以智引御冷氏言："破相非破相也，乃破识也；非破识也，乃破执也。戴渊，盗也，一变而为良臣，岂二物乎？"④在此，方以智以不同于章太炎的方式引入破执问题：并非从无限的识心出发理解"一"，继而从"一"的分化理解"多"；相反，从"多"之有限性出发，当我们意识到"戴渊"对我们而言既可是盗贼，亦可是良臣时，并不意味着我们可以让他做出各种改变。在方氏看来，这揭示了我们固定的名相的意识本身就是一种有待破除的

---

① 方以智著，赵锋点校：《药地炮庄》(上)，北京：中华书局，2022 年，第 153 页。
② 海德格尔在对"同一者"(das Selbe)予以解读时这样写道："(向导)因为原本不可怀疑者乃是那个根本上不能分成'二'和数目的东西……(研究者)那想必是一个多样的东西，在其中所有规定自始就是共属一体的……同一者以及同一者所是的东西，是绝对不可怀疑的东西。"参见海德格尔：《乡间路上的谈话》，北京：商务印书馆，2018 年，第 42 页。
③ 方以智著，赵锋点校：《药地炮庄》(上)，北京：中华书局，2022 年，第 107 页。
④ 方以智著，赵锋点校：《药地炮庄》(上)，北京：中华书局，2022 年，第 163 页。

执念。而认识到这一点,实际上便能够同时意识到春秋为二,无春无秋之天运为一。

就此而言,不同于章氏,谐语中的"暂"可以被解释为一种限制性的概念,它意味着蝴蝶之"一"并未将大鹏、蜩、鸠所代表的"多"同化,而是将其保有在自身之中。由此"一"反观万殊,则"物我历然,同异历然,有无历然,皆蛮蛮距虚",而"同在化声中"。① 在这个意义上,"一"是"多"的自我限制,也是"多"的完成。

经过前文疏解,不难看出,体用、一多两对范畴在方以智笔下与"无知之知,不齐之齐"分享着同样一套思维模式。一方面,方以智揭示无知、不齐、体、一乃知、齐、用、多之限制与完成;另一方面,我们也可以说方以智的以上论证着力凸显知、齐、用、多的不完备性。在这个意义上,其工作可被视作斧凿,在原本封闭且质密的体系中凿出一道裂口。借助于这道裂口,一如雏鸟破壳,我们得以窥见更为多样的风景。同时,后者也意味着齐于不齐中,知于不知中,用于体中,多于一中。对此,方氏颇喜用"藏""寓"两词加以形容,"寓"即"居住",兼有保藏、庇护义。在这个意义上,与其说上述四对范畴之间为对待关系,不如说四者之间为显(费)隐关系。即费是隐,而齐物之理已在其中。

对一多与显隐的考察,也将我们引向了方以智的政治哲学,后者可以"两行一参,因物付物"加以概括。方氏以孔子"进求退由"与管子"使民不争,各用所长"的例子解释"两行一参"的说法。据此,对方以智而言,政治不能诉诸某种绝对的价值尺度,而是须保持向某种不齐的开放。陈赟业已指出,庄子追寻的并非一种绝对价值或架构性价值,而是一种让多元的是非价值在其有效边界内运行、并行不悖而又互不相伤的可能视域。② 对此,想必方氏也并不反对。然而,相较于对某种独特视域的追寻,诚如前文业已表明的,方氏更关注视域本身的限度,换言之,比起物之显现,对于显现之物的侧重更是方氏理论的最终指向。就此而言,方氏的政治哲学便可具有双重面向:一方面指

---

① 方以智著,赵锋点校:《药地炮庄》(上),北京:中华书局,2022 年,第 191 页。
② 参见陈赟:《〈齐物论〉与"是非"问题》,载《华东师范大学学报(社会科学版)》,2022 年第 2 期,第 79~92 页。

向一切以"完善性"或"整体性"著称的"齐"之机制,后者宣称自身的根基性,并指责个体的无根基性,进而试图将其纳入自身,让事物被固定在某一位置。对此,方氏从"不齐"出发,表明一切体系、机制的无根基性和不完善性,从而褫夺其定置和化约行为的正当性。另一方面则指向"不齐"之世界,此一世界自身并无规定,而只表现为所有存在物的各就其位,及其内在可能性外显的自由发生。而我们的名言和意识活动,以及随之带来的"齐"的要求,正如前文所述,正是我们现实的有限生存,是故在"不齐"的世界中亦不坏"齐"之架构,在秩序井然中令生命得以栖息与安顿。

正是基于此,方以智强调一种因任万物并作的"因是已"的政治姿态,在其中万物各即其位,紧依着各自的超验的内在性而在。在此之间,诸个体也不必全然限于消极之静观,诚如方氏所言,"但尽画法,其空自显",而这正是"无知之知""不齐之齐"所昭示的"知止",也是方氏诠释《齐物论》的关键所在。

作者单位:华东师范大学哲学系

傅山与方以智注《庄》文句比较解读*
——以《庄子翼批注》与《药地炮庄》为例

张志强

提　要：傅山(1607—1684)与方以智(1611—1671)少年家境优渥，青年凭借家族网络和社会人脉，交游广泛，中年又双双因参与政治而下狱，逃禅为僧，晚年则皈依道家。在老、庄中，二者因"好《庄》"而"注《庄》""炮《庄》"。傅山阐发了他的"情为人之实"之论，方以智则批判对专门知识的某种偏好而沦为一"均"。二者一正一反，构成了明末清初庄学批注运动的一个侧面。

关键词：傅山　方以智　庄子　情　《药地炮庄》

17世纪的头20年，中国思想史上诞生了一批巨匠，代表人物有黄宗羲(1610—1695)、顾炎武(1613—1682)、王夫之(1619—1692)等。这批人从总体上看，已经与明末泰州学派王艮、李贽、何心隐等人物的"狂者"风格，渐行渐远。明末王学左派人物，思想较为偏激，少有深刻反省和总结，喜标新立异，不免带有故作惊人之论之嫌，他们的作用限于"摧毁"，在实际问题的解决上，少有建树。这种思潮直到刘宗周才彻底扭转，并由此开启了晚明清初一股全面反思和总结的思潮。

在这股反省思潮中，三教合一无疑是思想界的主流，其中"反对"理学、"纠偏"理学、"重整"理学，是这批学人的共同宗旨。但由于个性差异、人生际

---

* 本文是国家社科基金一般项目"中国哲学现代转型中的萧萐父思想研究"(23BZX40)的阶段性成果。

遇不同、读书偏好各异,他们各有不同的切入路径。如黄宗羲重在由史学入手,筚路蓝缕,由此开启浙东史学学派;顾炎武则从小学入手,张大音韵和训诂学,试图将理学往经学的道路上牵引;王夫之则回归儒家原典,咀嚼反刍,以"六经责我开生面"的深沉志向,给予反思和总结。

到了晚清,"保国保种"成为时代强音,部分学术型官僚如曾国藩、张之洞,以及乡邦学者谭嗣同、康有为、梁启超等,纷纷寻求思想资源,为变法图强制造思想舆论。明儒顾、黄、王等的著作,因蕴含所谓"近代化"思想,如同蛰伏已久的"酵母",发酵膨胀,《明夷待访录》《黄书》《扬州十日记》等书,如梁启超所语"忽然像电气一般把许多青年的心弦震得直跳",①一时风靡中国。随后,新文化运动至抗战时期,西方科学与民主思潮激荡,社会主义思潮与民族解放运动此起彼伏。以胡适、陈立夫与侯外庐各自为首的学者阵营,拣择顾、黄、王、颜元、戴震的部分论述,各自鼓吹自己的理论主张,针锋相对,又一次使顾、黄、王登上历史舞台,只不过这次思潮与晚清时相比,学术成分渐浓,注重以学理剖析来改造社会现实。无怪乎有人说,这种学术与政治的夹杂缠绕、难解难分,是中国近三百年来学问的特殊命门,②深深地影响了现代哲学史、思想史乃至学术史的气质和走向。

而正是上述思想史的惯常印象,使得多年以来一提起明末清初,想起的总是顾、黄、王等人。在当时,如顾、黄、王走的基本都是正统的学术路子,或出入经史之间,或修正王学,或精研音韵、训诂,基本不出汉、宋学术的框架。但是,我们必须注意到,除上述这些人之外,明末清初还有一些在常人看来生性"古怪"、做事"乖僻"的学者,他们的学问"不走寻常路",独抒天机,部分论述甚至发前人之所未发。他们研究学问的一些看法和思路,在今人看来,简直匪夷所思,极大地冲击了人们常见的单调印象。这种"冲击"的表现之一,是选择从《庄子》入手,寄托他们的学术追求和精神归宿。

这一方面的代表恐怕至少有傅山(1607—1684)、方以智(1611—1671)二位。傅山与方以智年岁相差仅 4 年,二者相似之处较多——家族显赫,少年

---

① 梁启超:《中国近三百年学术史》,北京:人民出版社,2008 年,第 30 页。
② "近三百年"是中国思想史一个特殊的时间段,如梁启超、钱穆、侯外庐等均以"近三百年"作为研究主题。

家境优渥,青年凭借家族网络和社会人脉,交游广泛,中年又双双因参与政治下狱,逃禅为僧,晚年则皈依道家。在老、庄中,二者又因"好"《庄》,而"注《庄》""炮《庄》"。在傅山的诸子学批注中,《庄子》批注所占的分量最多,傅山对《庄子》的批注,除《庄子翼批注》之外,还有随处可见的残篇、手信、札记。明亡后,方以智驻锡青原,奉师命遗志,效仿中医药材炼制之法,"炮"三教于《庄》,《药地炮庄》遂横空出世。二者相辉映,涌成了明末清初三教合一浪潮下的一股"庄学批注活动"。[①]

但是,这股庄学批注活动,绝非汉唐经学的实证主义风格,更遑论复古主义,而是在批注过程中,极擅长"隐语""反语""暗语",乃至"符号"的运用,字里行间潜藏着各自的学术追求和社会关怀。在这种较为特殊的表达方式之下,再加上大量用典(多为偏僻典故),在增加了作品隐晦性的同时,彰显了他们的学术品质。在傅山与方以智庄学的批注文字下,正存在着这样一些隐秘意涵。孟子说"知人论世",又说"以意逆志"。本文不自量力,就二者的庄学批注文句,做一番粗浅的解读,求教于方家。

一、"化归中和":方以智"炮"《庄》

方以智(1611—1671),号愚地,别号药地,安徽桐城人,名门之后。祖父方大镇(1560—1629),任大理寺少卿。父亲方孔炤(1590—1655),明神宗时任湖广巡抚。方以智的名字,取自《周易》"方以智,圆而神"之语。方以智青少年时挥金如土,才华横溢,与陈贞慧、侯方域、冒襄并称"明末四公子",中年遭国家巨变,为南明政权光复积极奔走,后心灰意冷,削发为僧,潜心学问,与另一大儒王夫之书信来往甚密。

《药地炮庄》乃方以智晚年闭关竹关期间的作品。《药地炮庄》撰写历程长达十年,刻于1664年,彼时已是方以智生命的最后阶段。因此,该著中的

---

① 明末清初的庄学研究,还应考虑到王夫之、憨山大师等人,此言不虚。但就生命皈依和学术宗旨二者合一的角度来说,明末清初恐怕只有傅山和方以智二位。王夫之虽著《庄子衍》,但他的学术追求在正宗儒家。王夫之曾说:"古今之大害有三:老庄也、浮屠也、申韩也。"(《读通鉴论》卷十七)

思想，在某种程度上可视为方以智的晚年定论。在《炮庄发凡》中，与方以智同属道盛门下的枹山行者，①引用他们共同的老师觉浪道盛（杖人）的话，点出了方以智炮《庄》大致的思想背景：

> 就世目而言，儒非老、庄，而庄又与老别。禅以庄宗虚无自然为外道。若然，庄在三教外乎？藏身别路，化归中和，谁信及此？杖人故发托孤之论，以寓弥缝，阐其妙叶，尝曰：道若不同，则不相为谋矣。是望人以道大同于天下，必不使异端之终为异端也。②

枹山行者指出，在世俗人看来，儒与老、庄不同，庄与老又不同。禅宗又因庄子宗奉"虚无"和"自然"，而把庄子视为"旁门外道"。倘若真的是这样，庄子是不是就被三教排除在外了呢？通过设问，枹山行者指出庄子及其庄学，并非在三教之外，而是恰好"藏"在儒、禅、老之中，并以儒家的"中和"理念作为旨归——只不过没有人看到这一点罢了。梦笔杖人发"托孤说"，③正是为了弥补三教之间的裂缝，阐述真正的大智慧。"妙叶"，是佛教用语，这里比喻三教共通的大智慧。在枹山看来，杖人所言"道若不同，则不相为谋矣"，是常人先入为主的偏见，为害甚矣，因此梦笔杖人发出"不使异端终为异端"的呼吁，实际上暗示所谓"正统"和"异端"之间，并没有明确的界限。④ 这一点，是方以智继承其师道盛研《庄》的主要思路。除此之外，在研《庄》的道路上，方以智比其师道盛立意更高，走得更远。因为对于方以智来说，道盛将庄子视为"尧孔真孤"的理念，实际上还是变相承认庄子矮了儒家一头。在方以智看来，这种思路并不可取。他在《炮庄小引》中说：

---

① 据邢益海先生考证，《炮庄发凡》的作者历来被认为是方以智，这是错误的。《炮庄发凡》的作者是枹山行者别，"别"即"大别"，与方以智乃同门师兄弟关系。参见邢益海：《方以智〈药地炮庄〉版本考》，载《中国哲学史》，2012年第1期，第107页。
② 方以智著，张永义、邢益海校点：《药地炮庄》，北京：华夏出版社，2011年，第11页。
③ 杖人，即觉浪道盛（1592—1659），号浪杖人，俗姓张，福建柘浦人，著有《庄子提正》，明末禅宗曹洞宗高僧。顺治十年（1653），方以智投奔道盛。这一年，傅山47岁，从汾阳移居阳曲县土堂村，作小楷《小楷庄子逍遥游人间世外物则阳书后》。道盛的"托孤论"，大意是说，孔子死后庄子真正继承儒门衣钵，故被称为"托孤"。
④ 关于方以智与觉浪道盛之间的关系，可参看张永义：《〈药地炮庄〉成书考》，载《学术研究》，2012年第2期，第20~26页。该文对方以智师徒之间的学术渊源论之甚详，兹不赘述。

> 浮山药地,因大集古今之削漆者,芩桂硫磺,同置药笼。①

《炮庄小引》是《药地炮庄》中唯一一篇方以智亲自撰写的序言,其分量自然不言而喻。句中的"削漆者",代指庄子(庄子当过漆园吏)。在这句话中,方以智说得十分直白,意思是要把古往今来所有的学说,都搜集到《庄子》这个"药笼"中去。在《炮庄小引》的结尾处,有人问方以智,洞山禅师"大地火发"的启示,与"逍遥游"相比,谁更高明?方以智只回答了一个字——"炮",就作为整个小引的结尾戛然而止。这似乎表明,在方以智看来,所有学说都需要"炮"——在"炮"之前,讨论各家学说高下、优劣之分是一件毫无意义的事情。

"炮",指炮制,中医炼制药材之法,用方以智的话说是:"烧其鼎而炮之。"一般来说,中药炮制,至少都有几味药。药材不同,药性也就不同,或毒、或平、或热、或寒,但都偏于一端。药材采集回来,须先去毒性,而后配方,最终都是为了实现药性"中和"。既然是"炮"《庄》,那么对于方以智来说,儒、佛、道等几味"药材",首先就是题中之义。三教之中,儒家又首当其冲。《炮庄序》中有一段文字说:

> 三家圣人,皆大医王也。不惟谙病,亦善炮药。慧日本草,泐潭炮炙,同一鼻孔出气也。周孔之药,其味纯王。不善服者,谓食色名利外,人生别无事业,陈腐壅滞,俗入膏肓。蒙庄氏出,以旷达高放炮之,荡洗尘俗,知形而上死生梦觉,有廓天大路,眼孔一豁矣⋯⋯药地愚者忧焉,假毛锥子大施针砭,先举《庄》而炮之。②

"周孔",即周公和孔子,代指儒家。"王"代指儒家一贯标举的王道仁政之说。在《炮庄序》的作者看来,药地愚者(方以智)首先要"炮"去的就是儒家"药材"的副作用——食色名利,然后才有可能"善服",达到药性中和。这暗合枹山行者所言的"化归中和"四字。在方以智看来,儒、释、道各家学说就如同这种种药材,各有不同药性而偏于"一端",炮《庄》的最终归宿和精神主旨,

---

① 方以智著,张永义、邢益海校点:《药地炮庄》,北京:华夏出版社,2011年,第9页。
② 方以智著,张永义、邢益海校点:《药地炮庄》,北京:华夏出版社,2011年,第8页。

就是使它们达到"中和"。而儒家经典《中庸》的核心理念之一,正是"中和"。

除此之外,我们还应注意到方氏三代研《易》有成。方以智父亲方孔炤是易学大家,受家学影响,方以智著有《易余》。根据邢益海先生的研究,《易余》不能算是方以智独著,里面大概保留了其祖父、父亲研习易学的心得。① 但是,把《易经》《中庸》和《庄子》联系在一起,则属于方以智的独自发挥。方以智说:

> 吾故曰《庄子》者,殆《易》之风而《中庸》之魂乎!②

方以智认为《易》《庄》可通的观点,在《炮庄》一书中多处可见。在《炮庄·大宗师》中,他说:"《庄》是《易》之变。"③ 在《一贯问答·以明》中,方以智几乎又以同样的话,再次强调:

> 愚谓《庄子》者,殆《易》之风而《中庸》之魂乎,禅之先机也!④

与《炮庄》这种严肃的学术作品不同,《一贯问答》是方以智较为通俗的著作,写作时间不详,文体基本属于语录对答体,口气活泼轻松,但上述这句话频繁出现,至少能够说明方以智这样一种构想——试图融合《庄》与《易》《庸》。两段引文中的"风"可理解为风格,"魂"可理解为主旨。不难看出,这已经是把《庄子》抬到一种前所未有的新高度了,即道家之《易》与儒门之《庸》的糅合。为了清晰论述这一点,下文摘录方以智的一段话,借以说明:

> 文王翻转伏羲之环而错之,孔子颠决文王之环而杂之,老子塞无首之环而黑之,庄子恣六气之环而芒之,此与子思以代错妙反对之环,孟子以浩然充时乘之环,有以异乎?⑤ 庖丁桑林,真中节者也。蝴蝶栩栩,真践形者也。问礼柱下,服其犹龙,何乃退草《春秋》、遵讥议近死之训?此非尼山善学青牛者乎?可以知栎社曳尾,非怵死苟且之谋矣。以刑为

---

① 参见邢益海:《方以智庄学研究》第四章,北京:北京师范大学出版社,2015年。
② 方以智著,张永义、邢益海校点:《药地炮庄》,北京:华夏出版社,2011年,第77页。
③ 方以智著,张永义、邢益海校点:《药地炮庄》,北京:华夏出版社,2011年,第226页。
④ 方以智撰,庞朴注释:《东西均注释(外一种)》,北京:中华书局,2016年,第501页。
⑤ 方以智撰,庞朴注释:《东西均注释(外一种)》,北京:中华书局,2016年,第77~78页。

体,谁解此刀?以礼为翼,谁怒而飞?寓宅而致心斋,无所逃于大戒,此庄子新发《系辞》斋戒之硎,以利用《春秋》之狱也。其抑墨胎、申屠也,特欲安庸人之地步,诱人勿贪名利,乃可曲全耳,岂谓白刃不可蹈乎?入水之丈人何称焉?①

这段话中涉及先秦的重要典故,拙文尝试整理为下列表格:

用典	代指
真中节者	《中庸》用语"发而皆中节"
真践形者	《孟子》用语"惟圣人然后可以践形"
柱下	老子或《道德经》
犹龙	老子或有道之士
尼山	孔子或儒家
青牛	老子或道家
栎社、曳尾、解此刀、怒而飞、心斋、无所逃、以刑为体、以礼为翼	《庄子》用语
墨胎	商代诸侯孤竹国君主
申屠	周平王时申侯封地,后成为姓氏
白刃	《中庸》用语"白刃,可蹈也"
丈人	《论语》用语"遇丈人以杖荷蓧"
代错	《中庸》用语"譬如四时之错行,如日月之代明"
浩然	《孟子》用语"浩然之正气"
时乘	《易经》用语"六位时成,时乘六龙以御天"

理解这段话,似乎需抓住关键词"环"。"环"出自《庄子·齐物论》,原文为:"得其环中,以应无穷。""环中",指圆环的中心,庄子用来比喻无是非之境。方以智在《药地炮庄》中提出了他对"环中"的理解:"以是非为环而得其中者,本无是非也,故能旷然平怀而乘之以游。"②也就是说,"环"是是非,"中"是无是非,"环中"则是指站在无是非的圆心处,应对环周的是非偏见。

---

① 方以智著,张永义、邢益海校点:《药地炮庄》,北京:华夏出版社,2011年,第132页。
② 方以智著,张永义、邢益海校点:《药地炮庄》,北京:华夏出版社,2011年,第132页。

"环中"一词,还是方以智的专用术语之一,在他的著作中,经常用来比喻"道"或各家学术。

在上文中,我们还需理解另一个词——"代错",它在方以智的著作中同样出现得较为频繁。在《东西均》中,方以智说:"代而错者,莫均于东西赤白二丸。"① 又说:"集也者,正集古今之迅利,而代错以为激扬也。"② 而"代错"一词,正出自《中庸》。方以智之所以钟爱"代错"一词,是因为它蕴含了这样一种思想旨趣——万物竞相生长而互不妨害,日月运行、四时更替而互不冲突——"杂"而不悖的观念。这种观念,通常不被讲求洁净、纯粹的"天理流行"的理学家和讲究清静无欲的佛学家所肯认。因此,"互不妨害""互不冲突",实际上是批评佛老以及理学家师心自用的门户之见。

方以智列举文王、伏羲、孔子、老子等"学术符号",实际上是强调这些"学术符号"之间的界限,并不是明晰的——文王对伏羲思想有所损益,孔子又对文王思想有所改造,老子对《易经》有所发展。③ 这种互相损益、杂而不悖的思路,本身就暗含了一种"平等观"。基于这种思路,方以智才提出庄子"恣六气之环而芒之",与子思、孟子相提并论。庄子的"庖丁解牛""桑林之舞"等,与儒家修身工夫"中节""践形",其实殊途同归。

除此之外,方以智甚至还把《庄子》和《系辞》《春秋》联系在一起。众所周知,《系辞》通常象征形而上的哲学架构,《春秋》则象征人间社会的治理经验,而《中庸》又以最抽象的概念——"中和",贯通了形而上与形而下。这样一来,在方以智的心目中,《庄子》简直就是一部打通了宇宙、社会、人生的经典。这在明末清初大谈佛老的思潮中,堪称一朵奇葩。

二、"情为人之实"——傅山注《庄》

如果说方以智"炮"《庄》,是为了借《庄》之药,炮去三教之间好斗的"毒性",得其"环中"而"化归中和",那么傅山注《庄》,则究心于"人"的思想。事

---

① 方以智撰,庞朴注释:《东西均注释(外一种)》,北京:中华书局,2016年,第19页。
② 方以智撰,庞朴注释:《东西均注释(外一种)》,北京:中华书局,2016年,第39页。
③ 在《易经》乾卦中有"群龙无首,吉"之语,考虑到方氏家学的因素,此处"无首"应该是代称《周易》。如有不确,敬请方家指正。

实上，傅山孜孜不倦读《庄》、写《庄》、批《庄》，是为了寻找到真正的"人"。在傅山看来，这种寻"人"的思路，主要是通过批注《庄子》一书当中频繁出现的"情"字来体现的。

必须指出，傅山研读《庄子》，浸透了他的全部生命体验。一个直观的例证就是，傅山自称最好老庄之学，老庄之中尤好庄子。他完整地将《庄子》33篇全部批注，这在他的诸子批注著作中，极为罕见。拜读尹协理先生编著的《新编傅山年谱》，笔者尤为关注前后的傅山。这一年傅山客居他乡，他在一篇札记中说："癸巳之冬，自汾州移寓土堂，行李只有《南华经》，时时在目。"① 对于傅山来说，1654年是一个不太寻常的年份。这一年发生了"朱衣道人案"，精神苦闷的傅山，在官场人事四处营救、劳心劳神之际，还能将《南华经》带在身边，从侧面可证《庄子》一书，在傅山精神世界中的重要性。

在傅山现存的精美书法中，小楷作品寥寥无几，除《金刚经》《曾子问》《孝经》外，傅山以颜体小楷书写《逍遥游》《人间世》《外物》《则阳》等几篇，运墨甚多，实为罕见，部分小楷作品甚至秘不示人，藏于家中。② 除小楷这一书体的特殊因素（书家的自我欣赏与功力考验）之外，傅山选择以小楷写《庄》，似乎折射出他对《庄子》的精神崇拜。

以上种种表明，傅山对《庄子》的批注，绝不能用一般的读书喜好来解读。傅山说："老、庄二书，是我生平得力所在。旋旋细心旁注，当精心探索。若醒得一言半句，便有受用，可有之入道。"③ 由此可见，《庄子》在傅山的心目中，不是一般的书，而是入"道"的门径。这里的"道"字，是指广义的"道"，象征各家学问的统一体，而非狭义的道家学派。

在傅山看来，这种"道"可"遇"不可求。他在批注《庄子》时说："时露真谛，又时自混之。道之所在，金之在卯也，显显隐隐，任读者遇之。"④ 长期以

---

① 尹协理：《新编傅山年谱》，太原：山西人民出版社，2016年，第118页。
② 参见白谦慎：《傅山的交往和应酬：艺术社会史的一项个案研究》，上海：上海书画出版社，2003年，第93～97页。
③ 傅山著，刘贯文、张海瀛、尹协理主编：《傅山全书》卷三十九《杂记（六）·老庄二书》，太原：山西人民出版社，1991年，第758页。
④ 傅山著，刘贯文、张海瀛、尹协理主编：《傅山全书》卷五十《庄子翼批注（一）》，太原：山西人民出版社，1991年，第1067页。

来,这句话被各大学术史著作理解成"傅山以'披沙汰金'的态度读《庄子》"云云。我认为这种理解稍显肤浅。这里的"遇"字,恐怕是傅山读《庄子》的深沉感受。"遇",经机缘、环境、才情等多种因素的叠加,方可造就。特别是在明末清初这种特殊的时代氛围下,"遇"和"不遇"的心境,为当时的士人,更平添了一份难以名状的情势。

无独有偶,方以智在《药地炮庄》中也说:"《庄子》者,可'参'而不可'诂'者也。以'诂'行,则漆园之天敝矣。"①方以智反对以训诂、注疏等常见的读书法,去读《庄子》,特意点出一个"参"字。"参",即参悟,庄子有"参万岁而一成纯"语,正与傅山这里的"遇"字相呼应。"遇"和"参"表明,读《庄子》是一种主体和客体相融的精神活动。在《读南华经》札记中,傅山写道:

> 庄子为书,虽恢谲跌宕于六经外,譬犹天地日月,固有常经常运,而风云开阖,神鬼变幻,要自不可阙。古今文士每奇之,顾其字面,自是周末时语,非复后世所能悉晓。②

对比方以智炮《庄》之论,傅山此语可以称得上与之"暗通款曲"了。"非复后世所能悉晓"的点评,又与方以智的另一评语相合:"然则世之不善读《庄子》者,皆'诂'《庄子》者之过也。"③在傅山看来,常人"顾其字面",只追究文本的表面意涵,会离《庄子》的真精神愈来愈远。换句话说,读《庄子》需以亲身的生命体悟来参与。在这个背景下观察,傅山注《庄》的学术偏好,不免带有一层时代深意。"六经",通常指代儒家的学说体系,它的核心理念是礼、乐。但傅山在读《庄子》时,似乎常常有意无意"解构"儒家的这一基石。在《经子解》中有一篇短札,不太起眼:

> "中纯实而返乎情,乐也;信行容体而顺乎文,礼也。"《缮性篇》中

---

① 方以智著,张永义、邢益海校点:《药地炮庄》,北京:华夏出版社,2011年,第75页。
② 傅山著,刘贯文、张海瀛、尹协理主编:《傅山全书》卷三十九《读南华经》,太原:山西人民出版社,1991年,第762页。
③ 方以智著,张永义、邢益海校点:《药地炮庄》,北京:华夏出版社,2011年,第78页。

妙语。①

《缮性篇》全文短小精悍，历来被疑掺杂儒家思想，非庄子真著。不过这里并不影响我们对此句的解读。傅山单独拈出此句，评为妙语。妙在何处？傅山没有说明，但这里或许透露出一个意味——礼、乐的定义，并不专属儒家。众所周知，礼、乐，通常与刑、政二者，一起构成儒家政治哲学的四大基石。儒家对礼、乐的界定是十分明晰的：

> 夫礼者，所以定亲疏，决嫌疑，别同异，明是非也。(《礼记·曲礼上》)

> 乐也者，圣人之所乐也，而可以善民心，其感人深，其移风易俗，故先王著其教焉。(《礼记·乐记》)

礼、乐在儒家哲学中，是被作为政治教化工具运用的。《礼记·仲尼燕居》中记录了孔子的一句话："礼也者，理也；乐也者，节也。君子无理不动，无节不作。"将"礼""乐"，诠释为"理"（理则）、"节"（秩序），可谓儒家专门化的表述。对比《缮性篇》"中纯实而返乎情""信行容体而顺乎文"之语，笔者认为傅山关注的焦点可能落在"返乎情"。因为倘若仔细读几遍《庄子翼批注》，就会发现：傅山凡遇到"情"字，几乎都予以批注。例如，《齐物论》中有"有情而无信"之语，将"情"与"信"对举。傅山墨笔眉批"情"，又朱笔眉批：

> 此"情"字是好"情"字。②

傅山为什么说此"情"字是好"情"字？原因已无从得知。但如同上文说"妙语"一样，总有一些言外之意没有说出来。众所周知，傅山在批注《庄子》时，在每篇篇首几乎都要点明该篇有无"理""性"字，如果我们注意到这一点，再结合傅山一贯反理学的鲜明学风，那么这里的"情"字是好"情"字，极可能与后面的"信"字有关。

---

① 傅山著，刘贯文、张海瀛、尹协理主编：《傅山全书》卷四十五《经子解（二）》，太原：山西人民出版社，1991年，第949页。

② 傅山著，刘贯文、张海瀛、尹协理主编：《傅山全书》卷五十《庄子翼批注（一）》，太原：山西人民出版社，1991年，第1069页。

"信",乃儒家五常之一,五常即仁、义、礼、智、信,是程朱理学的道德纲领。在傅山看来,正是这些"理""性""信"等纲常,束缚了人之所以为人的本质——情。赵继明先生曾指出,傅山《庄子翼批注》与其说是在注庄,毋宁说是"庄子注我",注重站在自己的立场上,阅读和阐发庄子之意,在批注中盈满鲜活的好恶情感。① 此言不虚,但傅山之"情",又不只是好恶情感,他特别关注"情",遇"情"字必批注,蕴含以"情"抗衡"理"的深意。傅山在注《庄子·则阳》"灭其情,亡其神"句时,朱笔眉批:

> 情不可灭耶!要知此情是道情,非情欲之情。情欲之情即是下文欲恶之孽矣。②

傅山认为,"情不可灭"之"情",非情欲之"情",而是超越情欲,并作为本体论概念的"情",故他说此"情"为"道情"。"道情"并不能用一般的经验论把握,它需要领悟,去追求人、道合一。而一般的七情六欲,滑向单方面的主体,早已放纵了自己,故成为"欲恶之孽"。在傅山看来,这种"道情"需要主体和客体的共同参与,方可完成。因此,在《庄子》外篇最后一篇《知北游》的批注中,傅山借多人连环发问却没有答案的事例,点醒世人——或许经过自证和领悟后的世界,才是真正的存在:

> 知问无为谓,舜问丞,啮缺问披衣,仲尼问老聃,泰情问无始,光曜问无有,大马问捶钩,冉有问仲尼,颜渊问仲尼,通篇机杼在"问之而不得问"上,其神情也。③

在傅山看来,天机在于"问之而不得问","问"就意味着"求",或许人们一开始就不应该通过他人来寻求答案,因为每个个体都存有天然的局限性。一旦发问,就意味着天机已失。因为天机变化多端,不可揣测,故称之为"神

---

① 赵继明:《傅山〈庄子翼批注〉的特点及其是非观念》,载《淡江人文社会学刊》第34期,台北:淡江大学出版中心,2008年,第45~61页。
② 傅山著,刘贯文、张海瀛、尹协理主编:《傅山全书》卷五十三《庄子翼批注(四)》,太原:山西人民出版社,1991年,第1160页。
③ 傅山著,刘贯文、张海瀛、尹协理主编:《傅山全书》卷五十二《庄子翼批注(三)》,太原:山西人民出版社,1991年,第1144页。

情"。

如果说"道情"和"神情"具有形而上的意味,那么在傅山看来,后天"性情"的养成,同样重要。傅山在教后辈如何写文章的《文训》中说:

> 文者,情之动也;情者,文之机也。文乃性情之华。情动于中而发于外,是故情深而文精,气盛而化神;才挚而气盈,气取盛而才见奇。①

与《文心雕龙》所言"情,文之经;辞,理之纬"不同,傅山将"情"由"文之经"拔高为"文之机"。"机",可理解为"机杼",比喻文章的灵气,它不同于作为常则的"经"。"情动于中而发于外",出自汉代的《毛诗序》,与《毛诗序》强调"诗以言志"相反,傅山认为"情"是创作诗文的先决条件——"情"到深处,文章自然精妙。对于此,萧萐父与许苏民两位先生合著的《明清启蒙学术流变》,指出傅山及其子傅眉的学术特点之一是尚"情",他们强调创作要表现"真情",具有冲破"以理抑情"的中古教条束缚的进步意义。② 该著着眼于明清三百年整个思想史的趋势,观察傅山论"情"。笔者以为傅山论"情",立意甚高,因为他把"情"直视为人的本质,使其上升到一个新的哲学高度。傅山说:

> "情"为天地生人之实,如上文所谓"一"也。复乎"一"而塞天地皆人。不见人也,天地而已矣,是谓混冥。③

按照傅山的理解,"情"是人的实在内容,天地之所以为天地,是因为有"情"之人存在于天地之间,如果没有人,那么天地就等同为"混冥"。可见,傅山论"情",除将"情"视为本体论的"道情"之外,还将"情"视为人类唯一的存在方式,故他说"复乎'一'而塞天地皆人"。之所以"天地皆人",是因为天地间有"情"。在《德充符》中,庄子与惠子就"情"展开过专门辩论,不过他们都

---

① 傅山著,劳伯林点校:《霜红龛文》,长沙:岳麓书社,1986年,第167页。
② 萧萐父、许苏民:《明清启蒙学术流变》(修订本),北京:人民出版社,2013年,第283页。
③ 傅山著,刘贯文、张海瀛、尹协理主编:《傅山全书》卷五十一《庄子翼批注(二)》,太原:山西人民出版社,1991年,第1110页。旧版《傅山全书》中,未为"情"字标上双引号。我以为不确,这里的"情",显然是傅山着重强调的。

把"情"的意义局限于好恶爱憎等情绪。惠子说,"人而无情,不可为人"。庄子回应说:"是非吾所谓'情'也,吾所谓'无情'者,言人之不以好恶内伤其身,常因自然而不益生也。"(《庄子·德充符》)傅山在这句话的后面,墨笔眉批:

"情"者,禅学之所谓"情不附物"者也。①

"情不附物",是禅宗沩仰宗初祖沩山灵佑禅师(771—853)的法语。② 原句为"情不附物,物岂碍人",意思是"情"不附着于事物,事物便不会妨碍人的思想和行动。惠子所言"情",指一般的好恶之情,庄子则主张彻底放弃这种"情"。傅山在这里借用禅宗的说法,实际上是对庄子的委婉批评。傅山并不主张像庄子那样,彻底消解"情",因为"情"是人之所以为人的最终所在。傅山论"情",不仅从本体论层面升华了"情"的哲学意义,而且从生存论角度阐释了"情"的展现方式。至此,我们能读出傅山情本主义思想的核心——人应该回到人本身,回到人作为人原初的起点。一切外在社会规范、道德秩序,只能是手段,绝不能成为目的本身。

三、傅山和方以智庄学批注活动的共同主旨

与明末清初其他研究《庄子》的学者稍有不同,傅山与方以智在研《庄》道路上走得更远,他们的庄学批注活动,独辟新思,表现出与众不同的学术气质。一般认为,"三教合一"是明代中晚期、清代前期思想史的主流。但就傅山与方以智来说,由于他们深受《庄子》"天下道术原于一"的影响,他们试图跳出知识、心性、道统、学脉、注疏、训诂等造成的樊笼,最终回到"道"本身。因此,"三教合一"用来描述二者并不太合适,用"三教归一"概括可能更合适。因为他们所追求的"道",无论如何都已经不再是宋明道学念兹在兹的"道"了,而是要借《庄子》对我们敞开的视界,回到生活本身,回到形下世界。这是

---

① 傅山著,刘贯文、张海瀛、尹协理主编:《傅山全书》卷五十《庄子翼批注(一)》,太原:山西人民出版社,1991年,第1083页。此句同样存在标点符号的问题,"情不附物"是禅宗说法,属专有表述,应加上双引号。

② 沩山灵祐(771—853),唐代高僧,俗姓赵,福州长溪(在今福建)人,沩仰宗初祖。主张"情不附物",以达到"无为""无事"的解脱自在。

傅山与方以智庄学批注最大的共同点。

这种回归"道"的过程,傅山更多的是通过《庄子》之"情"展开,方以智则是通过《庄子》之"知"展开,"情"和"知"正构成了"人"之一体两面。只不过,傅山借批判"性""理",追求真正的"情";方以智则借炮"药"、全"均",追求真正的"知"。"均",原本指制造瓦当的模具,类似今天制作陶器的旋转托盘。方以智赋予了"均"字全新的含义——特指某家学说,并集中体现在其另外一部"炮庄之书"——《东西均》中①,试举几例:

> 竹中之均——孔子(竹子中间是空的,有一孔)。
>
> 混成均——老子(老子说"有物混成")。
>
> 邹均——孟子(孟子是邹城人)。
>
> 蒙均——庄子(庄子,蒙人也)。
>
> 空均——佛教(佛家讲"空")
>
> 毒均——泛指入迷的偏颇学说。
>
> 先天均——似乎指先天象数之学,邵雍为代表?
>
> 经论均——宋学(泛指义理之学)
>
> 传注均——汉学(泛指章句之学)②

但对于方以智来说,他自称"全均者",追求"全均"境界:

> 全均者曰:名教者寄声托形之场也,时乘者太极阴阳匋也,轮回者消息也,迦延狱者名教场之杵也。(《东西均·开章》)

名教,指代儒家。时乘、阴阳、太极,指代道家。轮回、迦延狱等,指代佛家。方以智追求"全均",从反面同样表明儒、释、道都有残缺,彼此之间并没有高低优劣之分。方以智为什么要追求"全均"? 因为"全均"代表真正的"知"。而与此相对,"小均"则代表割裂的知识、经验、考证、训诂等。他说:

---

① 邢益海指出,方以智《易余》首提并尝试"炮庄",而《东西均》既是对《易余》的发挥,更是方以智的"炮庄之书",体现了方以智"炮庄"的理论成果并成为其代表作。笔者在阅读过程中,确实感受如此。详氏著:《方以智庄学研究》,北京:北京师范大学出版社,2015年,第5页。

② 以上解读,均引自庞朴先生注释:《东西均注释》。

后分专门性命、专门事业、专门象数、专门考辨、专门文章,皆小均,而非全均也。(《东西均·开章》)

"专门",就意味着片面、割裂、偏颇的"知",并非"全知"。方以智深感这种专门之"知"带来的弊害,只能用《庄子》化解。故在《东西均·开章》的结尾,方以智特意引用庄子的话:

蒙老望知者,万世犹旦暮。愚本无知,不望知也,苍苍先知之矣。三更日出,有大呼者曰:"是何东西!"此即万世旦暮之霹雳也。请听!(《东西均·开章》)

《开章》相当于《东西均》全书的绪言,重要性不言而喻。"蒙老",指庄子。"知",是《齐物论》的重要命题。"万世""旦暮",均出自《齐物论》,原文为"万世之后,而一遇大圣,知其解者,是旦暮遇之也",但要做到这种"知其解",何其难也!方以智感叹说:"苍苍之均也,各各不相知,各各不相到,则苍苍依不能自生,而为汝斥好学为恶习邪?嗟乎,全均者,苦矣,愚矣!"①各家各派因门户之见——"不相知"而"不能自生",但各家各派偏偏以"好学"作为幌子,师心自用。面对这种局面,方以智无奈地自我反讽"苦矣,愚矣",承认自己"愚本无知"。方以智号"药地愚者",或许表达了他渴望追求超越具体知识层面的"真知"。而这种"真知",必须以放弃"专门化的知识"本身作为前提,方可以展开。

傅山曾借一位名僧之口说:"越州大珠慧海,此老大通。有问儒释道三教同异如何,答曰:'大量者用之即同,小机者执之即异。总从一'性'上起用,机见差别成三。迷误由人,不在教之同异也。"②很明显,傅山强调的是"大量者用之即同","同"正对应后面的"性"。也就是说,三教本来就没有差别,原本都出自"道",只不过人有迷误、执见,才产生差别。这让我们不能不想起《庄子·天下》开头说的一句话:

---

① 方以智撰,庞朴注释:《东西均注释(外一种)》,北京:中华书局 2016 年,第 30 页。
② 傅山著,刘贯文、张海瀛、尹协理主编:《傅山全书》卷四十《杂记(七)·三教同异》,太原:山西人民出版社,1991 年,第 804 页。

> 古之所谓道术者,果恶乎在?曰:"无乎不在。"曰:"神何由降?明何由出?""圣有所生,王有所成,皆原于一。"(《庄子·天下》)

庄子所言"原于一",表明道术原本就是整全的"一"。但因后世"不见天地之纯",出现了如此情形:

> 后世之学者,不幸不见天地之纯,古人之大体。道术将为天下裂。(《庄子·天下》)

"纯",实际上就是"一"。由此可见,傅山受《庄子》影响甚巨,乃至于在他那短小精悍、极为传神的自传——《如何先生传》中,也到处可见《庄子》的影子:

> 如何先生者,不可何之者也。不可何之,如问之。问之曰:"先生儒耶?"曰:"我不讲学。""先生玄耶?"曰:"我不能无情而长生。""先生禅耶?"曰:"我不捣鬼。""先生名家耶?"曰:"吾其为宾乎?""先生墨耶?"曰:"我不能爱无差等。""先生杨耶?"曰:"我实不为己。""先生知兵耶?"曰:"我不好杀人。""先生能诗耶?"曰:"我耻为词人。""先生亦为文章耶?"曰:"我不知而今所谓大家。""先生臧否耶?"曰:"我奉阮步兵久。""先生高尚耶?"曰:"我卑卑。""先生有大是耶?"曰:"我大谬。""先生诚竟谬耶?"曰:"我有所谓大是。""先生是谁?"曰:"是诸是者。""先生顾未忘耶?"曰:"忘何容易!如何如何,忘我实多。""先生先生,究竟如何?"曰:"我不可何之者也,亦与如之而已。"温伯雪之言"明于礼义而陋于知人心",先生自知亦如之而已矣。[1]

仔细体会这篇短札,文中几乎到处弥漫着《庄子》的味道。傅山说自己"不能无情而长生",也再一次印证了其情本主义思想。当别人问他"有大是耶",他回答"大谬";当别人问他"诚竟谬耶",他回答"我有所谓大是"。这种对话方式,与《齐物论》论"是非"的思路,是十分相似的。文中提到的"温伯

---

[1] 傅山著,刘贯文、张海瀛、尹协理主编:《傅山全书》卷十九《如何先生传》,太原:山西人民出版社,1991年,第362~363页。

雪",也是《庄子·田子方》篇中的人物——温伯雪子。温伯雪子不待见"中国之人",骂他们"明于礼义而陋于知人心"。傅山借温伯雪子之语,间接表明他渴望"知人心",但在当时的环境,家道变故、世态炎凉、个人际遇等因素叠加在一起,要想"知人心",几乎是一件不可能的事情。

明末清初士人喜逃禅,但在笔者看来,傅山和方以智内心深处恐怕是逃"庄"。因为无论如何,佛家都不会将"情"与"知"放在首要地位,逃禅只是暂时的避祸手段。① 在那个天崩地裂的时代,傅山、方以智对《庄子》的研读,实际上折射了个人和时代的双重孤独。1654 年,傅山受宋谦案连累,被捕下狱,时年 48 岁。供词中说:

> 小的平素好游山玩水,作诗写字,口头不谨,多得罪人,或是有的。②

傅山下狱后,傅眉被羁押阳曲仓,为其父做证,最后一句话是:

> 老子平生执古,不近人情。③

知子莫如父,但知父也莫如子。"口头不谨",绝对不只是辩词,而是他的真性情。傅山的"不近人情",当然不是说他冷面无情、不通人性,而是说他早已对虚伪、造作的"情",厌恶至极。这次入狱长达一年之久,傅山遭刑戮几死,对世态炎凉的感受,或许触动颇深。出狱后,傅山写了一首《不死》诗,诗文前两句如下:

> 不死良无耻,还争魑魅光。
> 有情谁见识,无语独肝肠。④

"有情谁见识,无语独肝肠",表明傅山自认为是一个有"情"的人,但知音难觅,只能"无语独肝肠"。在傅山留下的诗文中,除去那些应酬、唱和、交际

---

① 清代史家全祖望说:"易姓之交,诸遗民多隐于浮屠,其人不肯以浮屠自待,宜也。"全祖望:《鲒埼亭集外编》卷十四,见朱铸禹汇校集注:《全祖望集汇校集注》,上海:上海古籍出版社,2000 年,第 815 页。
② 尹协理:《新编傅山年谱》,太原:山西人民出版社,2016 年,第 113 页。
③ 尹协理:《新编傅山年谱》,太原:山西人民出版社,2016 年,第 113 页。
④ 尹协理:《新编傅山年谱》,太原:山西人民出版社,2016 年,第 126 页。

之作,这首诗是他少有的性情之作。

　　1653年,方以智正式"逃禅",拜道盛为师,闭关南京高座寺看竹轩,开始构思《药地炮庄》的写作。日后他在《青原愚者智禅师语录》中,回忆当初的写作动机:"痛念杖人借庄托孤,乃与竹关约期炮集。"①"约"和"集"字,表明《药地炮庄》是一项集体完成的事业,而道盛门下几乎所有重要的弟子都参与了,方以智则是总主笔人。1664冬,《药地炮庄》全部完成。差不多也是这个时候,方以智入主青原(今江西吉安)净居寺,一直到生命的最后关头,自节于惶恐滩。②晚年留下一篇《随寓说》,其中有一段这样写道:

> 居青原馆,且五春秋矣。初读书,见古今人聚讼不决,读《通雅》而大快。已读先人《周易时论》所衍象数约几,孜孜学之,时有所触发。已读《鼎薪》,半解半不解。已读《炮庄》,则不可解矣。愚者曰:此正子之药也。有所好乐忿懥,则不得其正。③

　　该段为方以智一门徒向其汇报读书心得。该生自觉读《通雅》最痛快,而读《周易时论》《鼎薪》《炮庄》则感觉越来越艰难。《通雅》是方以智一部论"知"的著作,里面涉及音义、读书、小学大略、诗说、文章、天文、地理、身体、称谓、姓名、官制、礼仪、乐曲、乐舞、器用、宫室、饮食、金石、算数、动植物、脉考等24门。《鼎薪》已佚,今有学者考证该著可能是《炮庄》的前身。《通雅》《周易时论》《鼎薪》《炮庄》,大致勾勒出了方以智一生的学术历程。

　　然而,讽刺的是,集广博考证、名物训诂于一身的学术巨著《通雅》,只被方以智用来处理经验层面的问题。而其他三部著作,则是越来越不"解"。由"知"到"不知"、由"有所触发"到"半解半不解",最后到"不可解",似乎表明《炮庄》才是超越具体经验知识之上的"真知"。这种"真知",必须以摒弃个人

---

① 方以智:《青原愚者智禅师语录》卷二,见邢益海校注:《冬灰录(外一种)》,北京:华夏出版社,2014年,第301页。
② 参余英时的考证。详氏著:《方以智晚节考》(增订本),北京:生活·读书·新知三联书店,2012年。
③ 方以智编,张永义校注:《青原志略》卷五,北京:华夏出版社,2012年,第131页。

的情感为前提,即"好乐忿懥"。故本文说,傅山之"情"与方以智之"知",一正一反,二者构成了明末清初庄学批注运动的一个侧面。

作者单位:内蒙古大学哲学学院

王阳明"厅堂三间之喻"与方以智的改铸

彭 丹

提 要:王阳明"厅堂三间之喻"主要立足历史发生的维度,强调儒学原本的主权,三教皆用,心学皆通,并无区隔。王畿以良知为中枢范围三间,湛若水以无累之不同反对儒、释同在三间之内,顾宪成点出阳明自身比喻中的矛盾处,三者都限于阳明本身立言的规模中,新意不多。对"厅堂三间之喻"最为措意并有创新的当数方以智。方以智通过"三间之喻"曲折表达了三层意义。首先,应以佛家之虚空为主,虚空乃人生存不可离也。其次,虚空需要时用中节,这才是"不落有无"之屋理。最后,儒家式的明堂之政是主中主。方以智与王阳明的有关论述有三间之分割、形制、分合、异同四个方面的不同。方以智对"三间之喻"的阐释充分体现了其思想的复杂性,也反映了其对阳明学思想的继承与发展。

关键词:王阳明 方以智 三教 厅堂三间之喻

正如许多学者业已指出的,方以智思想中有着深厚的阳明学渊源。方氏的许多议论系针对阳明学问题而发的,其对阳明学的接纳和转化是需要特别加以关注的方面。其中,方以智对王阳明"厅堂三间之喻"的接受与改铸就体现了方氏对阳明学的创造性转化和创新性发展,也反映了方氏三教观的某些特质,值得专门考察。

三教关系问题无疑属于阳明学的重要视域。其中,"厅堂三间之喻"作为阳明学的经典论述,在当时和其后都受到了广泛的关注和讨论。此喻无论是对于王阳明自身的理论结构而言,还是对于晚明三教合一的思潮而言,都具有代表意义。① 本文以王阳明"厅堂三间之喻"命题在中晚明的诠释流衍为线索,聚焦于王阳明、方以智二者的理论阐发,以见此一命题的学术史演进与王、方二人相关思想之差异所在。

一、王阳明"厅堂三间之喻"及其特点

"厅堂三间之喻"是王阳明关于儒、释、道三家关系的一个著名比喻,较为典型地反映了阳明学的三教观。《阳明先生年谱》嘉靖二年(1523)十一月条载张元冲在舟中问:"二氏与圣人之学所差毫厘,谓其皆有得于性命也。但二氏于性命中着些私利,便谬千里矣。今观二氏作用,亦有功于吾身者,不知亦须兼取否?"王阳明答曰:

> 说兼取,便不是。圣人尽性至命,何物不具,何待兼取?二氏之用,皆我之用:即吾尽性至命中完养此身谓之仙;即吾尽性至命中不染世累谓之佛。但后世儒者不见圣学之全,故与二氏成二见耳。譬之厅堂三间共为一厅,儒者不知皆吾所用,见佛氏,则割左边一间与之;见老氏,则割右边一间与之;而已则自处中间,皆举一而废百也。圣人与天地民物同体,儒、佛、老、庄皆吾之用,是之谓大道。二氏自私其身,是之谓小道。②

张元冲属浙中王门。此处王阳明的意思是:从尽性至命的角度出发,佛、道两教不染世累、完养此身,本来均可为吾儒所用,由于后世儒者不明所以,将左右两间房间割与佛、道。此段议论的真正意义或许可以理解为从大道或者圣学的全体看来,释、道都应该被包容在以儒家为主体的大道之中,这可谓是阳明本人的三教一致论。值得注意的是,阳明批驳的重点在于所谓"后儒"。也就是后儒违背先儒并包二氏的初衷,因而将一室三间之左右二间分别割给释、老,"不知三间俱是我一室所有"。③ 关于三间都属于一间厅堂,阳

---

① 苗润田、彭丹:《中国儒学通志·明代卷·纪事篇》,杭州:浙江大学出版社,2022年,第100页。
② 王守仁著,王晓昕、赵平略点校:《王文成公全书》,北京:中华书局,2015年,第1468页。
③ 王文成曰:"吾儒并包二氏,后儒不察,仅得一偏。犹之一室三间,割左以与释,割右以与老,不知三间俱是我一室所有。"谢文洊:《程山先生日录》卷三,见束景南、查明昊辑编:《王阳明全集补编》(增补本),上海:上海古籍出版社,2021年,第490页。

明在随后的一段回答三教同异的议论中表白得更为显豁:

> 道大无外,若曰各道其道,是小其道矣。心学纯明之时,天下同风,各求自尽。就如此厅事,元是统成一间,其后子孙分居,便有中有傍。又传渐设藩篱,犹能往来相助。再久来渐有相较相争,甚而至于相敌。其初只是一家,去其藩篱仍旧是一家。三教之分,亦只似此。其初各以资质相近处学成片段,再传至四五则失其本之同,而从之者亦各以资质之近者而往,是以遂不相通。名利所在,至于相争相敌,亦其势然也。故曰:"仁者见之谓之仁,知者见之谓之知。"才有所见,便有所偏。①

在这段语录中,阳明对三间厅堂隔阂的历史性进程勾描得更加细致。这种细致当然不必是一种历史的真实,但确实反映了阳明对三教同异发展的自我认知。那就是三教藩篱起初并不妨碍他们仍是一家,但传至四五代之后,渐失其本,故而三间不相通,三教相争相敌。综合来看,阳明的"厅堂三间之喻"有如下特点。

首先,着重从历时性角度描写。和一般着重从共时角度分析阐释阳明学的三教合一意涵不同,王阳明"厅堂三间之喻"主要立足学术流衍的维度。其着重描述三间形成的历史过程,也就是厅堂原始本为一间,由于后来分居,便渐渐产生藩篱,甚至到了三家相互为敌的地步。这种历史发生学的理路一方面意在从源头上显示三教的一致性,一方面又为了说明儒学本有的主人地位。

其次,强调圣学也就是儒学原本的主权。这也是历时性描述所必然显示的特质。《阳明先生年谱》中的相关论述对此表明得特别清楚,儒者不知三间都是自己所用,而将左右两间分别割给佛、老,这自然表示厅堂的主人是儒者,儒者有权利对这一"祖产"进行分配。

再次,三教皆是用,并无区隔。阳明在"三间之喻"的相关论述中都提到了大、小道的概念。道无大小,道一则用一。从道的角度来看,并无各道其道

---

① 朱得之:《稽山承语》,见束景南、查明昊辑编:《王阳明全集补编》(增补本),上海:上海古籍出版社,2021年,第548页。

的小道。由此可见,阳明区分了人与房间。儒者有着使用全部三间的权利,而佛、道二家之人并无此必要性,被视为"自私其身"。①

最后,主要是从性命之学的角度论述儒者需要使用佛、道之二间。这是当时学术环境所导致的。阳明所面对的主要是朱子学的思想传统,因此所针对的也就是所谓内外之学之分。他希望通过对佛、道二家内在性命之学通于儒学的揭示,避免朱子学"求之于外"的流弊,抉发儒学心体无滞性的思想资源。②

二 "厅堂三间之喻"在中晚明的影响

"厅堂三间之喻"较为形象地显示了王阳明对三教异同的看法,加之此论录于作为经典性文本的《阳明先生年谱》之中,传播既广,在当时即颇有影响。其说继承发挥者有之,据此批判反对阳明学三教论述者也大有人在。王阳明重要弟子王畿对其师的经典论述和命题特为熟悉,尤其是对那些往圣未言而具有创新性的观点,王畿常常据其师观点加以发挥。"厅堂三间之喻"亦是一例。

有友人问王畿云:"佛氏虽不免有偏,然论心性甚精妙,乃是形而上一截理。吾人叙正人伦,未免连形而下发挥,然心性之学沉埋既久,一时难为超脱,借路悟入,未必非此学之助。"王畿以为此说似是而非,儒学并非"不说虚,不说寂,不说微,不说密":

> 只因圣学不明……反被二氏点检訾议,敢于主张做大。吾儒不悟本来自有家当,反甘心让之,尤可哀也已。先师尝有屋舍三间之喻。唐虞之时,此三间屋舍原是本有家当,巢许辈皆其守舍之人。及至后世,圣学

---

① 彭国翔先生认为,阳明在《稽山承语》中所言"儒家本位的色彩大为淡化",因为其中未提及佛、道二家为小道,不同于《年谱》。笔者认为从历史发生的角度来看,阳明所言"其初只是一家"只能是儒家。实际上,彭先生亦言此见阳明力图在更高的起点上以儒家容纳二教。见彭国翔:《良知学的展开——王龙溪与中晚明的阳明学》(增订版),北京:生活·读书·新知三联书店,2015年,第249、443页。

② 陈来:《有无之境:王阳明哲学的精神》,北京:生活·读书·新知三联书店,2009年,第255页。

做主不起,仅守其中一间,将左右两间甘心让与二氏。及吾儒之学日衰,二氏之学日炽,甘心自谓不如,反欲假借存活。泊其后来,连其中一间岌岌乎有不能自存之势,反将从而归依之,渐至失其家业而不自觉。

王畿此处所言之历史追述,完全本阳明而来,且相较于其师,形容更为传神。尤其是"其中一间岌岌乎有不能自存之势"云云,形象地表现了当时包括儒学在内圣理论方面的困境。王畿接着认为有豪杰之士欲排二氏,但由于不能"探本入微,务于内修","只足以增二氏检议耳"。只有阳明"良知之学乃三教之灵枢,于此悟入,不以一毫知识参乎其间,彼将帖然归化,所谓经正而邪慝自无。非可以口舌争也"。① 基于以上看法,王畿认为三间屋舍原是本有家当,提出"良知之学乃三教之灵枢",要"以良知范围三教"。可见,王畿继承了阳明的"三间之喻",并将重点放在以良知学为中心规范三教上。

阳明学的这种三教一致论,由于有泯灭儒、释、道差别的倾向,在当时也遭到了不少学者的质疑。如阳明讲学友湛若水即有对陈献章和王阳明观点的评论。问者认为陈献章所云"儒与释无累一也",只是于名义而言,实质上,"释之无累,外天地万物而空其心者也;儒者胸中虽无一物,却无一物不体"。问者不点名的提及三间说,道:"近来有为儒、释辨者,却有三间说,谓儒居其中,而异端亦得窃其左右间而处之,其亦以无累相同,而未论其同而异者乎?"问者着眼的显然是阳明所云"即吾尽性至命中不染世累谓之佛"。湛若水对此问题回应云:"其儒、释无累,亦已自有不同,何得在三间之内?"他为其师陈献章讳,认为其师所云当结合上下语境看,而阳明三间之说无视儒、释无累之不同,是讲学不精所导致的。②

此后顾宪成也注意到了阳明的"厅堂三间之喻",其评论云:"阳明将儒与仙释设一厅三间之喻,殆不可晓……曰'一厅',言同也,俨然以'范围三教'为己任。曰'三间',言异也,又以自托于吾圣人同而异,天下又孰能议其混异而同?'仙家说到虚,圣人又岂能虚上加得一毫实?释家说到无,圣人岂能无上

---

① 王畿:《三山丽泽录》,见吴震编校整理:《王畿集》,南京:凤凰出版社,2007年,第15页。
② 湛若水:《新泉问辨录》,见黄明同主编:《湛若水全集》第13册,上海:上海古籍出版社,2020年,第83~84页。

加得一毫有？'是以吾之性命与二氏混也，不可言也。"①顾宪成将阳明的"一厅三间"之比喻和龙溪据此而得出的"范围三教"理论看成一个整体加以批评，认为从儒家的立场看来，这种比喻混淆了二教，是难以被理解和接受的。

王畿以良知为中枢范围三间，湛若水以无累之不同反对儒、释同在三间之内。虽然二者立场相反，但就"三间之喻"这一命题本身而言，所见同样不深。顾宪成虽点出了阳明自身比喻中的矛盾处，但浅言即止。三者都限于阳明本身立言的规模中，无论赞成或反对，新意都不多。阳明"厅堂三间之喻"在晚明思想界得到了广泛的关注，但是对这一比喻最为措意并有创新发展的当数明清之际的方以智。

三、方以智对"厅堂三间之喻"的改铸

方以智晚年每每语人"三间之喻"，可见此喻在形式上的确契合了他关于三教关系的思考。当然，与阳明弟子王畿不同，方以智对这一比喻并非照单全收，而是有着自出新机的改铸。

晚年知交施闰章在为方以智庆祝六十寿时，先回忆了方以智先辈方大镇、方孔炤、吴应宾等"上下羲文、讨究折中"的易学，后点出方以智"少闻其好之，至是研求，遂废眠食，忘死生，以为易理通乎佛氏，又通乎老庄"。由此三教会通之思想基底与思维模式，方以智"每语人曰，教无所谓三也，一而三，三而一者也。譬之大宅然，虽有堂奥楼阁之分，其实一宅也。门径相殊，而通相为用者也"。②这种一、三互转互摄，通相为用的思路其实接近阳明的讲法，由此段材料只能知"三间之喻"为方以智晚年诲人所用习语，而尚不能明显看出方以智立论的独特性所在。在被认为典型反映其晚年思想的《仁树楼别录》中，方以智回答"世出世分门，何相牵引"的问题时，如此说明：

> 同此宇宙日月，同此身心性命，称谓有方语，正宜通而互征之。郝京山曰："字皆此土之字也，何避为？"自阳明以来，诸大儒皆穷究而互征也。

---

① 顾宪成：《还经录》，见王学伟编校：《顾宪成全集》，上海：上海古籍出版社，2022年，第434页。

② 施闰章：《无可大师六十序》，转引自余英时：《方以智晚节考》，北京：生活·读书·新知三联书店，2012年，第248页。

> 三间之喻,以堂、奥、楼分合之,更明矣。鄙愿茅塞,浮才苟偷,忽有杨宗黄帝、墨宗禹,犹芝草也。徐干不忧异术而疾恶内关,何待阳明激发乎?圆机之士,分合皆可。乘愿补救,正须互穷。宇宙内事,皆吾分内事。参过甚深之宗,乃知层层利害,不为人惑,而时用为药耳。[①]

这段话讨论的是用"通而互征"的方法通贯牵引入世、出世二门。杨宗黄帝是指杨朱思想为黄老道家一系,与此相对的是墨子推崇的大禹,此二者皆为可用之"灵芝甘草"。徐干的"不忧异术而疾恶内关"出自《中论·考伪》。徐干认为过去杨朱、墨翟、申不害、韩非、田骈、公孙龙虽汩乱先王之道,但并非人伦之大患,因为"术异乎圣人者易辨,而从之者不多也"。而如今的惑世盗名之徒"假先王之遗训以缘饰之,文同而实违,貌合而情远,自谓得圣人之真也","为名者之异乎圣人也微",造成的危害却非常大。这就是所谓"内关之疾":"斯术之于斯民也,犹内关之疾也。非有痛痒烦苛于身,情志慧然,不觉疾之已深也,然而期日既至,则血气暴竭。故内关之疾,疾之中夭,而扁鹊之所甚恶也。"徐干将如今的伪学伪说比喻为身体内部的疾病,这种疾病虽然开始时没有身体上的明显痛苦,但潜移默化,最后会导致血气暴竭,是扁鹊最厌恶的从内部戕害身体的疾病。因此,他呼吁人们要警惕和防范伪学伪说。从名实的概念来看,内关之疾所害甚于异术所害正在于异术名实皆伪,因而容易被识别,从之者不多;而内关之疾以名相怂恿世人,不易被普通人察别,危害尤其大。方以智借《中论·考伪》的这一曲折引比,显然是为了凸显名之易变难测与实之决定意蕴。这就和他对阳明"三间之喻"的理解贯通起来,也就是在同一宇宙、同一身心的理解背景下,不胶固于称谓方语,而是以堂、奥、楼分合三教,互穷互征,分合皆可,时用为药。这种实用高于名义的理论在方以智看来徐干已有言在先,"何待阳明激发",也是郝敬所言无须避字的意义。

以上两段材料所见方以智对"三间之喻"的分析皆提到了堂、奥、楼,在《图像几表》所引的《浮山闻语》中,这三个用来譬喻的建筑与三教三间之喻的

[①] 郭林、方兆充录:《仁树楼别录》,见方以智编,张永义校注:《青原志略》,北京:华夏出版社,2012年,第82~83页。

关系得到了更明确的揭示。而方以智又认为阳明所言尚有不足,所谓"新建三间之喻未也",他说:

> 明堂必南,面为天地,理其家事者也。北奥者,守黑者也。骑危者,虚空座也。尊主者曰屋以栋为主乎?辨实主者曰屋以基为主乎?两扫者曰:栋与基皆非也,屋以虚空为主者也。①

"明堂""北奥""骑危"分指儒、道、释三教。这三个概念各有意蕴。"明堂"在《图像几表》中有较为详细的说明:"所谓明堂者,表向明而治之堂也。齐之明堂,犹行在所,归然灵光也。"②祭祀之殿、朝会之轩、辟雍教士之宫,都可以叫作"明堂"。方以智遍引"三礼"、《周易》等经典诠释"明堂":"明堂"有祀帝祀祖、国治兴教、制器尚象等功能,应该居中,且前有三楹柱,"而室,或夹焉、奥焉"。由此而言,所谓"北奥",也就是朝北的守黑之室。"守黑"显然源自《老子》第二十八章"知其白,守其黑,为天下式"的表述。"奥"本身即房屋西南角之意,"守黑之北奥"是相对于南之明堂的"房屋深处隐蔽之地"。③

至于"骑危",方以智在《通雅》中也有所解释:"骑危、登极、骑衡,言其危也。"衡是屋顶屋脊,骑危也就如同骑衡,"大氏横者谓之衡,谓之登极亦可,总言危道,如垂堂之意也"。④ 垂堂意为靠近堂屋檐下,因檐瓦可能坠落伤人而存在风险,故以垂堂喻危险之境地。不过,方以智此处所举"骑危",主要还是突出"屋脊凌空处"⑤的意义,故而以此来比喻佛家。"明堂""北奥""骑危"分别有着光明、隐蔽、凌空的隐征:儒家以栋梁为屋之主,道家以地基为屋之主,佛教以室中虚空为屋之主。方以智以"虚空"为核心,解构了三教间的区隔,

---

① 方孔炤、方以智:《周易时论合编》,北京:中华书局,2019年,第14页。
② 方孔炤、方以智:《方图明堂表法说》,《周易时论合编》,北京:中华书局,2019年,第86页。
③ 方孔炤、方以智著,蔡振丰、李忠达、魏千钧校注:《周易时论合编校注》,台北:新文丰出版公司,2021年,第19页注159。
④ 方以智:《通雅》,见黄德宽、诸伟奇主编:《方以智全书》第4册,合肥:黄山书社,2019年,第262页。
⑤ 方孔炤、方以智著,蔡振丰、李忠达、魏千钧校注:《周易时论合编校注》,台北:新文丰出版公司,2021年,第19页注160。

思路十分巧妙：

> 人在虚空,如鱼在水,使土其屋中无寸隙焉,人将何如？是虚空者,人所切切不可离者矣。屋内之虚空与屋外之虚空一也,千古上之虚空千古下之虚空一也,非大主乎？理者曰人适时乎筑基构栋之屋,藏坐卧焉,风矣雨矣,将享峰顶之虚空乎？抑享屋中之虚空乎？故曰时乎屋而屋处,不必以槽巢营窟之虚空废四阿两下之虚空也。①

如同鱼、水不可分离一样,人只有在虚空才能生存,由此屋内屋外、千古上下由虚空这一大主统一起来了,由此"四阿两下之虚空"不可废。这一论述思路在形式上不由让人想起了康德在《纯粹理性批判》中对柏拉图的批评。康德把柏拉图的理念比喻为轻盈的鸽子在空气中飞行受到阻力,从而幻想在真空中飞行将畅行无阻。② 一般而言,房屋只有"筑基构栋"才能符合人的需要,但实际上如同鸟离不开空气、鱼离不了水一样,人切切不可离开虚空。虚空是"大主",但也要合乎"中节"之时：

> 时乎晦息则奥,时乎诵读则廇,时乎治事享客则堂,时乎出门而游四方,方皆寓奥廇门堂之基与栋焉。灶也、楣也、几案也,秽则洒扫之,漏则修葺之,缺一不可者也。时其时,位其位,物其物,事其事,是虚空之中节也,是不落有无之屋理也。君子明其当不当耳。各当其当,斯大泯矣。③

在方以智看来,风雨时处屋,晦息时居奥,治事待客时施用于明堂,各家只有应时而动而用,才是"虚空之中节",才合乎"不落有无"的"屋理"。当然虚空也不必刻意营造,因为"森森秩秩"者无非是虚空,无非是"洞洞浊浊"。

熟悉方以智表述习惯者可以看出,方氏此处是以时为要统摄有无,阐述自己超越有实法、无实法的合二而一的哲学。"以三教言,合之则不落有无之

---

① 方孔炤、方以智：《周易时论合编》,北京：中华书局,2019年,第14~15页。
② 康德：《纯粹理性批判》,见李秋零主编：《康德著作全集》第3卷,北京：中国人民大学出版社,2007年,第30页。
③ 方孔炤、方以智：《周易时论合编》,北京：中华书局,2019年,第15页。

理或心或太极,分之则儒释道。"①然而,方以智所思还有一层:

> 虚空之屋主适统御于明堂,是明堂之政乃主中主也。政府立而统君民矣,傀异不得以充类畸说炫惑矣。观会通,行典礼,制数度,议德行,寂历同时,前用藏密,尽之矣。时为士子中士子之节,悦礼义,敦诗书,是士子之明堂也。②

明堂之政是"主中主",也就是作为大主的虚空之主,这显示了方以智对现实秩序的安立仍然十分关注,仍然把儒家式的政立民安、礼义安顿作为最终的关怀。因此,不能"简单地把方以智视作三教平等论者……'明堂之政,乃主中主也',早已曲折地披露了他的心迹。"③

总结来看,方以智通过"三间之喻"曲折表达了三层意义。首先,儒家向明,道家守黑,明堂南而奥室北,应以佛家之虚空为主,虚空乃人生存不可离也。其次,虚空为主并不意味着"患其少",虚空需要中节,也就是要"时其时,位其位,物其物,事其事",这才是"不落有无"之屋理。最后,儒家式的明堂之政是主中主,这显示了方以智的秩序关切似乎仍然是儒家式的。④

四、王阳明与方以智三间说的比较

通过以上分析看出,方以智不愧是阳明之后对"厅堂三间之喻"阐释最有深度和创造性的学者。方氏的理论构造和阳明既有相同的方面,即二者很大程度上都是三教一致论者,都以无累或虚空绾合三教,都看重三教之用,也有非常多的差异。

一是关于三间之分割。如前所论,阳明的讲述方式是历史发生式的,儒

---

① 诸伟奇、张永堂:《方以智的生平思想及其著作整理》,见黄德宽、诸伟奇主编:《方以智全书》第1册,合肥:黄山书社,2019年,第54页。
② 方孔炤、方以智:《周易时论合编》,北京:中华书局,2019年,第15页。
③ 张永义:《从〈仁树楼别录〉看方以智的晚年思想》,载《中国哲学史》,2012年第2期,第109页。
④ 方以智晚年有《三间说》一文,读者要六七读甚至八九读,才能理解。可见其说之繁难。见丘维屏:《木立师六十寿卷跋》,转引自仁道斌:《方以智年谱》,合肥:安徽教育出版社,1983年,第208页。

家原为厅堂主人,佛、道两家的二间是儒家后来"割与"的,凸显儒家原本的主人地位。方以智则未论及此,只是实然地接受阳明命题,承认有三间之分。这也凸显出在阳明的年代,三教关系仍然是一个需要诉诸历史正当性来加以特别提出的命题,而在方以智那里,三教关系问题已经有了充足的学术思想史讨论基础和氛围。

二是关于三间之形制。阳明所言三间基本是同质的,只有方位所带来的大小之差别;而方以智的堂、奥、楼明显异质,其代表佛家之楼更可能只是虚空。这反映出阳明的用心在于说明三教在用上的一致性,而没有在内容上如方以智赋予三间不同的定位,并展开基于三间不同特质的讨论;也体现出阳明思维上的立基点仍然是儒家,并无意给其他两家详细的刻画。

三是关于三间之分合。阳明所言亦并非完全平面,他实际上区分了三教之人和三教之房。三教之人尤其是儒者不应放弃自家祖宅,将二教之房也纳入自己之用,这不禁让人想起"抛弃自家无尽藏,沿门托钵效贫儿"的著名诗句,阳明的学术努力方向就是要恢复儒学丢却的资源。而方以智所讨论的则更为复杂。如前所论,方以智在一定程度上推崇佛家虚空的智慧,但他又通过对时的强调阐发虚空之中节,将虚空纳入有无之理的范畴,从而最终揭示明堂的主中主地位。

四是关于三间之同异。"阳明的重心在于说明'二氏之用,皆我之用',方以智强调的则是三教各有其用"。① 阳明所关注的三教在内在性命之学上的趋同,特别是在无滞无累上,兼及二氏之自小其道。而方以智则使用易、虚空、时用、"不落有无"之屋理、礼义制度等多个概念统摄三间,方以智对"三间之喻"的阐释充分体现了其思想的复杂性。

钱新祖先生多年前在论及焦竑时,曾经将三教合一论者分为两个模式,焦竑为非部门化的立场,而以往其他论者为部门化的立场。② 换言之,钱先生认为焦竑不预设三教在本质上有别且以某一家为本位。余英时先生对此

---

① 张永义:《从〈仁树楼别录〉看方以智的晚年思想》,载《中国哲学史》,2012年第2期,第109页。
② 钱新祖著,宋家复译:《焦竑与晚明新儒思想的重构》,上海:东方出版中心,2017年,第15~17页。

划分有所批评,认为划分过于截然。抛开思想模型自身的划分是否合理不论,仅就方以智对"厅堂三间之喻"的阐释发明来看,这种多层次、多角度对三教异同的论述就很难在部门与非部门之二分下予以合适的定位。当然,笔者并非意谓方氏关于"三间之喻"的阐释可以代表或体现其三教观的全貌,而只是希望借此展示方以智思想的复杂性,以及其与阳明学的深厚渊源。

作者单位:安徽省社会科学院哲学与文化研究所

从《三游诗》看方以智晚期的诗歌特色

诸伟奇

提　要：《三游诗》是方以智于清康熙六年(1667)福建之行时所作的诗集，含《石鼓游》《九漈游》《武夷游》等，因清廷文禁，此书三百余年散佚不传。直到2021年才在上海图书馆被发现。作者从该书版本的考察、被"深藏"缘由的分析，确定了该书的写作、刊刻时间及传存情况；更从文本所展示的内容，论述了"三游"本事，认为全书或寓精神于山水，或藏哲理于诗篇，鲜明地体现了方以智晚期的诗歌特色。同时，根据方以智晚年行迹，结合当时情状和遗民动止，分析了诗中所透露的信息。

关键词：方以智　《三游诗》　明遗民　上海图书馆

方以智(1611—1671)是我国明清之际杰出的哲学家、语言文字学家、文学家和书画艺术家。明亡后，他辗转流离，逃禅问学，坚持抗清，一生行止体现了中国知识分子的操行和担当。其著作因遭清廷禁毁，不少已散佚不传，但后世学人一直在寻觅中，被深藏了三百五十年的《三游诗》就经历了这样的命运。

一、方以智的福建之行

1667年(清康熙六年)，方以智有福建之行。

张永堂、诸伟奇执笔的《方以智的生平思想及其著作整理》，亦即《方以智全书》"前言"中曾简要记述了这一行程：这年闰四月，方以智"自青原出发，迁路新城，与魏禧晤于天峰寺，'痛谈一日，夜不得上'。至福州长庆寺……滞留一暑养病后",与为霖道霈游鼓山屴崱峰。余飏之子"余伫奉父命来迎,八月一日(方以智)与僧非渠抵莆田拜访余飏",之后被请入通天寺说法;"又应林豁轩昆仲之请于东山石宸垂示。由郑郊、郑郑兄弟陪同游九鲤湖,同至石所山麦斜岩访隐者刘尧章……八月十六日离开莆田,至建安永安禅寺会钱秉镫。十月,(在)武夷山扫石屏东苑,建宁会书商后返青原。"①

对于方以智的这次福建之行,见于当时记载的不少。魏禧在《送药地大师游武夷山序》中写道:"丁未闰月,师自青原游武夷,迂路新城,招晤天峰寺中痛谈一日,夜不得止……独恨身羁课诵,不得从武夷游。"还盼望能"结茆屋居师",而"师老于武夷,为吾道南主人";②并以诗相祝:"风雨洗青苔,摩石待师纪。"③余飏写道:"岁在丁未八月朔日,浮山愚者大师访予芦中,随游九鲤,过通天寺。"④钱澄之赠诗曰:"大师栖废院,夹路芰荷香。有客耽禅悦,邀予问讲堂……谈清一夜梦,画破十年悭。"⑤还有方孝标的《愚上人〈三游诗〉引》,方孝标当时也在福建,他在文中写道:"愚者师……今年扫塔东苑,值炎暑,不能为武夷游。先过鼓山,又赴云窝居士招,入九漈游焉,得诗若干首。秋深当往武夷,武夷山水更奇秀,诗必更多。其门人将合梓之以行,而属予序。"文中清楚地交代,此引系应方以智门人所请,写于方以智鼓山游、九漈游之后,武夷游之前。⑥ 方以智次子方中通《忆亲闽中》等诗文更详细地记载了其父的行踪。

从记载看,方以智此次福建之行,除了在福州避暑养病那段时间外,活动

---

① 张永堂、诸伟奇:《方以智的生平思想及其著作整理》,见黄德宽、诸伟奇主编:《方以智全书》第1册,合肥:黄山书社,2019年,前言第27页。
② 魏禧著,胡守仁等校点:《送药地大师游武夷山序》,《魏叔子文集》中册,北京:中华书局,2003年,第510页。
③ 魏禧著,胡守仁等校点:《送药地大师游武夷山序》,《魏叔子文集》下册,北京:中华书局,2003年,第1294页。
④ 余飏:《送愚者归青原序》,《芦中全集》,清刻本卷四,参见任道斌:《方以智年谱》(修订本),杭州:浙江古籍出版社,2021年,第276页。
⑤ 钱澄之撰,诸伟奇校点:《江在湄少文邀同过永安寺访无可师因随看白云寺关主融相即事》,《田间诗集》,合肥:黄山书社,1998年,第302页。
⑥ 方孝标撰,石钟扬、郭春萍校点:《愚上人〈三游诗〉引》,《方孝标文集》,合肥:黄山书社,2007年,第50页。

很是频繁,内容十分丰富,游览也比较尽兴,但奇怪的是,这些活动,虽已见于他人的多次记载,但在他自己的存世著作中却并未多见。在《方以智全书》中,可以查到的,仅有载入《浮山此藏轩别集》的《九漈》《武夷》,①还有《冬灰录》中记述的几次佛事活动,如"扫鼓山永老和上塔"和"病起垂示"。② "愚者诗多",③凡登山临水,方以智必纪之以诗,而在这次长达六个月的福建之行中,却未见他有诗歌存世。这实在令人生疑。方以智当时没有写诗吗?当然不是。前文已引方孝标所写的《愚上人〈三游诗〉引》,还有曾经与方以智同为崇祯举人、书画名家的王岱(?—1686),于康熙十七年(1678),在京中友人房慎庵处得见方以智的《三游诗》,并写下《无可和尚〈三游诗〉序》。④ 可惜,随着乾隆四十年(1775)、四十六年(1781)方以智和王岱的著作先后被禁,而在这之前,方孝标的著作早遭禁毁。如此,对方以智《三游诗》及其流存情况就绝少人知或不再被提起了。20 世纪 40 年代,方叔文在《方密之先生年谱》中记道:康熙六年(1667)闰月,公自青原,先"赴虖山扫塔,游鼓山……游九鲤,归游武夷,有《三游诗》"。又于《方密之先生著作表》列出此书,并注"散失不传"。⑤ 方鸿寿《方文忠公年谱》及《鸿寿书目》亦作如是说。综上,我们在《方以智全书》"前言"论及他的著述情况时,肯定了方以智《三游诗》的撰写,将其写作时间定为 1667 年,作为"已佚者",标示了 * 号。⑥

二、《三游诗》的发现

从 1667 年方以智创作《三游诗》,到 1678 年王岱撰写《无可和尚〈三游诗〉序》,再到 2019 年《方以智全书》的出版,三百五十年间未见《三游诗》公之

---

① 方以智:《武夷》《九漈》,见黄德宽、诸伟奇主编:《方以智全书》第 10 册,合肥:黄山书社,2019 年,第 122、124 页。
② 方以智:《冬灰录》卷七,见黄德宽、诸伟奇主编:《方以智全书》第 3 册,合肥:黄山书社,2019 年,第 374、375 页。
③ 方孝标撰,石钟扬、郭春萍校点:《愚上人〈三游诗〉引》,《方孝标文集》,合肥:黄山书社,2007 年,第 50 页。
④ 王岱:《无可和尚〈三游诗〉序》,《了庵文集》卷六,清初刻本,第 4~5 页。
⑤ 方叔文:《方以智先生年谱》,芜湖:安徽师范大学出版社,2018 年,第 214~215、250 页。
⑥ 张永堂、诸伟奇:《方以智的生平思想及其著作整理》,见黄德宽、诸伟奇主编:《方以智全书》第 1 册,合肥:黄山书社,2019 年,前言第 80 页。

于世,学界多以为此书同他的其他佚作一样,因遭清廷禁毁,已经"散失不传"了。

但这种情况在2021—2022年发生了根本转变。

2021年夏天,温州大学古典文献学研究生卢亚倩因撰写硕士论文《曹尔堪年谱》,发现上海图书馆所藏《曹顾庵残诗》装订本中的《浮山后集》非曹氏著作,而是方以智的《三游诗》。几乎与此同时,苏州大学文学院陈昌强先生在做《曹尔堪年谱》时,也发现了这一问题,并于注释中透露了顾圣琴所撰《方以智孤本〈三游诗〉及其晚年行实考论》(待刊)的信息。[①]

其时,本人在编纂《方以智全书续编》,《续编》分"补编""外编"和"附编",其中"补编"正是收录《方以智全书》正编未收的方以智存世著作。虽然当年在编纂《方以智全书》时,即向包括上海图书馆在内的全国各大图书馆征求过馆藏方以智著作的问询调查,但始终未收到关于《三游诗》的信息。2022年10月,张昭炜先生通过微信告知:"上海图书馆藏有方以智的一部诗集。"看到昭炜的信息,我既高兴又疑惑:能发现新材料,高兴是自然的事;但堂堂上海图书馆藏有一部方以智的诗集,多年竟无一人提起,又叫人生疑。遂托一位朋友去调阅并整理该集。但之后因故耽误了。

2023年5月,"方以智研究"公众号发了笔者《方以智集外佚文辑考》;6月初,又发了《方以智集外佚文辑补》。影响很大的"书目文献"公众号很快转发了拙文。其后卢君通过她的老师甘良勇先生联系到我,并将她所掌握的《三游诗》资料发给我;吉林大学古代文学专业在读博士吴运兴亦将她所复印的《三游诗》相寄,并和我讨论了方以智的《痒讯》及其他诗篇。

本人在校读全部《三游诗》后,于2023年8月前往上海图书馆古籍部,查核了馆藏原本,终于将这部"散失不传"的方以智诗集大致厘清了原委。

先说此书的收藏及形态。

上海图书馆古籍书目是这样著录的:《浮山后集》一卷、《曹学士近诗》一卷、《槐憩集》一卷、《南溪文略》一卷,清曹尔堪撰,康熙刻本;分类为清别集,

---

[①] 陈昌强:《曹尔堪年谱》(下),见《词学》第47辑,上海:华东师范大学出版社,2022年,第378页。

索引号是线普长345592。未涉方以智信息。该书线装一册,四眼装(装线处下端有旧登录号"一六五四五"),依次将《浮山后集》《曹学士近诗》《槐憩集》《湖上近体》《南溪文略》装订在一起。封面右侧题"曹顾庵残诗一册汪君炳森得自高邮"。曹顾庵即曹尔堪,汪炳森未知何人,①"得自高邮"也不知何时。书的首页实为首页的b面,当初的装订者很巧妙地将其与全书的护页粘贴在一起,几乎难以看出,这样就避开了方以智的著撰痕迹。书单页10行,每行24字,诗序及注作双行小字;白口,单尾,左右双边,版心依次标书名(浮山后集)、子书名(石鼓游、九漈游、武夷游)、页码、版刻名(此藏轩)。在版心的书名页与子书名页之间,每页都有挖磨的痕迹,从位置看,可能是"三游诗"字样,亦即现在所说的二级书名。全书页码连标。第1至第6页为《石鼓游》,第7至第14页为《九漈游》,第15至第22页为《武夷游》。每种子诗集的首页(即全书第1、7、15页)首行标书名"浮山后集",顶格;第二行标作者名及撰写方式"浮庐愚者随笔",低三格;第三行标子诗集名,如"九漈游",低一格。全书版式及字体一如方氏此藏轩所刊各书,一些版刻用字也多相同,如"面"作"靣","考"作"攷","垂"作"埀","旁"作"旁","盖"作"葢","船"作"舩","铁"作"銕"等。书的最后一页为游艺所写的跋,跋页的版心依次为书名(浮山后集)、篇名(三游跋)、页码、版刻名(此藏轩)。跋一页,后为空白页。游艺,闽人,乃方以智弟子。

该书为什么三百多年不为人知却被深藏于上海图书馆呢?

从前文已知,方以智的《石鼓游》《九漈游》《武夷游》写于康熙六年(1667)闰四月至十月,其后由其门人"合梓之以行",称《三游诗》。从它的写作时间、内容和刊刻体例看,它接续《无生寱》《借庐语》《鸟道吟》和《建初集》,是方以智后期诗集《浮山后集》的一部分。从这里也可以看出,方以智构画的《浮山后集》的规模是比较大的。方以智晚年以禅游而积极参与遗民反清活动,福建之行或许动止较大,难免不为清廷所忌,魏禧、沈寿民都劝其"挂鞋曳杖,灭

---

① 据日前吴运兴博士发来《敬灶章宝录》、曾国藩奏议等资料,知清同治年间有汪炳森其人,此与后之王培孙得此书以收藏,时间上亦大体相合。

影深山",①尽量不要开堂说法。而"粤难"发作及方以智之死,使其著作渐为当局忌讳,如此才有康熙十七年(1678)王岱发现《三游诗》时的连连称幸了。乾隆四十年(1775)后,方以智的著作全面遭禁,一时连《通雅》《物理小识》也未能幸免,《浮山全书》更是既禁且毁,零落殆尽。上海图书馆"漏网"的这部《三游诗》,可能是时人有意错装,将被列为禁毁之目的方以智诗集混入曹氏之书,使之得以保存。内中的各子书,从书名到内容都非常清楚,且刻本行款、版刻用字、每行字数等皆与后面的曹集有别,但书的封面却题成"曹顾庵残诗",用心良苦,于斯可见!

上海图书馆藏本卷首空白页右下镌有"王培孙纪念物"阳文印。王培孙(1871—1953),名植善,字培荪(后改孙),以字行,室名日晖楼,上海人。清光绪十九年(1893)秀才,南社之友,上海南洋中学创办人,也是著名藏书家。其藏书以明末诗文集及地方志居多。1952年,他将全部藏书捐献给上海市政府,由上海图书馆收藏。这批书中就有被清廷列为禁书的陈子龙《经世文编》、方孝标《光启堂文集》、潘江《龙眠风雅》、曾灿《过日集》和这部被装订错的《三游诗》。② 山泽遗书,次第复出;先辈心血,不致沦亡。我们感谢当初的保存者、收藏者和捐献者!

从上海图书馆藏本的版本形态看,该本即清初此藏轩刻本,刊刻时间应不晚于康熙十年(1671),因为据游艺跋文可知,此书刊刻时方以智尚在世。三百五十年来,此书一直被深藏,外间未闻有传,海内孤本,当之无疑。《中国古籍善本书目》《中国古籍总目》应补入。

三、《三游诗》论绎

"有无明暗费商量,燧取空中纸炭藏。"③有无明暗,代行错明,和方以智晚年的一些诗文一样,《三游诗》也有明暗两个内容。我们先说明面上的内容。

---

① 魏禧著,胡守仁等校点:《与木大师书》,《魏叔子文集》上册,北京:中华书局,2003年,第257页。
② 上海南洋中学编:《王培孙纪念文集》,第125页。
③ 方以智:《薪火引与诸子》,《三游诗》,上海图书馆藏清初此藏轩本,第14页a。

(一)文本展示的内容

1. 诗篇统计

《三游诗》为方以智康熙六年(1667)游历福建福州石鼓山、莆田九漈、建宁武夷山时所作的诗集,依其游踪的先后分为《石鼓游》《九漈游》和《武夷游》三部分。其中,《石鼓游》6页(第1页缺前半页),收诗23题30首;《九漈游》8页,收诗27题35首;《武夷游》8页,收诗30题37首,全书合计22页,收诗80题102首,跋1篇。其中:五言古诗4首,五言律诗47首,五言绝句1首;七言古诗2首,七言律诗23首,七言绝句25首。

2. "三游"过程

福建山海交汇,景色奇丽,又兼人文代出,无论是儒学南传,还是禅宗衍进,福建都具有举足轻重的地位;明清鼎革之后,更是遗民隐居及抗清力量活动之区薮。方以智一生三次到过福建,第一次是10岁时随父任官到过福宁。第二次是在1645年,为避弘光党祸,南奔亡命,仓促间经过太姥、福宁。第三次,他以青原净居寺住持的身份,应闽地寺院及好友相邀,行程自然要宽裕得多。

之前我们写《方以智全书》"前言",在讲这一段内容时,只能依据方以智的《冬灰录》和他的零星诗文及余颺等人的集子,现在读了《三游诗》,对他此行的过程就清楚了许多。康熙六年(1667)闰四月,方以智与魏禧等晤谈后,即从新城(今黎川)出发,自闽赣边界的杉关入闽,一路向南,到达福州。由于年老体衰,加上夏季炎热、山路难行,抵榕后方以智养病休息了一段时间。其间,陆续参加了一些佛事活动,会见了一些朋友,游览了鼓山。为登尗崸峰,方以智等行前先"在鼓山旬日",做了充足的准备。随后,在一个大晴天,从松坪石出发,经白云峰,"竭蹶以登",① 终于登上了尗崸峰。

方以智此次福建之行,一个很大的愿望就是看望他的老师余颺。彼时余颺隐居莆田,差其子余佺专程到福州邀请方以智。方以智在释非渠的陪同

---

① 方以智:《〈登尗崸峰〉序》,《三游诗》,上海图书馆藏清初此藏轩本,第1页b。

下,于八月一日到达莆田,拜见了恩师,两人长谈尽日。其间,方以智受邀在通天寺说法并题额,同时以"未了净居旧债,且为杖人佣书"为辞,谢绝了寺院方面"专席见迎"的邀请;①会晤了郑郊、郑郏兄弟及有关人士;在恩师推介和友人陪同下,他还带病游览了当地最富特色的九鲤湖及麦斜岩。②八月十六日,方以智离莆田返福州,临行赋诗与友人惜别。

在福州经过短暂休整,方以智等即赶赴建宁,住在永安禅寺。在此他遇到了故友钱澄之,二人做了长时间的交谈。钱澄之不仅"日暮忘归",还"留僧舍宿","谈清一夜",方以智还为他画了《寒林学〈易〉图》。十月,方以智在友人陪同下,游览了武夷山,在虎啸岩、茶坑、石堂、接笋峰、天游峰、大王峰、峰窠、玉柱峰、鹰嘴岩、更衣台、一线天、水帘洞、五曲、东苑岱堂、同文书院等处留下了诗篇。在方孔炤四十七年前所题"云路"二字的石刻前,方以智百感交集,作《云路见先中丞题有感》,诗的后两句是:"总是沧州梦,长流碧一溪。"③

方以智福建之行的最后一站是建宁读书坊。在读书坊,方以智与书贾朋友相会,"昔所托《周易时论》《药地炮庄》《物理小识》等已刻成",④而"此卷(指《三游诗》)从此坊流通,是夙缘也"。⑤ 读书人最终之事还是落在读书和刻书上。诸事即毕,方以智遂取道南昌,返回青原。

3. 佛事活动

方以智此次福建之行,是以青原住持无可大师的身份,佛事自是重要活动内容。其间,主要佛事活动如下:

晤涌泉寺住持为霖道霈。道霈与觉浪道盛同辈,继永觉元贤主鼓山法席。

扫鼓山永觉元贤和上塔,作五律《怀永觉老人》。颔联曰:"沸瀚安然卧,

---

① 方以智:《冬灰录》卷七,见黄德宽、诸伟奇主编:《方以智全书》第3册,合肥:黄山书社,2019年,第382页。
② 方以智:《游漈引》:"吾师招我书,书中有九鲤。"又《陈木长同游见我强病登顿因举黄文成语间拈此答》:"雪窨冰壶快此生,通身汗下病犹行。"见《三游诗》,上海图书馆藏清初此藏轩本,第7~9页。
③ 方以智:《云路见先中丞题有感》,《三游诗》,上海图书馆藏清初此藏轩本,第17页b。
④ 任道斌:《方以智年谱》(修订本),杭州:浙江古籍出版社,2021年,第279页。
⑤ 游艺:《〈三游诗〉跋》,见《三游诗》,上海图书馆藏清初此藏轩本,跋第1页。

冬雷此处藏。"①

到长庆寺为空隐和尚(即宗宝道独)设供。供祠有曰："七个蒲团懒道场，锹锄椰栗叉手笑。且道青原智行者,到此以何为供耶?"②

到福州长庆寺说法,在怡山寺问答。《病起垂示》有云："石门不跨为何事,为剔峰头晓日红。"③《又记因医垂示》又云："死生来处知谁造? 色里胶青说不明。体尽自愁伤触后,一瓢薪火与时行。"④

在莆田通天寺礼佛,为余飏设斋,问答。曰："游山竿木驾云龙,偶画葫芦却不同。黄石当机堪一笑,点睛专待老壶公。"又曰："超出乾坤惟一掌,山中星月自呼潮。"⑤

在武夷石屏扫东苑老祖塔,在老祖塔前致供,东苑上堂问答。曰："此来扫出石屏心,击棹声中无古今。偶向读书坊下过,破尘一句待知音。"⑥

(二)方以智晚年诗歌特色的体现

鼎革前后,方以智诗歌创作风格判若两途。前期,他无论是作为贵公子,优游皖中,流寓南都;抑或是及第后仕宦京师,救国无门,其诗都充满了忧国忧民、意气风发的情感。国变后,其诗悱恻深沉,尤其是顺治七年(1650),其平乐不死而逃禅后,诗风大变,笔触迂回曲折,"水火中行"。⑦《三游诗》作为其存世的最后两部诗集之一(另一部为《禅乐府》),所体现的其晚年诗歌特色

---

① 方以智:《怀永觉老人》,《三游诗》,上海图书馆藏清初此藏轩本,第2页a。
② 方以智:《冬灰录》卷七,见黄德宽、诸伟奇主编:《方以智全书》第3册,合肥:黄山书社,2019年,第374页。
③ 方以智:《冬灰录》卷七,见黄德宽、诸伟奇主编:《方以智全书》第3册,合肥:黄山书社,2019年,第375页。
④ 方以智:《冬灰录》卷七,见黄德宽、诸伟奇主编:《方以智全书》第3册,合肥:黄山书社,2019年,第376页。
⑤ 方以智:《冬灰录》卷七,见黄德宽、诸伟奇主编:《方以智全书》第3册,合肥:黄山书社,2019年,第379、380页。
⑥ 方以智:《冬灰录》卷七,见黄德宽、诸伟奇主编:《方以智全书》第3册,合肥:黄山书社,2019年,第385页。
⑦ 方以智:《合山栾庐占·慕述》:"老亲切问,本无生死。一实惟心,自尽而已……退藏于密,水火中行。"见黄德宽、诸伟奇主编:《方以智全书》第10册,合肥:黄山书社,2019年,第371页。

尤为明显。

1. 寓精神于山水

方以智此次福建之行所到三地,都是闽中极负盛名、极富特色的景地,方以智为之所写诗歌也极富艺术特色,如:

登屴崱峰

挥袖乘风上翠屏,悬空一点醮沧溟。古人高兴常如此,奇事传虚每不经。绝顶望洋惟有白,扪天摩背果然青。云端戏泼浮杯水,也算南游浪里萍。

太姥亲看浴日红,岱宗华顶尚朦胧。此山说见琉球影,今日惟观沧瀣风。旧画昆仑三级上,下方楼阁万松中。秋晴正喜浮云尽,杖指人间眼不同。[①]

该诗收入《三游诗》的《石鼓游》,是组七律二首,诗前的序较长,但写得很精彩。诗的头两句就写出了登上屴崱峰的快意和观感。屴崱峰是作者所游鼓山的最高峰。平心而论,其海拔九百多米的高度,在见识过"岱宗华顶"的作者眼里不算奇峻;但该山有其特点,它东临大海,一望无际,有文化传统,朱熹为它题写了"天风海涛",赵汝愚为它写下了"江月不随流水去,天风直送海涛来"。"此山说见琉球影,今日惟观沧瀣风。"至于传言,登上峰顶,能够看到琉球,作者于诗序中直言:"地丸水饱,数千里乌能及耶?"虽然看不到琉球,但能一饱海天风光,也是此景的一大特色。"绝顶望洋惟有白,扪天摩背果然青。"作者对色彩的捕捉非常敏锐,描写也生动贴切。"太姥亲看浴日红,岱宗华顶尚朦胧。"作者精通物理之学,更善于观察对比。他在诗序中说:"因语日观、泰岱、华顶诸处,去海尚远",故观日"朦胧"。"旧画昆仑三级上,下方楼阁万松中。""三级昆仑,随场竿影,万松楼阁,藏在中阿。"[②]作者在诗和诗序中明言,那些都是文献或传说中的记载,而眼前的林树葳蕤、岩壑清幽、山海互映、四季推移,才是真实的存在。全诗情景交融,磅礴大气,又兼序文上下古

[①] 方以智:《登屴崱峰》,《三游诗》,上海图书馆藏清初此藏轩本,第1~2页。

[②] 方以智:《〈登屴崱峰〉序》,《三游诗》,上海图书馆藏清初此藏轩本,第1~2页。

今,说理透彻。

又如:

鲤湖漫兴

海眼藏峰顶,圆壶泻曲溪。两崖成碧井,九叠挂丹梯。雷自龙渊出,云知雁荡齐。石门风雨返,好梦不须题。雁荡顶有湖,故以相比。

粉碎蓬莱影,方知仙所云。降龙还破浪,化鸟即垂云。珠玉倾盆落,幢幡逐队分。我来投一石,未许世间闻。

将谓雷轰甚,环林鸟雀稀。峡生虹饮涧,晴怪雨沾衣。钟鼓难争响,烟云易合围。此潭深可羡,鱼老不知飞。

月出危崖口,珠悬翡翠围。绞绡当殿卷,鳞甲破空飞。对镜光回互,神灯影是非。步虚骖驾好,露湿羽毛衣。①

该诗收入《三游诗》的《九漈游》,是组五律四首。九鲤湖在仙游县城东北万山之巅。相传汉武帝时,有何氏九仙在此骑鲤升天,故名。明人王世懋(世贞弟)曾称:闽山以水称奇胜者,即无如九鲤湖。诚如是哉!"海眼藏峰顶,圆壶泻曲溪。"作者劈头就写出了九鲤湖的特色:大凡湖多在山下或山的周围,而此湖在山顶。"两崖成碧井,九叠挂丹梯。""降龙还破浪,化鸟即垂云。珠玉倾盆落,幢幡逐队分。"作者以生动的笔触写出了九鲤湖千崖竞秀,万木葱茏,奇峰绝壑,漈水震撼的壮观。"此潭深可羡,鱼老不知飞。"从山水到物象,从物象到精神,连体衰已久不思动、此番更是"强病登九漈"的作者,也被这神奇的景象所打动,快心醒目,忍不住也要"我来投一石,未许世间闻"。全诗通篇写实,渗透着诗人的精神与情思,山岚水波,诗人的笔触也随之起伏蜿蜒……

再如:

一览歌

南北奇峰数不足,溪边见者三十六。百寻削铁无寸土,拔笋成林染青绿。丁香鬼面蟹爪皴,李成郭熙皆逡巡。从来图画恨优孟,凌空倒景

---

① 方以智:《鲤湖漫兴》,《三游诗》,上海图书馆藏清初此藏轩本,第7页。

难传真。我乘竹筏至其下,流峙相鲜应接暇。崖鳞嶂角争挐云,鱼龙起舞鸾骖驾。乃登天游一览亭,仙掌玉华扶隐屏。胡麻剩水茶洞倾,忽然粉碎蓬莱青。峰峰盘髻皆可上,栖真避乱两无恙。接梯负米不言劳,烟岚簇拥巢居壮。南游虎啸一线天,兜鍪玉版环沸泉。北则水云与水帘,马头鹰嘴铁郎穿。东则狮子王慢把溪口,西则鼓楼三教收平川。最高三仰碧霄洞,蜂窠众峡行长屏。桃源火焰双石门,倒水分溪各相送。此山崛起一百二十里,中流百战成壁垒。勿令茅塞奇山水,不觉墨酣伸五指。请看悬崖试人谁过关,问取人挂杖今朝闲。①

该诗收入《三游诗》的《武夷游》,是首七言歌行。福建名山,武夷第一。元人萨都剌《游武夷》称其"神仙曾到有遗迹,天地已来无此山"。明人聂大年《游武夷》有句:"不宗朱子元非学,看到武夷方是山。"熟景本来难写,何况自宋入明,已有好诗无数。且看方以智是怎么写的:首先,体裁选用七言歌行,就选得好。歌行一体,可以放情长言,杂而有方;步骤驰骋,又疏而不滞。作者起句看似很平,其实不平,一句"南北奇峰数不足,溪边见者三十六",一下子就突出了武夷山的不平凡,南北奇峰无数,其峰峦大者三十六,而且山在溪边,水在山中,山水交映。作者精于画艺,对水光山色的描绘异常精准生动,其笔下的武夷,无论是山色的青绿,还是"凌空倒景"的神奇,都是任何丹青高手难以传真的。"崖鳞嶂角争挐云,鱼龙起舞鸾骖驾",怪石嶙峋,奇岩插天,溪水回曲,鱼龙并行,武夷山势的高耸奇峻,水流的瑰诡多姿,让游人惊心醒目,又目不暇接。诗中历数虎啸、一线天、兜鍪、玉版、马头、鹰嘴、狮子、大王、幔亭、鼓楼诸峰,水云、水帘、碧霄、五曲诸水景,山水交错,层层递进。"桃源火焰双石门,倒水分溪各相送。"作者将一百二十里武夷,三十六峰胜景,一曲歌之,为他们的武夷之行留下了完美的绝唱。

2. 藏哲理于歌诗

方以智晚年的治学方法是"藏虚于实",其时他的诗歌创作也有明暗虚实之分。《三游诗》一集,以写景叙事为主,然诗中往往参以哲理之思,虽寥寥数

---

① 方以智:《一览歌》,《三游诗》,上海图书馆藏清初此藏轩本,第19～20页。

语,却让人涵泳反复,回味无穷。下面分别情况,一一介绍。

有的是因事因景亦即物象,感发而为诗。如《九漈游》中的《二林属书四字于石》:"造雷飞雪待知音,日炙风吹无古今。墨汁壶中才一点,定然穿过石头心。"①还有《武夷游》中的《天游一览亭值余初度》:"人生换骨是何时？惟有名山拄杖知。对此隐屏堪自祝,借来仙掌待题诗。"②前者旨在说明要成就"造雷飞雪"那样不寻常的事,需要"知音"相助,更要忍得艰辛,坚毅前行,如同执笔者用壶中的那一点墨汁,也一定能穿透坚硬无比的山石。后者则感悟只有在人生的晚年,才能清楚地知道自己一生中蜕变(即所谓脱胎换骨)的时间和缘由。

集中更多的是以诗句的形式表达某种感悟,直接以哲理示人。如:

> 沸澥安然卧,冬雷此处藏。(《怀永觉老人》)
> 屋似舟藏壑,江因潮逆流。(《金利窟同不波孤月税担诸公小坐》)
> 人间车马皆因梦,世外筇瓢始善游。(《宿湖宫阅漈记因成二首呈容窝本师》之二)
> 且命古今堆榻上,尝悬天地在窗中。(《容窝》)
> 镜里千岩影,钟声两岸听。(《虎啸西来岩》)
> 帝王遗敝屣,仙佛亦浮云。(《重书游息引》)

在所有"藏哲于诗"的诗中,通篇最具方以智晚年哲学思想的,是这首《薪火引与诸子》(序略):

> 有无明暗费商量,燧取空中纸炭藏。灶下灰传千古焰,人间灯继两丸光。莲花位里非玄路,柏树庭前岂异方。烹水提筐休错过,何须白昼见萤囊!③

本诗诗序云:"闭距窃纵,空忧何益？钻燧荷薪,无回避处。"有无明暗,代行错明。灶下即便灰冷,千古火焰不熄;人间纵遭剧变,天地真性不灭。明清

---

① 方以智:《二林属书四字于石》,《三游诗》,上海图书馆藏清初此藏轩本,第10页a。
② 方以智:《天游一览亭值余初度》,《三游诗》,上海图书馆藏清初此藏轩本,第17页a。
③ 方以智:《薪火引与诸子》,《三游诗》,上海图书馆藏清初此藏轩本,第14页a。

之际,天崩地解,产生了一批不同凡响的诗人和作品,在这些作品中,方以智晚年的诗最有嚼头。

(三)诗中透露的信息

本节所谓"诗中透露的信息",包括两方面的内容:一是文中虽已涉及,但读者未必深知的内容,如余飏;二是文中未明言或点到即止的内容,如"二郑"及其他。

1. 先说余飏

余飏,字赓之,莆田人,明崇祯十年(1637)进士,任宣城知县,曾分校己卯(明崇祯十二年)乡试,方以智于是科中举。此前方以智十年未第,自叹"病客",①有了举人的身份,方以智才有次年的进士及第。二人的关系非同寻常,不仅有师生之谊,更是志同道合,虽二十年未能相遇,但彼此相知相重。弘光时,余飏擢吏部文选司,不久即归乡,杜门不出。康熙三年(1664),余飏应施愚山邀,赴青原山讲学,与方以智(时称无可)相见,"二十年师生,抱头欲哭","已而,吏散人阑,与无可对坐,谈交轮错代之理,《易》《庄》借象之趣,宣尼迦老,是二是一"。方以智受余飏之请,作《莆田通天寺碑》。② 此次莆田之行,可谓是方以智对恩师三年前青原之行的回访。余飏在给方以智的信中,邀请他来莆田游览九鲤洞:"吾师招我书,书中有九鲤。笑慰多生梦,正当穷宛委。"③方以智理解恩师的厚意,故而不辞辛苦,抱病以行:"崎岖千里外,带病到师门。山记青原会,书承黄石恩。"④相见后尽日长谈。此行方以智前后共写了四首诗以"呈本师",诉说了再见恩师的喜悦:"葆祠黄石果奇缘,一点开颜喜问天。连夜月明忘老病,苍苍指是谷城仙。"⑤探讨了对时事、对人生、

---

① 方以智:《陈昌箕在新安以书索序且叹一第不我十年为此志而答之》:"愧我十冬成病客,劳君一札问苍天。"见黄德宽、诸伟奇主编:《方以智全书》第 9 册,合肥:黄山书社,2019 年,第 148 页。
② 方以智:《莆田通天寺碑》,见黄德宽、诸伟奇主编:《方以智全书》第 10 册,合肥:黄山书社,2019 年,第 64~66 页;另见余飏:《芦中全集》卷六《游青原记》。
③ 方以智:《游漈引》,《三游诗》,上海图书馆藏清初此藏轩本,第 7 页 b。
④ 方以智《见余季芦本师》,《三游诗》,上海图书馆藏清初此藏轩本,第 11 页 a。
⑤ 方以智:《黄石通天寺夜呈本师》,《三游诗》,上海图书馆藏清初此藏轩本,第 11~12 页。

对学问的认知,其中《芦中师采药图赞》写得甚为深刻,此诗既是对余飏的称颂,也是方以智的夫子自道。移录于下:

> 大地无非药,在吾左右手。尝毒是何心,漫劳神农口。日月转磨盘,海岳供杵臼。裁成君臣方,医王寓奇偶。冰霜炼硕果,金石留瓦缶。灵丹既万应,缪刺亦神灸。我来床下拜,香烟荐尊卣。吾性无须眉,丹青烦散髳。崆峒特室中,开闭听户牗。阶下长兰荪,青葱滋百亩。两袖挥八风,一毫藏四部。点睛破壁飞,唾地早不朽。悬寓众难识,缁布慢搔首。入髁叹滔滔,且示绺组绶。破篮盛百草,紫芝为上寿。童子弹一指,窦然狮子吼。千里来通天,明月坐良久。必欲问黄石,吾师捧腹否?①

"药"者,既可医人,也可医世,无论是采药医人,还是方略治世,他们师生本都堪为国手,奈何国事剧变,人生难逆,如今一个隐居山中,一个逃禅青原,虽尚能"滔滔不竭,如河决而滩流下峡",②然毕竟都已垂垂老矣。

2. 再说"二郑"及其他

"二郑",指郑郊、郑郏。郑郊,字牧仲,号南泉,明末莆田人。崇祯八年(1635),拔置第一;十七年(1644),与弟郑同贡于朝。入清,隐于莆田山中。郑郏(1615—?),字奚仲,一字皆山。入清隐于莆田壶麓山,与同为遗民的陆圻建红花亭。有《易测》《皆山诗集》存世。方以智此次到莆田,拜见余飏后,即与郑氏兄弟交谈,之后他们又同游了九鲤湖。③

在莆田时,方以智与刘赧见面并交谈。刘赧是刘中藻(1605—1649)之子。中藻字荐叔,号洞山,明末福安人。崇祯十三年(1640)进士,授行人,北京陷,为僧。南归后,隆武朝任给事中、副都御史;永历时授兵部尚书、东阁大学士。清军围福安,他坚守不屈,败,着明衣冠,"坐堂上,为文有祭,吞金屑死"。④ 有《洞山集》。此时,虽然永历帝、郑成功已先后亡故,明清易代大局

---

① 方以智:《芦中师采药图赞》,《三游诗》,上海图书馆藏清初此藏轩本,第13页。
② 余飏:《送愚者归青原序》,《芦中全集》,清刻本卷四,参见任道斌:《方以智年谱》(修订本),杭州:浙江古籍出版社,2021年,第277页。
③ 方以智:《酬郑牧仲》,《三游诗》,上海图书馆藏清初此藏轩本,第12页。
④ 钱海岳:《南明史·刘中藻传》第10册,北京:中华书局,2016年,第3770~3772页。

已定,但反清活动在闽海一带并未消亡,而反抗的意识更是在遗民的内心无法消减。郑氏家族在当地的影响大,有号召力,之前郑成功抗清队伍的发展,而今郑经等在台湾军事力量的存续,借助于郑氏家族的能量都是重要的因素。刘中藻在福安地区有着较大影响,其就义时的壮烈更是激荡过千万人的心灵。方以智此番与他们交谈,除了表达崇敬之情外,或许还有其他深意,正如他在诗中所说的:"丹山碧草九潭存,留得琼枝天地恩。磨盾弯弓真有种,蒯缑弹处托谁门?"①"磨盾弯弓""蒯缑弹处",期望之情、寄托之意,尽在言中。

集中有些诗,乍一看是写景,仔细琢磨,颇具深意。像《武夷游》中的那首《偶见郑牧仲和黄文成公游武夷韵因次其后》,诗是这样写的:"比肩千里梦相从,海容图成瓠可容。最笑顽仙留断骨,何为凿路锁孤峰。随身赖有如瓶杖,劫火还存合抱松。幸遇石堂开旧址,人间添得一声钟。"②诗中的"留断骨""锁孤峰",当然是在写风景,但也可以理解为一种象征,象征着某种力量和精神。"随身赖有如瓶杖,劫火还存合抱松。"颈联上句还可以理解为精神力量,下句则有守望相助、合力为之的意思。

作者佛寺高僧的身份和诗中深刻的禅意,不仅迷惑了当时可能出现的文化检察官员,也使后世读者往往难有确解。如《且招》:"云窝茶洞许同人,庐阜无终早结邻。游遍五都留退步,说来三岛欲飞身。还洲木榻风随火,避世桃源记即真。便使香山归洛下,草堂让客转车轮。"诗前长序,对主人招友来云窝茶洞的目的做了说明,实际是收留遗民同道来山中"避乱"。序中引用了汉末、晋末隐士的典故,着重讲了唐人李泌"安史之乱"时先"隐居衡岳"、后出山救国的业绩。③

还有《耐荼希之居士》:"天地随人寓,金粟止一榻。将开∴字镜,莫疑多宝塔。耐荼河汉胸,古今任杂沓。岁寒守松窗,黄石修伏腊。赤乌飞东门,环辙不及踏。昌谷蒲塘心,廋词漫离合。南郭隐几坐,仰天忽焉嗒。万卷破微尘,当风无问答。优游通天寺,千里来一衲。展袖伸五指,振木绕三匝。一切

---

① 方以智:《晤洞山之子子炎刘报》,《三游诗》,上海图书馆藏清初此藏轩本,第12页b。
② 方以智:《偶见郑牧仲和黄文成公游武夷韵因次其后》,《三游诗》,上海图书馆藏清初此藏轩本,第20页b。
③ 方以智:《且招》,《三游诗》,上海图书馆藏清初此藏轩本,第21页b。

姑置之,不敢重献纳。无语声如雷,举此风飒飒。"① 通篇禅语,但难掩其关注现实的深意。凡此,皆诗意丰富,信息量大,然因作者晚年诗风艰涩,可资研究的资料又有限,今人一时尚难有确解。

　　行文至此,可以透露一下:在写《方以智全书》前言时,对张永堂先生所写的那句"康熙六年(1667)福建之行可视为方以智的反清之旅,主要目的是'南国觅知音'"结论式的表述,本人当时是不大认可的,或者说是拿不准的,但定稿时未做删改,因为无论是对方以智资料的掌握还是对方以智的研究,永堂兄都高明于我。现在读了《三游诗》,不仅释然,也愈发信服永堂兄这个结论的正确。

　　最后,以方以智的这首《诸子送过涵头卷卷不已口占为别》作为本文的结束:

　　　　明知来必去,空惜黯然魂。万里终须别,千秋各自尊。涵头平野阔,江口晚潮奔。分手休言梦,当知薪火恩。②

　　面对亲近的人,说着真诚的话,没有禅语,也无支唔晦涩,这是方以智此行向闽地诸友的告别,也是他一生对闽地诸友的最后告别。

(本文曾以《一部被深藏 350 年的诗集——方以智的〈三游诗〉》为题,载于《学术界》2023 年第 11 期,收录时略有增补和改动。)

作者单位:安徽大学方以智研究中心

---

① 方以智:《耐荨希之居士》,《三游诗》,上海图书馆藏清初此藏轩本,第 13 页 a。
② 方以智:《诸子送过涵头卷卷不已口占为别》,《三游诗》,上海图书馆藏清初此藏轩本,第 14 页 a。

方学渐对王畿心性论的批判

魏子钦　郭振香

提　要：对于方学渐学派归属问题，学界存在诸多判定。从方学渐对王畿心性论的批判看，方学渐以"人心即道心"批判"慕大忽微"，以"性无不善"批判"无善无恶"，以"不落有无"批判"多言妙悟"，修正由王畿"四无说"导致的"荡而多歧""玄同空寂""落于虚见"之弊，体现了其以朱补王、以善明性、崇实治虚的实学特质。从修正王学看，方学渐心性论主要在"以理学补心学"的总体思维架构下进行，他以朱子"格物"工夫会通阳明"良知"本体为进路，既符合"用即体"的泰州学旨与"非名教之所能羁络"的泰州学风，也符合黄宗羲对方学渐做出的"在泰州一派，别出一机轴"的判定，故而方学渐属于泰州学派。

关键词：阳明学　方学渐　王畿　心性论　学派归属

方学渐(1540—1615)，字达卿，号本庵，谥号明善先生，明代桐城理学奠基人，著有《心学宗》《性善绎》等著作。东林学派顾宪成评价道：明善先生"阐明良知之指，假令文成复起，亦应首肯"。① 从学派归属看，黄宗羲认为方学渐属于泰州学派，②但方学渐的同乡叶灿却认为方学渐不属于泰州学派，而

---

① 《四库全书存目丛书·子部第12册·心学宗》，济南：齐鲁书社，1995年，第129页。
② 黄宗羲著，夏瑰琦、洪波校点：《黄宗羲全集·明儒学案》第8册，杭州：浙江古籍出版社，1992年，第94页。

是"紫阳之肖子、新建之忠臣矣"。① 当前学界受到叶灿观点的影响,对方学渐学派归属问题存在诸多判定:有持"阳明一脉"②者,有持"背叛王学"③者,亦有持"朱王调和论"④者,有归之于泰州学派⑤者,有归之于"反对狂禅学风"⑥而否认其为泰州学派⑦者,还有归之于"东林一派"⑧者。针对以上不同判定,至少有两个问题值得进一步探讨:其一,方学渐与朱子、阳明的学术关系如何?其二,方学渐是否属于泰州学派?立足方学渐对朱子、阳明学说的态度以及对王畿心性论的批判与修正视角,揭示方学渐心性论的思维架构与思想主旨,由此判定其学脉传承与学派归属,不仅可以对方学渐哲学做出客观定位,而且可以使晚明学术思潮的发展脉络获得清晰呈现。

一、以"人心即道心"批判"慕大忽微"

自朱子以"十六字心传"构建理学道统论后,"人心惟危,道心惟微,惟精惟一,允执厥中"(《尚书·大禹谟》)就成了宋明理学的核心论题,备受宋明理学家关注。方学渐对诠释儒家"十六字心传"也有着极大兴趣。

《尚书·大禹谟》提出的人心与道心,方学渐认为二者的关系是"非谓心有二也"。⑨ 其实,不仅是方学渐,朱子也肯定人心与道心的一致,认为二者是一物。朱子以"心之虚灵知觉"⑩肯定人心与道心的一致,认为"只是这一个心,知觉从耳目之欲上去,便是人心;知觉从义理上去,便是道心"。⑪ 陈淳

---

① 方昌翰辑,彭君华校点:《桐城方氏七代遗书》,合肥:黄山书社,2019年,第3页。
② 张永义:《从〈心学宗〉看方学渐的学派归属问题》,载《船山学刊》,2016年第1期,第76~80页。
③ 蒋国保:《方以智哲学思想研究》,合肥:安徽人民出版社,1987年,第125页。
④ 张永堂:《方以智的生平与思想》,台北:台湾大学博士学位论文,1977年,第15页。
⑤ 黄宗羲著,夏瑰琦、洪波校点:《黄宗羲全集·明儒学案》第8册,杭州:浙江古籍出版社,1992年,第94页。
⑥ 陈畅:《方学渐心学的理论特质及其困境——兼论黄宗羲〈明儒学案·泰州学案〉的思想主旨》,载《同济大学学报(社会科学版)》,2022年第1期,第90~98页。
⑦ 丁成际、李波:《明代桐城理学》,载《中国哲学史》,2010年第4期,第104~113页。
⑧ 吴震:《泰州学派研究》,北京:中国人民大学出版社,2009年,第18页。
⑨ 《四库全书存目丛书·子部第12册·心学宗》,济南:齐鲁书社,1995年,第136页。
⑩ 朱熹:《四书章句集注》,北京:中华书局,2011年,第16页。
⑪ 黎靖德编,王星贤点校:《朱子语类》,北京:中华书局,2020年,第2157页。

在《北溪字义》中指出:"人只有一个心,非有两个知觉。只是所以为知觉者不同,且如饥而思食,渴而思饮,此是人心。至于食所当食,饮所当饮,便是道心。"①从"知觉"看,朱子认为人心与道心乃是一个心,二者出现不同,是因为"人心"是"知觉"在欲望、形气上发出而产生的,"道心"是"知觉"在义理、性命上发出而显化的。朱子在《中庸章句序》中指出:"道心常为一身之主,而人心每听命焉。"②朱子强调道心在天理中的重要地位,认为只有当天理(道心)战胜人欲(人心)时,人欲才会消散、清除,人心才能顺从、顺服于天理。

方学渐认为朱子把人心等同人欲的观点并不妥当。"方子曰:'学渐尝自课去欲工夫,十年而无得。反而求诸本心,稍稍有得。因疑旧说人心为人欲,似有可疑。虞廷开心学之传,当是第一义。故僭谓人心即道心也。'"③从求学历程看,方学渐花十年学习朱子的去欲工夫,但十年来并无所得,而在学习阳明的"心即理"后,出现天理融化为自家的润化效果。对此,方学渐认为朱子的"人心为人欲"之说存在疏漏,"人心道心"应该按照阳明"求诸本心"进行诠释。

徐爱以朱子"道心常为一身之主,而人心每听命"指出,阳明"精一之训"存在弊病。阳明指出:"今曰道心为主,而人心听命,是二心也。天理人欲不并立,安有天理为主,人欲又从而听命者?"④从朱子的观点看,人欲是人心,天理是道心,人欲听命于天理。但阳明指出,如果说人心需要听命于道心,以道心为主,而以人心为辅,那么朱子所说的道心与人心便是分为两个心,而不是一个心。阳明认为道心与人心真正的一致,是通过正当性做出判断,即"未杂于人谓之道心,杂以人伪谓之人心"。⑤ 在此基础上,阳明指出道心与人心的关系:"人心之得其正者即道心,道心之失其正者即人心。"⑥人心若是发而中节,而得其正便是道心;道心若是偏离正轨,不得其正便是人心。

---

① 陈淳著,熊国祯、高流水点校:《北溪字义》,北京:中华书局,1983年,第11页。
② 朱熹:《四书章句集注》,北京:中华书局,2011年,第16页。
③ 方昌翰辑,彭君华校点:《桐城方氏七代遗书》,合肥:黄山书社,2019年,第112页。
④ 王守仁著,王晓昕、赵平略点校:《王阳明集》(上),北京:中华书局,2016年,第7页。
⑤ 王守仁著,王晓昕、赵平略点校:《王阳明集》(上),北京:中华书局,2016年,第7页。
⑥ 王守仁著,王晓昕、赵平略点校:《王阳明集》(上),北京:中华书局,2016年,第7页。

方学渐顺着阳明"人心道心"一路发挥,提出"人心即道心"的观点,即舜秉承执中之说,执中落实在心上,则"直归之心,中即心也。人外无道,人心之外无道心"。① 方学渐通过肯定人心的价值地位,认为人心之外无道心,正是因为执中之训,使精一之学传续,使此心常存。值得注意的是,方学渐对"人心惟危"中"危"字的理解有别于朱子与阳明。朱子指出"人心则危而易陷"②,人心流于恶念则危险。阳明认为:"依着人心行去,便有许多不安稳处,故曰'惟危'。"③朱子与阳明均认为"危"是危险的意思,方学渐则认为:"危,高大也。"④从字源学看,"危"的古字形像人在山崖上,本义是人立于高处。许慎《说文解字》:"危,在高而惧也。"⑤段玉裁也在许慎的说法上做出"人在厓上"⑥的补充说明。方学渐以"高大"释"危",盖就山崖的样态而言其高大貌,古诗文"危楼高百尺""危乎高哉"中"危"字当皆为此义。

方学渐以"高大"解释"危"字,以"精微"解释"微"字,认为高大与精微相互映照,相较于朱子与阳明认为的"危险"之义,不仅更具新意,也符合"人心惟危,道心惟微"相对行文的逻辑。因为危险与精微不足以形成对比,只有高大与精微才能形成对比。方学渐指出:"人心之量本自高大,其中道理则极精微。"⑦人心之外无道心,道心并不独立于人心之外,人心即道心;高大之外无精微,精微就在高大之中,高大即精微。故而,方学渐以人心、道心畅发阳明精一之论,认为:"知危之微者谓之精,危微无间者谓之一,精一则心常存,谓之执中。"⑧就心而言,其细微之理存于高大之量中,可谓精妙;高大之量与细微之理没有间隙,可谓一体无隔。常存精妙一体之心,既不偏于器,也不偏于道,才可谓"执中",知晓道理不离器量、人心不离道心,方可知"允执厥中"的

---

① 方昌翰辑,彭君华校点:《桐城方氏七代遗书》,合肥:黄山书社,2019年,第43页。
② 朱熹撰,黎靖德编:《朱子语类》,北京:中华书局,2020年,第2157页。
③ 王守仁著,王晓昕、赵平略点校:《王阳明集》(上),北京:中华书局,2016年,第95页。
④ 王守仁著,王晓昕、赵平略点校:《王阳明集》(上),北京:中华书局,2016年,第95页。
⑤ 许慎撰,段玉裁注,许惟贤整理:《说文解字注》,南京:凤凰出版社,2015年,第784页。
⑥ 许慎撰,段玉裁注,许惟贤整理:《说文解字注》,南京:凤凰出版社,2015年,第784页。
⑦ 黄宗羲著,夏瑰琦、洪波校点:《黄宗羲全集·明儒学案》第8册,杭州:浙江古籍出版社,1992年,第95页。
⑧ 方昌翰辑,彭君华校点:《桐城方氏七代遗书》,合肥:黄山书社,2019年,第43页。

真意。

方学渐认为知晓"人心即道心"是理解"允执厥中"的前提和关键。"心危而微,故谓之中。何以执之？必也惟精乎？精于求微,乃充满其惟危之量,而道始归于一,一则中矣。此允执厥中之旨也"。① 心既具显著之量又含隐微之理,因此称为"中"。如何执中？必然要用精细的工夫在高大之量中求其隐微,"人心惟危"与"道心惟微"不是分离的两端,显著与隐微是从不同角度描述一"心"的,本来只是一心,道理与器量皆不离方可谓"执中"。

对于时人多以道理为"高大"而轻视在器用世界做精细工夫,方学渐批评道:"谈道之士,慕高大而忽精微,必至于荡而多歧矣。"② 而这种"荡而多歧"的弊病,方学渐认为是王龙溪高谈本体导致的。王畿言:"微为圣学之宗,……非知几之君子,其孰能与于此？"③王畿以"微"为高深玄奥,方学渐却认为"天下之为君子者不同:有清修之君子,亦有博大之君子……"④,"苟非以斯取斯,区区焉形迹之是拘,所取为清修也,方之以博大,疑于荡矣"。⑤ 方学渐认为王畿以"微"为圣宗的言论,是将道心之微妙解读为高妙玄理,但精一之学的核心在于高大显著即细微隐妙,人心即道心,两者是一体两面。

方学渐以"高大"与"精微"阐释精一之论,以"人心即道心"发挥"允执厥中"之旨,批判王畿以"微"为本体,认为此乃"世之慕危而忽微者,其言无实可稽,其谋弗通于众。无稽易于行诈,弗询易于炫奇,乃得肆其无忌惮之说,惑世而害道"。⑥ 王畿过于追求心体高大玄远之妙,宣扬"一觉变化"的"顿入"工夫。"盖圣功之本,惟在此心纯乎天理,而不在于才能""圣人初不从事于知识也"等论断,说明王畿轻视知识层面的精细用功。方学渐认为顿得本体的

---

① 黄宗羲著,夏瑰琦、洪波校点:《黄宗羲全集·明儒学案》第8册,杭州:浙江古籍出版社,1992年,第95页。
② 黄宗羲著,夏瑰琦、洪波校点:《黄宗羲全集·明儒学案》第8册,杭州:浙江古籍出版社,1992年,第95页。
③ 黄宗羲著,夏瑰琦、洪波校点:《黄宗羲全集·明儒学案》第7册,杭州:浙江古籍出版社,1992年,第197页。
④ 方昌翰辑,彭君华校点:《桐城方氏七代遗书》,合肥:黄山书社,2019年,第109页。
⑤ 方昌翰辑,彭君华校点:《桐城方氏七代遗书》,合肥:黄山书社,2019年,第109~110页。
⑥ 《四库全书存目丛书·子部第12册·心学宗》,济南:齐鲁书社,1995年,第137页。

无实可据,只是炫奇之论,存在"惑世害道"的弊病。

为修正龙溪"荡而歧出"的弊病,方学渐致力于以精细工夫知晓隐微本体的路径,即以"工夫"操持"本体"。以"孔颜之乐"为例,方学渐说:"今人看孔颜太高,遂疑所乐必有异人者,不知孔颜与吾人同欲。"①这是说,有一种高谈孔颜之乐的观点,导致学人认为"孔颜之乐"是远离现实的快乐。王畿指出:"乐是心之本体……乐至于手舞足蹈而不自知,是乐到忘处,非荡也。"②就本体而言,王畿认为孔颜之所以会乐,并不是因为工夫践履,而是孔颜体会到一过而化、见证本体的快乐。所以,这种"乐到忘处"不是悬空虚荡,而是在明觉本体后,实现对本心的体察。方学渐反对这种观点,认为王畿这种玄谈,并非真实的"孔颜之乐",这是因为龙溪"不知孔颜与吾人同欲"的观点,正如泰州学派"百姓日用即是道"的观点,能够在现实生活中体验到的才是真正的圣贤之学。方学渐指出:

> 知孔颜之乐,当反而求吾心之乐。人心即天理也,顺理则乐,逆理则否。如父子亲,兄弟翕,夫妇和,君臣、朋友以义相合,谁不快乐?盖三纲五常即是天性,天全性得,如何不乐?③

方学渐反对龙溪以"本体即工夫"阐释"孔颜之乐",力求将"孔颜之乐"落实于现实生活,以"人心即天理"阐释"孔颜之乐"。这就是说,方学渐关注人伦日用的现实生活,去除人心的负面解读,认为人心即道心、即天理,强调人心的价值。从"三纲五常即是天性"看,方学渐强调的"三纲五常",是程朱理学极为尊崇的人伦秩序,是一种操存工夫;"天性",则是阳明学重视的良知本体。一方面,方学渐侧重朱子"格物"工夫,"朱子谓大学是圣门最初下手工夫,格物是《大学》最初下手工夫。愚谓圣门之始终一《大学》,《大学》之始终一格物也"。④ 另一方面,方学渐以朱子"格物"工夫会通、补救阳明"良知",认为三纲五常便是天理、天性,"孔颜之乐"并不是人们远离现实生活,通过对

---

① 方昌翰辑,彭君华校点:《桐城方氏七代遗书》,合肥:黄山书社,2019年,第114页。
② 王畿著,吴震编校整理:《王畿集》,南京:凤凰出版社,2007年,第76页。
③ 方昌翰辑,彭君华校点:《桐城方氏七代遗书》,合肥:黄山书社,2019年,第114页。
④ 方昌翰辑,彭君华校点:《桐城方氏七代遗书》,合肥:黄山书社,2019年,第85~86页。

人伦物理的践行、三纲五常的遵守,便能实现"达之则天之清,气之爽,风之和,日之暄,花之开放,鸟之和鸣,年谷丰登,人民安辑"①的圣贤气象。

方学渐持阳明"心即理"立场,以"人心即道心"批判王畿"慕大忽微",以朱子"格物"工夫补足阳明"良知"本体为诠释进路,修正王畿"荡而多歧"空谈本体之弊,试图为"良知"本体提供坚实的工夫保障,使天理流行实落在人伦日用之间。回到方学渐的学派归属问题,从修正王学看,方学渐认为的"三纲五常即是天性"观点,既符合泰州学派"用即体"的为学宗旨,也体现方学渐心性论具有以朱补王的实学特质。

二、以"性无不善"批判"无善无恶"

人性的善恶问题,是儒家哲学的核心话题。从阳明学出发,王畿"四无说"以"无善无恶"误解阳明良知学,致使良知流于虚荡。面对这种情况,东林学派高攀龙在《性善绎序》中指出:"今惧其著,至夷善于恶而无之,大乱之道也,故曰足以乱教。此方先生所忧,而《性善绎》所以作也。"②高攀龙指出方学渐作《性善绎》的目的,在于修正王畿"四无说"之弊。

从《天泉证道》看,阳明以"无善无恶"阐释"心之体",王畿认为阳明此语说的是心与意、知、物乃体与用的关系,即"体用显微,只是一机。心意知物,只是一事"③。若悟得心是无善无恶之心,则意、知、物俱是无善无恶的。钱德洪反对王畿"四无说",力推"四有说"。他认为"为善去恶,正是复那本体功夫"。④ 从伦理善恶看,钱德洪指出,只有做"为善去恶"的格物工夫,才能使心体返回无善无恶状态。若是如王畿将心体"无善无恶"扩充在意、知、物的层面,只会消解格物在复明心体的修养工夫。

在《王畿集》中,阳明也指出:"汝中此意,正好保任,不宜轻以示人,概而言之,反成漏泄。"⑤阳明指出在现实生活中,上根之人极为少见。须知无善

---

① 方昌翰辑,彭君华校点:《桐城方氏七代遗书》,合肥:黄山书社,2019年,第114～115页。
② 方昌翰辑,彭君华校点:《桐城方氏七代遗书》,合肥:黄山书社,2019年,第38～39页。
③ 王畿著,吴震编校整理:《王畿集》,南京:凤凰出版社,2007年,第1页。
④ 王守仁著,王晓昕、赵平略点校:《王阳明集》(上),北京:中华书局,2016年,第1100页。
⑤ 王畿著,吴震编校整理:《王畿集》,南京:凤凰出版社,2007年,第2页。

无恶之顿悟这一路,不是人人可做可走,王畿将"四无"高举而超越钱德洪之"四有",是将先天之学看得太容易,好像教人舍弃后天而求先天之学。因此,阳明告诫王畿此法可默默自修,正好保任,不宜轻易示人。

从阳明的为学经历看,方学渐指出:"阳明入禅三十年,始悔而悟学,翻然逃禅而归儒。"①阳明悔禅归儒之前,曾学禅多年,他确实曾以无善无恶为性,也曾深究禅宗奥理。但是,阳明在后期又由禅转儒,悔禅归儒。方学渐认为,如阳明此等大贤,入禅则为禅,入儒则为儒,绝不会援儒入禅,以禅化儒,推禅附儒。故而,阳明为儒者时定为真儒、醇儒,"何至晚年复舍所悟而追从所悔乎?此事之必无者也"。②

与阳明入禅则禅、入儒则儒的学术性格不同的是,方学渐认为龙溪是"阳儒阴禅",他指出:"龙溪则不然,阳宗儒,阴宗禅,《天泉记》以无善无恶之说,托诸阳明之密传,因拈'虚寂',播弄禅机,遂驱后进联袂入禅,使秉正之士反以禅疑阳明,不知非阳明禅而龙溪禅也。"③王畿"无善无恶"不是如《王畿集》所说是阳明"传心密藏",④而是"《天泉证道》乃龙溪公之言,托于阳明先生者也"。⑤方学渐将矛盾焦点对准王畿,认为王畿借阳明的思想效应"夹带私货",以禅解儒;假托阳明,导致持心公正、秉持正道的儒者全部来批判阳明,殊不知王畿才是始作俑者。

从人性论出发,正如"至善心之本体"所指明的,它在强调"至善"重要性的同时,说明阳明"无善无恶心之体"为何意,即每个人的内心都是"至善"的,是心体纯粹化的透彻展现,而不是如禅宗般将无善无恶理解为心无挂碍。对此,方学渐认为阳明的"至善"与禅宗的无善无恶也绝非一事。儒家之所以为儒家,是因为其以"性善"倡明人性,明序人伦。故而,方学渐指出王畿"无善无恶"存在"玄同空寂"的弊病,"昔天泉之会,汝中重无善,德洪重为善,新建虽两可之,而旋即警之,大略以人有习心,不实用为善去恶之功,而空想本体,

---

① 方昌翰辑,彭君华校点:《桐城方氏七代遗书》,合肥:黄山书社,2019年,第62页。
② 方昌翰辑,彭君华校点:《桐城方氏七代遗书》,合肥:黄山书社,2019年,第62页。
③ 方昌翰辑,彭君华校点:《桐城方氏七代遗书》,合肥:黄山书社,2019年,第62页。
④ 王畿著,吴震编校整理:《王畿集》,南京:凤凰出版社,2007年,第2页。
⑤ 方昌翰辑,彭君华校点:《桐城方氏七代遗书》,合肥:黄山书社,2019年,第38页。

养成虚寂,其病非小,不可不早说破"。①

为修正王畿"无善无恶"造成的"玄同空寂"之弊,方学渐提倡"性无不善",强调"性无不善"在儒学上的核心地位。在《性善绎引》中,方学渐对"性"做出直溯本源的判定:"性之说发源于汤,尊流于孔子,砥柱障澜于孟子。"②先圣以"性善"作为道统传续,揭示儒家"降衷继善之旨"。③ 从思想地位看,方学渐高举孟子,认为"孟子探性之本原,诸子逐性之末流"。④ 孟子当世,与汤、孔时同,在发源、尊流之后,出现诸子围绕"性善"争鸣,也出现搅扰"性善"的问题。孟子力排众议,黜墨翟辟杨朱,直探本原,使"性善"大明。

但孟子之后,方学渐认为"性善"之说不得传续,是因为汉唐以来诸儒"往往以气参之,气则有流而不善矣"。⑤ 其中,程朱理学言"理"兼用"气"以论"性善",使"性善"不得昌明。不过,幸运的是"伊川之言正而显,明道之言精而奥,皆性善之意",⑥儒家"性善"之学并未中断。然而到了方学渐生活的这个时代,"今且引虚无之帜,窜入于'性善'之中,浸淫不已,所系天下之人心非细也"。⑦ 方学渐指出"性"原本无不善,但受到王畿虚无之论的杂染,"虚无"渗入"性善",且学者对此又不能剔透析理,导致对儒家"性善"的理解出现偏差,以至于使"性善"出现"虚无"之弊。

从"性无不善"看,"善者性之体也,非善不足以为体,而待有所益之也"。⑧ 方学渐认为性善(性无不善)是心之本体,恶不是心之本体,"非善"之体不足以成为"为善去恶"的依据。如果本体"非善"即有缺陷,那么工夫必须要对本体进行补益。然而孟子乃至陆王心性论皆主张对"本心"发明扩充,而非对"本心"做修补增加。因此,方学渐明确指出"圣贤之言性,则善而已"。⑨

---

① 方昌翰辑,彭君华校点:《桐城方氏七代遗书》,合肥:黄山书社,2019年,第113页。
② 方昌翰辑,彭君华校点:《桐城方氏七代遗书》,合肥:黄山书社,2019年,第37页。
③ 方昌翰辑,彭君华校点:《桐城方氏七代遗书》,合肥:黄山书社,2019年,第37页。
④ 方昌翰辑,彭君华校点:《桐城方氏七代遗书》,合肥:黄山书社,2019年,第44页。
⑤ 方昌翰辑,彭君华校点:《桐城方氏七代遗书》,合肥:黄山书社,2019年,第37页。
⑥ 方昌翰辑,彭君华校点:《桐城方氏七代遗书》,合肥:黄山书社,2019年,第46页。
⑦ 方昌翰辑,彭君华校点:《桐城方氏七代遗书》,合肥:黄山书社,2019年,第37页。
⑧ 方昌翰辑,彭君华校点:《桐城方氏七代遗书》,合肥:黄山书社,2019年,第47页。
⑨ 方昌翰辑,彭君华校点:《桐城方氏七代遗书》,合肥:黄山书社,2019年,第41页。

王畿的"无善无恶"乃悬空描画本体,对本体本身毫无益处,却又悬置工夫,流入虚寂,犹如"日中添灯,何益于日"。① 不仅如此,方学渐立足王畿观点再次批判:"说者曰:吾非以无善为善也,欲化为善去恶之我也。答曰:因性之善而为之,非有为于我也;因性之无恶而去之,非有去于我也。为善去恶,即是无我。于为善去恶之外别寻无我,未免握珠而求珠。"②龙溪以无善为性善,若心体无善无恶,则为善去恶化为无善无恶。方学渐指出,因为性善而生发的善行,并不是从有我、无我的角度做出的选择。为善去恶是无我的显化,性善是无善无恶的显化,并不存在独立于为善去恶的无我,也不存在独立于性无不善的无善无恶。

为了化解王畿"四无说"造成的"玄同空寂",方学渐以"无极太极"批判王畿的"无善无恶"。"无极"与"太极"不仅是儒家经典的核心话题,也是宋明理学的哲学问题。"孔子言太极,未尝言无极。周子虽言无极,而太极但名太极图,不名无极图。"③面对无极与太极的使用者,虽然周敦颐并未如孔子一般言太极,而是对无极做了阐释,但是太极图始终是叫太极图,不是叫无极图的原因,就在于无极与太极之间,儒家更倾向对太极的肯定。对于无极与太极的关系来说,方学渐认为无极只是对"太极之无相"的形容,"无"作为描述词,是指太极之善至极而无以复加,是对太极之善的程度描述,而不是本体存在。"仪而两之,行而五之,物而万之,渐入于有,更不谈无。此善言太极者也。"④

方学渐以太极否定王畿对"无"的肯定,指出"近儒(龙溪)好拈'无'字为谈柄,非孔子、周子之意"。⑤ 这是说,王畿不知"太极"的真正含义,只是悬空描绘本体,以"无"之"虚寂"杂糅"太极"。真正的太极,乃是"阴阳一太极,阴阳一善也。五行一太极,五行一善也。万物各具一太极,万物之性无不善也"。⑥ 方学渐借助于"理一分殊"的思想架构对"太极"进行阐释,而"太极"

---

① 黄宗羲著,夏瑰琦、洪波校点:《黄宗羲全集·明儒学案》第8册,杭州:浙江古籍出版社,1992年,第47页。
② 方昌翰辑,彭君华校点:《桐城方氏七代遗书》,合肥:黄山书社,2019年,第48页。
③ 方昌翰辑,彭君华校点:《桐城方氏七代遗书》,合肥:黄山书社,2019年,第45页。
④ 方昌翰辑,彭君华校点:《桐城方氏七代遗书》,合肥:黄山书社,2019年,第45页。
⑤ 方昌翰辑,彭君华校点:《桐城方氏七代遗书》,合肥:黄山书社,2019年,第45页。
⑥ 方昌翰辑,彭君华校点:《桐城方氏七代遗书》,合肥:黄山书社,2019年,第45页。

又与"性无不善"存在异名同实的关系,即"太极""性善""心即理"是一回事。方学渐对"性无不善"的阐释是在"以理学补心学"的总体思维架构下进行的,他借程朱理学"理一分殊"补充阳明"心即理",以朱子学会通阳明学对"性善"做出阐释,也对王畿"无善无恶"做出批判、修正。方学渐认为性是纯善,绝非恶,也绝不能掺杂恶。若顺性善而发,则善念势必为善行,恶意势必去除,若无恶无善,如何性善?又如何去恶?"今欲回护虚无之说,更作一转语曰:'此中无善恶,而善恶出于此。'亦弗思耳。"①

关于方学渐对"无善无恶"的批判与修正,顾宪成评价道:"世方以无善无恶附会性善,先生独以性善扫除无善无恶,填狂澜之砥柱也。"②一方面,方学渐通过凸显"性善"在儒家的地位,指出"无善无恶"不是阳明的观点,而是龙溪的讹传假托。他指出儒家真意就在"性善","性"是纯善,不是无善无恶,也不是善恶兼具(理气兼杂)。另一方面,方学渐以"性无不善"批判王龙溪"玄同空寂",以"无极太极"反对"无善无恶",借朱子"理一分殊"补足阳明"心即理",实现以"性无不善"修正龙溪"无善无恶"之弊,体现方学渐心性论具有以善明性的实学特质,也证明黄宗羲所言方学渐"在泰州一派,别出一机轴矣"③的合理性与真实性。

三、以"不落有无"批判"多言妙悟"

黄宗羲指出,自阳明"良知"一出,虽使人人寻得成圣之法,但阳明晚年"门下各以意见搀和,说玄说妙,几同射覆,非复立言之本意"。④ 对此,方学渐试图修正这种王学发展过程中产生的玄妙流弊。

方学渐认为:"见世之谈心,往往以无善无恶为宗,有忧焉。"⑤方学渐的

---

① 方昌翰辑,彭君华校点:《桐城方氏七代遗书》,合肥:黄山书社,2019年,第46页。
② 方昌翰辑,彭君华校点:《桐城方氏七代遗书》,合肥:黄山书社,2019年,第104页。
③ 黄宗羲著,夏瑰琦、洪波校点:《黄宗羲全集·明儒学案》第8册,杭州:浙江古籍出版社,1992年,第94页。
④ 黄宗羲著,夏瑰琦、洪波校点:《黄宗羲全集·明儒学案》第7册,杭州:浙江古籍出版社,1992年,第197页。
⑤ 黄宗羲著,夏瑰琦、洪波校点:《黄宗羲全集·明儒学案》第8册,杭州:浙江古籍出版社,1992年,第94页。

忧虑,在于王畿以"无善无恶"发挥阳明的良知教,以"无善无恶"来谈玄理说妙悟。从《性善绎》看,高攀龙曾针对"妙悟"一问,与方学渐讨论阳明后学的"说玄说妙"。景逸曰:"王山阴、罗盱江皆称妙悟,大都释氏之见解,安述之?"①从"妙悟"看,高攀龙请教方学渐,他提问王畿与罗汝芳是借用佛学思想阐释"妙悟"。方学渐回答:

> 颜之卓、曾之唯,其妙悟亦至矣,不应独以妙悟归之释氏。但孔门之妙悟在人伦物理之中,释氏之妙悟在人伦物理之外。②

方学渐以颜、曾二子为例,颜子喟然一叹,如有所立卓;曾子曰唯,吾道一以贯之。孔子对颜、曾二子的教诲,使得他们也能领会到"妙悟"。故而,妙悟不是佛家专语,儒家同样重视。由此可见,他并未全面否定王畿与罗汝芳的"妙悟"说。方学渐认为儒家强调的"妙悟",不是主张让人们脱离现实生活,再寻求如佛家强调的道理,他指出:"伦物中之妙悟不可无,伦物外之妙悟不可有。不辨乎此,一概厌妙悟而扫之,殆其不然。"③方学渐批判佛家离开人伦物理谈"妙悟",他认为真实的"妙悟"一定是在人伦物理中体验到的。佛家的"妙悟"偏离当下生活,远离人伦物理,与儒家"妙悟"尚隔一层,儒家认为的"妙悟"是指坐落在人伦物理、常道践行的一种真实体验,从亲亲、仁民、爱物中,获得真实的自我价值与饱满的生命经验。

方学渐指出儒家与佛家对"妙悟"存在不同理解,也指出王畿与罗汝芳都持儒家立场谈"妙物"。但在《千里同声卷》中,方学渐指出二溪"妙悟"的问题:"王山阴、罗盱江并以妙悟推,而舆论不大满者,只为其袭传食故事,所至溷有司,其门人且往往缘而为市耳。"④二溪畅发"妙悟"之理,但二溪的学生却不能消化,只是按照老师遗世后留下的文本口耳相述,犹如鹦鹉学舌。因学问不能被真切领会,只是搬弄言语,二溪后学的处境犹如一群看守茅厕之人,却还在相互包庇、互相遮掩,致使二溪的学问落于"有""无"的困境之中。

---

① 方昌翰辑,彭君华校点:《桐城方氏七代遗书》,合肥:黄山书社,2019年,第85页。
② 方昌翰辑,彭君华校点:《桐城方氏七代遗书》,合肥:黄山书社,2019年,第85页。
③ 方昌翰辑,彭君华校点:《桐城方氏七代遗书》,合肥:黄山书社,2019年,第85页。
④ 方昌翰辑,彭君华校点:《桐城方氏七代遗书》,合肥:黄山书社,2019年,第102页。

从"无"之"妙悟"看,王畿"妙悟"是归于悟"无"的伦物之妙。在《致知议辩》中,聂豹以"体用分先后"批判王畿"无内外"①的观点,认为王畿这种思想易于出现"语虽玄而意则舛"②的弊病。面对聂豹的批评与质疑,王畿在强调"寂之一字,千古圣学之宗"③的同时,指出本体与工夫的关系,即体用关系不是聂双江所说的本体先而工夫后,而是本体即工夫的一体关系。王畿认为:"感生于寂,寂不离感。"④这是说"寂然不动"不离"感而遂通"独立,"感而遂通"由"寂然不动"生发。

王畿以"体即用"阐释"妙悟",认为只有真实作用于本体上,"妙悟"才能得到透露。但方学渐特斥龙溪"无善无恶",反对他对"妙悟"的理解。"欲明无之非无、有之非有乎?无曰无、有曰有,直道也;既无矣又曰非无,既有矣又曰非有,隐道也。圣人不索隐,恶其害直也,非知不及而逊异端也。"⑤面对无不是无的现象,方学渐认为一定要显示直道,指出有与无的具体结果,如果将有无混为一谈,则会流于异端之学。龙溪以"寂"之本体阐释"妙悟",是用"无"做诠释,会出现偏于一隅、流于一边的失"中"之弊。

从"有"之"妙悟"看,罗汝芳的"妙悟"则是悟"有"的伦物之妙。罗汝芳谈"妙悟","要惟精惟一,有精妙的工夫,方入得微妙的心体"⑥。又言:"入手则在觉悟,妙悟能彻,乃见精通。"⑦罗汝芳以"用即体"阐释"妙悟",指出工夫在精一之传中的重要性。他强调"一切经书皆必归会孔孟,孔孟之言皆必归会孝弟。"⑧罗汝芳以"孝、弟、慈"工夫指出"孝、弟、慈悉出于良心自然"⑨的道理,认为:"君子立本之功,至是愈精而愈微矣,则国之兴仁兴让、天下之兴孝兴弟,应之甚速而至大者,又岂不愈神而愈妙也耶?"⑩只有真实作用于孝弟

---

① 王畿著,吴震编校整理:《王畿集》,南京:凤凰出版社,2007年,第133页。
② 王畿著,吴震编校整理:《王畿集》,南京:凤凰出版社,2007年,第133页。
③ 王畿著,吴震编校整理:《王畿集》,南京:凤凰出版社,2007年,第133页。
④ 王畿著,吴震编校整理:《王畿集》,南京:凤凰出版社,2007年,第133页。
⑤ 方昌翰辑,彭君华校点:《桐城方氏七代遗书》,合肥:黄山书社,2019年,第41页。
⑥ 罗汝芳著,方祖猷等编校整理:《罗汝芳集》,南京:凤凰出版社,2007年,第36页。
⑦ 罗汝芳著,方祖猷等编校整理:《罗汝芳集》,南京:凤凰出版社,2007年,第34页。
⑧ 罗汝芳著,方祖猷等编校整理:《罗汝芳集》,南京:凤凰出版社,2007年,第53页。
⑨ 罗汝芳著,方祖猷等编校整理:《罗汝芳集》,南京:凤凰出版社,2007年,第4页。
⑩ 罗汝芳著,方祖猷等编校整理:《罗汝芳集》,南京:凤凰出版社,2007年,第4页。

慈的工夫上,良知本体才能得到真实透露。只有真实践行"孝、弟、慈"工夫,才能开掘"良知"本体的"妙悟"体证。

尽管方学渐与罗汝芳同样以"用即体"阐释"妙悟",但方学渐认为罗汝芳的"妙悟"是在"有"的层面展开诠释的。方学渐指出性善之"妙悟"不能以有、无进行判定:"性不落有无,诸子拈'有''无'二字作转语之端,如以语即千转百转,其语何穷?"①无论是王畿还是罗汝芳,他们提倡的"无"与"有",只是因时地不同或其他原因而音有转变的词汇,他们的讲法也只是偏于一隅。圣人之转语,是千回百转、无所穷尽的,"有"与"无"只会束缚圣人之语。

面对王畿"寂"之本体与罗汝芳"孝、弟、慈"之工夫,方学渐认为:"所谓有者,指善而言;所谓无者,亦指善而言。如一相轮,前后左右观者异相,因诧而繁其名,达者但曰一相轮也。主善而言,则有亦善,无亦善,非有非无亦善,即有即无亦善。"②方学渐超越王畿与罗汝芳的有无之论,认为"善"既可显示"有",又可体现"无";"善"既不落"有",也不落"无"。"有"与"无"只是将"善"进行现实展现的一个面向,并不能代表"善"本身,也不能揭示"善"的全部面貌及其意涵。所以,"专言'善',不落有无。言'有善',多一'有'字,是落有也;言'无善',多一'无'字,是落无也"。③"善"不是"有",也不是"无",只是通过"有"与"无"显现"善"自身。

方学渐以"不落有无"重新阐释"妙悟"之理,同时吸收朱子"格物"工夫以补正王畿与罗汝芳有无之论出现的难题。正如高攀龙所说:"今学者多言妙悟,及应事接物却有过当处,不如朱子穷事物之理为真实。"④高攀龙认为王畿与罗汝芳阐释的"妙悟"过于玄妙,而朱子以格物工夫开启的"妙悟",则比王畿与罗汝芳更为真实。

> 近儒应事接物有过当者,非妙悟之罪,正为不实用穷理工夫,而落于虚见,落虚见即非真妙悟矣。⑤

---

① 方昌翰辑,彭君华校点:《桐城方氏七代遗书》,合肥:黄山书社,2019年,第48页。
② 方昌翰辑,彭君华校点:《桐城方氏七代遗书》,合肥:黄山书社,2019年,第48~49页。
③ 方昌翰辑,彭君华校点:《桐城方氏七代遗书》,合肥:黄山书社,2019年,第49页。
④ 方昌翰辑,彭君华校点:《桐城方氏七代遗书》,合肥:黄山书社,2019年,第86页。
⑤ 方昌翰辑,彭君华校点:《桐城方氏七代遗书》,合肥:黄山书社,2019年,第86页。

方学渐认为王畿与罗汝芳的"妙悟"之理存在一定问题,若坚持王畿与罗汝芳的有无之论,则会阻碍对性善的理解。所以,对"妙悟"的理解,需要认识"不落有无"的重要性。换言之,要想获得真实的"妙悟"体验,既不能落于有,也不能落于无,要从"不落有无"入手,从真实的工夫入手,依次揭示"良知"本体,显化"妙悟"。正如《东游记序》所言:

> 书云"善无常主",协于克一,先生兹游,将互证之以蕲协一也。而先生与泾阳公之学皆问途于紫阳,启籥于山阴,以今会语辨山阴无善无恶之讹证,而不废其妙悟,驳紫阳未发已发之分注,而深信其穷理。①

方学渐虽反驳朱子将未发已发二分的认识,但以"心即理"吸收朱子的"格物"工夫;他在批判王畿"无善无恶"的同时,没有完全否定王畿"妙悟"。从"用即体"出发,方学渐借朱子"格物"工夫会通阳明"心即理"的良知本体,"事者心之事,物者心之物。所以事事物物者心也,除却心,别无事物之理矣。默坐澄心,体认天理,此朱子之所谓穷理也。天下即吾心,吾心即天下"。②方学渐认为朱子所说的格物是指"默坐澄心,体认天理"。方学渐对朱子"格物"工夫的理解不是向外寻理,不是支离决裂,"物乃吾心之故物,格乃吾心之实功。朱子有曰知性,则格物之谓,朱子指物为性。后人指物为粗迹,失朱子之意"。③他认为"物"是心之物,而"格"是自我展现的功效,那些认为朱子"格物"工夫是在"物"上穷至道理的观点,其实是对朱子"格物"工夫的误解。换言之,真正的"格物"工夫是对"心"的操守格致,是对人伦物理的真实见证,是对良知的明觉照见,若"学非格物,则落虚见,而非实学矣"。④

方学渐以"落于虚见"批判"多言妙悟",以"不落有无"重新阐释"妙悟",依次修正"落于虚见"的学术弊病。在这一过程中,方学渐以朱子"格物"工夫补足阳明"良知"本体,以"心即理"为诠释导向,以"用即体"为诠释进路,试图运转"良知"本体在人伦物理中的展现,依此畅发"妙悟"之理,使良知真流行

---

① 方昌翰辑,彭君华校点:《桐城方氏七代遗书》,合肥:黄山书社,2019年,第69~70页。
② 方昌翰辑,彭君华校点:《桐城方氏七代遗书》,合肥:黄山书社,2019年,第86页。
③ 方昌翰辑,彭君华校点:《桐城方氏七代遗书》,合肥:黄山书社,2019年,第86页。
④ 方昌翰辑,彭君华校点:《桐城方氏七代遗书》,合肥:黄山书社,2019年,第86页。

于人伦日用,于此揭示"非名教之所能羁络"的泰州学风,也体现方学渐心性论具有崇实治虚的实学特质。

结　语

　　对于方学渐的学派归属问题,学界存在诸多判定,有的从朱子"格物"角度,有的从阳明"良知"角度,还有的从东林学派"致实"入手,涉及晚明学术思潮发展史这一核心话题。在学者对方学渐学派归属问题的判定过程中,逐渐形成了心学与理学的论辩张力。面对方学渐的学派归属问题,以方学渐批判与修正王畿的心性论为视角,可见方学渐以"人心即道心"批判"慕大忽微",以"性无不善"批判"无善无恶",以"不落有无"批判"多言妙悟",试图修正王畿"四无说"导致的"荡而多歧""玄同空寂""落于虚见"之风。

　　方学渐心性论主要是在"以理学补心学"的总体思维架构下进行的,从修正王学看,他指出朱子的"格物"之"物"乃是"格心"之"物",并以阳明"心即理"转化、消化朱子的"格物"工夫,这符合"用即体"的泰州学旨与"非名教之所能羁络"的泰州学风,也符合黄宗羲对方学渐"在泰州一派,别出一机轴矣"的学术判定,故而方学渐属于泰州学派,且该判定体现其学具有以朱补王、以善明性、崇实治虚的实学特质。方学渐心性论的哲学构建,体现他对阳明后学流于虚玄空寂之风的有力批判。在提倡一切从实际出发、实事求是的今天,方学渐对晚明逃虚瞎便之风展开的反思与批判,为新时代构建实学思想提供了一定的理论资源。

作者单位:安徽大学哲学学院

由方大镇《慕诗四篇》考察方学渐生平行实

陶善才

摘　要：明代布衣大儒方学渐,曾讲学桐川秋浦之间,联袂无锡东林书院,与顾宪成、高攀龙等交游,是对桐城兴教倡学、醇风化俗极有贡献的学者,也是桐城方氏学派的奠基人。其子方大镇为追思父亲,仿《诗经》四言体式作《慕诗四篇》,依次是《翏一》《桐川》《白沙》《莲山》,不仅仅是"盖棺论定",也是以另一种视角揭示了方学渐的生平行实,有助于我们探析方学渐研究中的一些谜案。

关键词：方学渐　桐城方氏学派　方大镇　方以智

明代桐城布衣大儒方学渐(1540—1615),字达卿,因其居有崇本堂,故自称"桐国崇本庵人",号本庵。[①] 七试南闱而不售,止于贡生,遂专事讲学,结社城东桐溪,讲学桐川秋浦之间,联袂无锡东林书院,与顾宪成、高攀龙等交游,四方学者多归之,私谥明善先生。他是对桐城兴教倡学、醇风化俗极有贡

---

① 方学渐在《桐彝引》一文后自署"桐国崇本庵人方学渐",或是其号"本庵"由来。见《桐彝》卷一,桐城官纸印刷所出版,民国乙丑年冬十二月。

献的学者,也是桐城方氏学派(连理之学)①的奠基人。

方学渐育有三子一女。长子方大镇(1561－1631),字君静,号鲁岳,又号桐川宁澹居士,万历十七年(1589)进士,官至大理寺左少卿,为明季思想家、科学家,方以智的祖父。方大镇任职京师时,曾应邹元标、冯从吾之邀,讲学首善书院。天启乙丑(1625),受阉珰排挤,方大镇遂绝意仕途,辞归桐城,主持其父创立的"崇实会馆"(俗称"桐川会馆"),并在此馆之北建"荷薪馆",传承父学,专事著述。②

方学渐去世后,时人写有行状、碑志,其生平行实也通过方氏家谱、府志、县志以及其著述等各种文献传播。其子方大镇曾仿《诗经》四言体式作《慕诗四篇》③(以下简称"《慕诗》")追怀,为我们了解其父生平行实,特别是子对父的学问评价,提供了另一种观察视角。方大镇《慕诗》依次是《廖一》《桐川》《白沙》《莲山》,为便于理解,本文根据方学渐由少壮至老年及其学术活动地点的不同时代,按照《白沙》《桐川》《廖一》《莲山》的顺序进行释读,并由此分析方大镇《慕诗》排序的原因,同时探讨方学渐研究中的一些谜案。

一、崛起于白沙,奠基连理之学

方大镇《慕诗》第三篇《白沙》,写的是其父方学渐年轻时在白沙岭的行实。此篇共4章144字,其中:前2章每章40字,后2章每章32字。原文如下:

白沙

白沙有杞,连理于枫。枫俯而围,杞昂而中。如兄如弟,或友或恭。

---

① 方学渐庭前曾有枫杞连理之祥,题其堂曰"连理",署其集为《连理堂集》,"连理"二字遂成为方氏家风家学的象征。但自"五四"以后,研究者主张冠名"方氏学派",直到近年来研究者又主张冠以地域名称,即"桐城方氏学派"。关于"桐城方氏学派"的提出过程,邢益海对此进行了梳理,见邢益海:《方以智研究进路及文献整理现状》,载《现代哲学》,2013 年第 1 期,第 119~128 页。

② 方中通在《续陪》中说,祖父方大镇在崇实会馆(俗称"桐川会馆",下文《桐川》篇将论及)之北设有荷薪斋,即荷薪馆。方中通:《癸酉喜儿琜设帐荷薪馆》,《陪集·续陪》卷二,见《清代诗文集汇编》第 133 册,上海:上海古籍出版社,2010 年,第 181 页。

③ 方大镇:《慕诗四篇》,《荷薪韵》卷二,日本内阁文库藏明本。

于昭显考,淑气是钟。草木何情,犹此感通。

白沙有枫,连理于杞。嗟彼殊质,胡然一体。谁其召之,和德之以。于昭显考,休嘉是喜。中心怀之,曷维其已。

鸿山其崇,爰峙其东。爰开我亭,双树之丛。以埙以篪,挹彼和风。贻谋则远,以燕厥宗。

骢岭其嶯,爰峙其北。爰饬我亭,双树其侧。悼焉作赋,使我心恻。事亡如存,永言不忒。

方大镇反复咏叹的"白沙有杞,连理于枫""白沙有枫,连理于杞",源于方氏家族历史上的一起祥瑞事件。据《桐城桂林方氏家谱》(以下简称"《方谱》")记载:"明善公讳学渐,与兄白居公同居。时庭有杞枫二树,自本及枝,纠结如一,因亭其下曰连理亭。"①

白沙,即白沙岭,今之研究者往往不知其具体方位,或曰在东乡浮山,或曰在南乡黄华,或曰在北乡大关,争论不休。其实,方大镇在《白沙》中已有明示:"鸿山其崇""骢岭其嶯"。鸿山、骢岭都是邻近白沙岭的山峰。其中,鸿山,即今桐城北乡大关镇的洪涛山,在白沙岭之东北,方学渐曾有《登洪涛山》诗。②骢岭,即骢马岭,又称"天马山",在今大关镇,位于白沙岭之西南,方学渐夫人墓葬于此,有方氏享堂,方大镇为母庐墓时,方维仪曾有《慕亭》诗:"盛夏炎蒸骢马岭,严冬冰雪木榍河。"③木榍河在骢马岭之西。④白居公,即方学渐的哥哥方学恒。之所以只有兄弟俩同居相守,是因为他们的父母早逝(据《方谱》,方学渐13岁时,母亲去世;17岁时,父亲去世,故兄弟二人相依为命)。有一天人们发现,他们住宅前枫与杞这两株不同种类的树木("嗟彼殊

---

① 方传理:《桐城桂林方氏家谱·方学渐列传》卷五十一,清光绪六年(1880)安徽省图书馆藏。
② 方学渐:《登洪涛山》,见潘江辑,彭君华主编:《龙眠风雅全编》第1册,合肥:黄山书社,2013年,第233页。
③ 方维仪:《己巳夏王母即世殡天马山父大人年七十庐墓侧如孺子为茅舍曰慕亭》,见潘江辑,彭君华主编:《龙眠风雅全编》第2册,合肥:黄山书社,2013年,第549页。
④ 关于白沙岭的地理方位,以及方学渐为什么曾经居于白沙岭,本人在《桐城方氏研究中的"连理"之谜探析》一文中,有较为全面的考述。陶善才:《桐城方氏研究中的"连理"之谜探析》,载《淮北师范大学学报(哲学社会科学版)》,2020年第6期,第16页。

质"),居然连成一体了("自本及枝、纠结如一""胡然一体"),且高大的枫树俯身将杞树围在里面,而杞树则昂首其中("枫俯而围,杞昂而中")。

同里礼部尚书叶灿撰《方明善先生行状》也有这样的描述:"枫杞二树,连理者三,人以为孝友之祥。"①《安庆府志》也有类似记载:(庭前枫杞二树)"觊然连理,既开复合,观者以为昆弟之祥。"②这起引人注目的祥瑞事件,不仅地方史志文献多有记录,而且方学渐的后裔也在诗文中频频称颂。当然,最早写诗称颂的,就是方大镇。

方大镇在《白沙》篇中,以"枫杞连理"来赞美"如兄如弟,或友或躬",讴歌"以堉以篊,挹彼和风"。方学渐之孙方文(字尔止,号嵞山,为方以智六叔,明末著名诗人),于崇祯戊寅(1638)为从侄方豫立(字子建,号竹西)所绘《连理图》赋诗:"我祖明善真大贤,白沙旧有桑麻田……今年(子建)与我重过白沙岭,栖息连理亭之偏。仰思二木发祥日,到今七十有九年。"③透露了"枫杞连理"形成时间在明嘉靖己未(1559)。

连理树形成后,方学渐题其堂曰"连理堂",④不久又于树下构连理亭(即"爱开我亭"),其著述也称《连理堂稿》,⑤而"连理"也就成了方氏家风家学的代称,甚至是精神图腾。如其孙女方维仪有诗句曰:"今日绳绳者,遗风连理华。"⑥"庐中七十征连理,门下三千废蓼莪。"⑦其曾孙方以智也有诗文记述:"乌石托竹林,共读连理书。"⑧"白沙手植枫杞,成连理之祥。""连理堂传断事

---

① 叶灿:《方明善先生行状》,见方昌翰辑,彭君华校点:《桐城方氏七代遗书》,合肥:黄山书社,2019年,第2页。
② 张楷修:《安庆府志·乡贤》,北京:中华书局,2009年,第407页。
③ 方文:《启一子建作连理图赠予赋此答之》,《嵞山集》,上海:上海古籍出版社,1979年,第115~116页。
④ 陈田辑:《明诗纪事》,上海:上海古籍出版社,1993年,第2131页。
⑤ 方以智:《合山栾庐占》,见黄德宽、诸伟奇主编:《方以智全书》第10册,合肥:黄山书社,2019年,第366页。
⑥ 方维仪:《三叹诗》,见潘江辑,彭君华主编:《龙眠风雅全编》第2册,合肥:黄山书社,2013年,第547页。
⑦ 方维仪:《己巳夏王母即世殡天马山父大人年七十庐墓侧如孺子为茅舍曰慕亭》,见潘江辑,彭君华主编:《龙眠风雅全编》第2册,合肥:黄山书社,2013年,第549页。
⑧ 方以智:《送尔识六叔远游》,《方密之诗抄博依集》(下),北京图书馆藏本。又见方于谷:《桐城方氏诗辑》卷二十三,清道光六年(1826)饲经堂刻本。

薪。"并自注曰:"先曾祖明善先生讲学传经,敦善不息,家有杞枫连理之祥,号连理堂。"①

因此,白沙岭不仅是布衣大儒方学渐的崛起之地,也是桐城方氏学派的奠基之地。故方大镇在《白沙》中指出,"贻谋则远,以燕厥宗",表示要"事亡如存,永言不忒"。方氏后裔也确实遵循了方大镇的嘱咐,代代相守于白沙岭连理亭。方大镇玄孙方正瑗《连理亭》诗有前序曰:"亭在白沙岭,明隆庆间先明善公旧居,杞枫二树连理者三,世传孝友之祥。公讳学渐,赠御史,谥明善,崇祀理学祠。高祖谥文孝,讳大镇,万历进士,大理寺卿。曾祖谥贞述,讳孔炤,万历进士,湖广中丞。祖谥文忠,讳以智,崇祯进士,太史。父谥文逸,讳中履,隐居不仕。皆尝讲学此亭,今及不肖正瑗,凡六世矣。缅溯前徽,赋此自励。"②一直到清末的方昌翰,虽家居城中,仍常到连理亭闭关读书,有诗曰:"飞泉夜鸣白沙岭,开门晓对洪涛山。"③

二、倡道于桐川,为救天下虚无

方大镇《慕诗》第二篇《桐川》,写其父方学渐在县城桐溪(今称"龙眠河")之畔结社讲学等行实,共4章128字。原文如下:

桐川

桐川之阳,有堂殖殖。偕我良朋,以作以息。维实斯崇,维善斯则。谁其尸之,万夫之特。

桐川之阳,有木森森。偕我良朋,鼓瑟与琴。划彼异调,统一正音。匪云寡和,欣此同心。

桐川之阳,新构孔煌。于昭显考,协于蒸尝。二三君子,明德不忘。缔造匪易,我心则伤。

峨峨雉堞,浩浩河流。有室其中,童冠与游。勖抽厥绪,光于前休。

---

① 方以智:《合山栾庐占》,见黄德宽、诸伟奇主编:《方以智全书》第10册,合肥:黄山书社,2019年,第344页。

② 方正瑗:《连理山人诗钞·金石集》,见《清代诗文集汇编》第313册,上海:上海古籍出版社,2010年,第157页。

③ 方昌翰:《春明集连理亭省墓》,《虚白集诗抄》卷一,清代刻本。

继绍匪易,我心则忧。

首章"桐川之阳,有堂殖殖。偕我良朋,以作以息。维实斯崇,维善斯则。谁其尸之,万夫之特",次章"桐川之阳,有木森森。偕我良朋,鼓瑟与琴。划彼异调,统一正音。匪云寡和,欣此同心",显然是指方学渐讲学桐川、创建崇实会馆的事。

所谓"桐川",即由龙眠山溪汇流而下,绕桐城县城的一条河流,古称"桐溪",今称"龙眠河"。方学渐喜欢称这条河流为"桐川",如其在东游无锡讲学时,就自称"桐川学渐";在《东游纪小引》(即前序)中谦虚地表示,不能"缩缩然槁于桐川",而要"放舟而东下";在《东林别语》中也自谦说:"方子学渐窃自修于桐川之滨。"在《东游纪》卷之三"取是堂记"中写道:"辛亥之秋,桐川学渐叨于大会之末班。"①方学渐的诸多著述,也有《桐川会纪》《桐川语》《桐川会言》《桐川语录》等是以"桐川"名集的。

崇祯朝大学士何如宠称同里方学渐"以崇本名堂,以崇实名会",意思是:方学渐在桐川之滨结社"崇实会",又以"崇本"命名其堂。可能正因为方学渐对"桐川"二字的重视,东吴学者陈嘉猷为《东游纪》作序时就称誉:"侍御本庵方先生倡道桐川,筑崇实之馆,以待四方同志之来会者,鹿洞鹅湖不啻已。"②方孔炤在为父亲方大镇《宁澹语》作跋文时提及"先大父居崇实居近五十年"③,表明方学渐早至25岁时已由白沙岭迁居桐溪之畔。但"崇实会馆"这个名字,除了方氏历代学人经常提外,时人及后来学者多称"桐川会馆",可能是为了区别于方学渐的住所"崇实居"。当时的著名学者、金陵状元焦竑就写有《桐川会馆记》,称"馆负城临流,据一方之胜",也不吝美言:"是地也,虽追

---

① 方学渐:《东游纪》,见方昌翰辑,彭君华校点:《桐城方氏七代遗书》,合肥:黄山书社,2019年。
② 陈嘉猷:《东游纪序》,见方昌翰辑,彭君华校点:《桐城方氏七代遗书》,合肥:黄山书社,2019年。
③ 方孔炤:《宁澹语跋》,见方昌翰辑,彭君华校点:《桐城方氏七代遗书》,合肥:黄山书社,2019年。

踪杏坛可也,而四书院者勿论矣。"①认为桐川会馆,即使追踪孔子杏坛也是可以的,其他四大书院(白鹿洞书院、岳麓书院、嵩阳书院、应天书院)就更不用说了。

方学渐在桐川之滨倡明性善之旨,不仅"偕我良朋,鼓瑟与琴",而且"划彼异调,统一正音",诚如其四世孙方中通所言:"先高祖以明善为宗,以躬行为本,以崇实为教。尝谓:言非行匹,恶非善匹,盖知圣贤之所重也。又谓:圣学种种是真,邪说种种是假。特创会馆名曰'崇实',所以救天下之虚无也。"②本县官方对方学渐讲学桐川的贡献也予以表彰。据方大镇《荷薪义》,万历丁巳(1617)浴佛日(即农历四月初八,为佛诞日),邑侯王廷试"惠临敝馆,表先君曰'名贤',匾其堂曰'道衍桐川',意甚盛也,诸生肃然"。③

《桐川》第三章:"桐川之阳,新构孔煌。於昭显考,协于蒸尝。二三君子,明德不忘。缔造匪易,我心则伤。"讲的是方大镇修缮旧馆桐川会馆、续置新馆至善堂的事。他在《至善堂纪》中表示要"无坠桐川之绪",而在《续置会馆颠末纪》中也表示:"不毁旧馆,以明繇旧;而特创新馆,以表维新。"此时会馆规模有所扩大,当时的兵备道张公,为其题写"鸣鹤书院"匾额。④

因桐川会馆兼有书院性质,方大镇遂在会馆之北,别构数楹为家学,是为"荷薪馆"。对此,方孔炤写有《家训》诗:"三峰矗矗,桐水汤汤。我祖基之,爰开讲堂。我父绍之,荷薪在旁。颜曰宁澹,三命循墙。小子舞象,咏南山章。"⑤基本讲述了其祖方学渐"爰开讲堂",其父方大镇"荷薪在旁"的经过,以及方孔炤年少时(舞象),曾于荷薪馆读书("咏南山章")的行实。

可惜桐川会馆与荷新馆,都毁于明清鼎革之际的战乱。新朝稳定后,方中通兄弟又在原址重建了桐川会馆,且恢复了会馆之北的荷薪馆。清康熙三

---

① 焦竑撰,李剑雄点校:《桐川会馆记》,《澹园集·续集》卷四,北京:中华书局,1999年。
② 《四库全书存目丛书》编纂委员会:《四库全书存目丛书·子部》第12册,济南:齐鲁书社,1995年,第210页。
③ 方大镇:《邑侯晤语》,《荷薪义》卷三,日本内阁文库藏明刻本。
④ 方大镇:《至善堂记》《续置会馆颠末记》,《宁澹居文集》,文渊阁《四库全书》本。
⑤ 方孔炤:《环中堂诗集卷二·家训》,见方于谷:《桐城方氏诗辑》,清道光六年(1826)饲经堂刻本。

十二年(1693)，方中通次子方正瑑于荷薪馆内设帐讲学。① 方中通第七子陈正璿(跟母亲姓)有《茗溪授经荷薪馆》诗记之："从游半江左，到处拥生徒。吾道竟安托，世人何独殊。守先留绝响，启后仗微躯。接武桐川上，遗风想步趋。"茗溪(家谱写为莒溪)，即方正瑑。陈正璿在诗下还有自注："先明善公讲学桐川，称会宗，立崇实会馆；文孝公称会长，更建鸣鹤书院。"②

方大镇《桐川》篇最后一章是："峨峨雉堞，浩浩河流。有室其中，童冠与游。勖抽厥绪，光于前休。继绍匪易，我心则忧。"讲述其父从前讲学，"童冠与游"的盛况，而自己则忧心如何做到"继绍"，从而"光于前休"。雉堞，是指城上短墙，泛指城墙，前加饰词"峨峨"，形容城墙高大。河流，即指由龙眠山溪汇流而来、绕东城而流的桐溪，今称龙眠河。这条河流，平时水势平缓，汛季往往山洪暴发，激石漂木。方大镇的诗文中常见"溪上""溪边""川上"等语，而以"浩浩"称此河流，也有称誉其父学问渊深之意。

三、道归于寥一，清其源而正其本

方大镇《慕诗》第一篇《寥一》，共4章128字，是写其父晚年在龙眠山寥一峰别业读书著述之事。原文如下：

寥一

瞻彼寥一，白云其飞。委蛇哲人，栖息荆扉。腾焉遗宇，褰尔故衣。音容弗觏，我将安归。

瞻彼寥一，白云其停，哲人攸蹈，既康且宁。履道淑德，邦之典型。永宵不寐，徘徊中庭。

涓涓鸣泉，亭亭修竹。哲人攸居，清风肃穆。以咏以诵，有书连屋。手泽皎皎，使我心怵。

哑哑林鸟，受哺其雏。哀我劬劳，弃尔诸孤。欲养无及，今之弗如。擗兮踊兮，惟予之辜。

---

① 方中通：《癸酉喜儿瑑设帐荷薪馆》，《陪集·续陪》卷二，见《清代诗文集汇编》第133册，上海：上海古籍出版社，2010年，第181页。

② 陈正璿：《五峰集》，见《四库禁毁书丛刊·集部》第167册，北京：北京出版社，2000年，第141页。

关于"翏一",并未查到这个词的源头。但方大镇之孙方以智有《龙眠后游记》提及:"余幼读书处,在寥一峰下……寥一峰之右,为俨玉峡。俨玉峡又余叔王父计部公瘗歌地也。此地为龙眠最胜,嶙岣壁立,飞泉澎湃。坐其下,耳无留声,泠然若有所忘。"①他在《龙眠》随笔里还写道:"寥天一峰,即老父之跨涧游云阁也。"②

因此,"翏一"很可能指向龙眠山"寥一峰"。"翏"与"寥"这两个字不仅形近,而且读音也相同。陈鼓应先生在《庄子今注今译》中,将"翏"字注音为"liāo"。沈善增先生在《还吾庄子》一书中也赞成"翏"读"liāo"音,认为这样可与后面的"调调""刁刁"同韵。而依桐城人的读音,这两个字也音近。所以,很可能方大镇把这两个字混用,"翏一"也就是"寥一"。再从《庄子·大宗师》"乃入于寥天一"来看,意思就是与自然合一、与天合一,"游乎天地之一气"。而方以智关于"寥天一峰"中所谓"寥天一",应是取意于庄子"寥天一"。

《翏一》篇第一章,有"荆扉""遗宇"等词语,可能是指方学渐的山居别业,也即"寥一峰"别业。这一章是写父亲故去,音容笑貌再也看不见,悲痛无比。第二章与第一章都写白云,"白云其飞""白云其停",显然是用"白云望亲"之典。方大镇称扬父亲是"履道淑德"的"邦之典型",徘徊思念父亲而永夜不寐。

后两章提及"翏一"所处的幽雅环境。如第三章:"涓涓鸣泉,亭亭修竹。哲人攸居,清风肃穆。"这里有鸣泉、修竹、清风,还有父亲看过的书和写过的手稿,睹物思人,怎能不倍感伤心?第四章前四句:"哑哑林鸟,受哺其雏。哀我劬劳,弃尔诸孤。"哑哑,禽鸟鸣声就像小儿呀呀之语,所谓"受哺其雏"是也。劬劳,是指劳累、劳苦,《诗·小雅·蓼莪》:"哀哀父母,生我劬劳。"后四句"欲养无及,今之弗如。擗兮踊兮,惟予之幸。"擗兮踊兮,擗,捶胸;踊,以脚顿地,形容极度哀伤。《孝经·丧亲》:"擗踊哭泣,哀以送之。"

令人疑惑的是,方大镇撰《慕诗四篇》,为什么首篇就是"翏一"?笔者推

---

① 方以智:《龙眠后游记》,见黄德宽、诸伟奇主编:《方以智全书》第9册,合肥:黄山书社,2019年,第356页。

② 方以智:《浮庐愚者随笔龙眠》,见黄德宽、诸伟奇主编:《方以智全书》第10册,合肥:黄山书社,2019年,第115页。

测方学渐晚年的最后岁月,很可能就在"翏一"别业,也即在方以智所说龙眠山"寥一峰"别业度过的。所以,方大镇从"翏(寥)一"写起,继而"桐川",再而"白沙"。这从其父生平行实来看是一种倒叙写法。最后,写父亲归葬于百里之外的"莲山"。

方学渐一生著作甚夥,可惜多毁于兵燹。遗著除了《桐彝》《迩训》两本史学书外,还有《庸言》(写于1602年)、《心学宗》(写于1604年)、《性善绎》(写于1610年)、《东游纪》(写于1611年)四部理学著作。张永义老师认为,这四部书共同的主题,就是以"崇实"批判"虚无"、以"性善论"批判"无善无恶说"。①

笔者认为,方学渐现存著作中,写于万历三十八年庚戌(1610)的《性善绎》,应该是他晚年甚至一生中最重要的著作,也是他对自己所有理学著述的最后总结。方昌翰在编《桐城方氏七代遗书》时,将《性善绎》作为其先祖方学渐遗书的第一篇,可能正是基于这个原因。而这本《性善绎》很可能就是在龙眠山翏(寥)一峰别业的"一默轩"写就的。②

正如方学渐自己所言,他在58岁之前,"为天泉所惑,沉潜反覆,不得其解",58岁之后"始觉其非,体认良知,庶几亲切"。③ 在《性善绎》中,方学渐反复强调:"善,一也。一善而性之德管是矣。天下之大本,善之至也。""性一则心一。心之说二,而性之说岐矣。性之说何常?惟一之归。""一善善也,万善善也。圣贤论本体,只一善;论功夫,只一为善。""性,一善耳。心意知物何判有无?学,一明善耳,上下中根何分途径?"④蒋国保老师曾将方学渐的哲学概括为"生理一元论",认为方学渐主张"生理"为第一性的存在,而其所谓"生理",实质上是指流行于事物运动过程始终的"生生之机",所以方学渐的"理

---

① 张永义:《从〈心学宗〉看方学渐的学派归属问题》,载《船山学刊》,2016年第1期,第76~80页。
② 方学渐在《性善绎引》中的落款,即"万历庚戌仲夏之弦,皖桐方学渐书于一默轩"。
③ 方学渐:《性善绎》,见方昌翰辑,彭君华校点:《桐城方氏七代遗书》,合肥:黄山书社,2019年,第63页。
④ 方学渐:《性善绎》,见方昌翰辑,彭君华校点:《桐城方氏七代遗书》,合肥:黄山书社,2019年,第42~43、54~55、62~63页。

本说"明显具有唯物论倾向。①

方学渐的这些论述,从清其源而正其本出发,"划彼异调,统一正音",坚持"吾道一以贯之",宣扬"千圣一言、千言一言",可谓进入了"寥天一"之辽阔深远之境。而方大镇《慕诗四篇》,首篇就是《翏一》,推测其用意,不仅指向龙眠山的寥一别业,还借"寥一"来总结推崇父亲方学渐"履道淑德"的"邦之典型"和学术上的成就。

四、白云如奔马,蛟龙未隐眠

现在的问题是,为什么方学渐晚年的最后岁月,要在龙眠山寥一峰别业度过,以至于其子方大镇的《慕诗四篇》,更是将《翏一》作为首篇?笔者认为可能有以下原因。

首先,从孝道出发来看寥一峰别业。寥一峰距离方氏家族祖墓三峰山较近。三峰山,当地人又称"方龙窝"。据《桐城桂林方氏家谱》,方氏各房先辈葬在三峰山者尤多,方学渐的父亲方祉(即月山公)的墓也在这里。方学渐作为孝友典型,于寥一峰创建山居别业,意味着能与祖墓相守。同时,寥一峰别业离家族祖居地的桐城县城也很近,仅六里之遥。方学渐讲学授徒,结社城东桐川之滨(即龙眠河畔),并创立桐川会馆,以待四方同志。他在《先正编序》中说:"乃建馆桐川之上,以会同志。"②这是他最为倾注心血的毕生事业。而闲暇时则可以到寥一峰别业读书著述、追思先辈。

"孝道"是儒家文化的核心。方学渐一向认为:"孝,即良知也。"③方学渐七十岁东游无锡东林书院讲学时,开端就与众人讨论孔子的《孝经》,认为"身是父母之遗体,道是天下之正路,立得住而后行得去。此身若倾倒而不立,则其道阏塞而不能行,有忝所生而不孝大矣。"④方学渐并不是仅仅停留在口头

---

① 蒋国保:《方以智哲学思想研究》,合肥:安徽人民出版社,1987年,第127页。
② 方学渐:《先正编序》,见李雅、何永绍辑:《龙眠古文一集》卷十二,清道光五年(1825)刻本。
③ 方学渐:《东游纪》卷一,见方昌翰辑,彭君华校点:《桐城方氏七代遗书》,合肥:黄山书社,2019年,第75页。
④ 方学渐:《东游纪》卷一,见方昌翰辑,彭君华校点:《桐城方氏七代遗书》,合肥:黄山书社,2019年,第71~72页。

上,而是坚持以崇实躬行为本。诚如叶灿在《方明善先生行状》里所表彰:"吾观先生,生平尊祖、敬宗、睦族、敦兄弟、笃朋友,根于天性,底于至诚。实心实事,里中无少长皆能传诵称道。此岂以谈说为学者哉?灿为状,愧不足以揄扬名德之万一,聊为述其梗概如此。"①因此,方学渐即使到了晚年的最后岁月,也坚持到三峰山祖墓附近的寥一峰,既读书著述,又方便寄托对先辈的怀念。

其次,方学渐创寥一峰别业,当然也有自我励志之意。方学渐曾以孔子"十五而志于学,便奋然为大人"为例,表示"立身行道,日精日熟,与时俱进。至耳顺、从心之年,其志未尝少解,终身此志,终身此学,孔子之所以成大圣者,志为之也"。②这也是方学渐一生的遵循和践行。

方学渐有一首《龙眠精舍》诗,也隐然流露出这种心志:"高林散紫烟,列岫敞青天。水下丹崖曲,花开石涧边。坐茵分野鹿,鸣瑟应山鹃。谁信云深处,蛟龙未稳眠。"以前,受诗题"精舍"(儒家讲学的学社)二字影响,笔者一直以为这首诗是写城东桐川会馆的,毕竟焦竑在《桐川会馆记》里也有"精舍相望"之句。但与方大镇《寥一》篇来对照,此诗显然是写寥一峰及附近碾玉峡的。因为从桐川会馆所处位置来看,那里既没有"丹崖",也没有"石涧";而"野鹿"与"山鹃"也不似城中风物。尤其是"列岫敞青天""高林散紫烟",以及"云深"和"蛟龙"(鸣泉)等景象,分明与碾玉峡及寥一峰的风景契合。方学渐之孙方孔一在《游玉龙峡》诗中,也有"摩空列青嶂"句,与其祖方学渐"列岫敞青天"句描写很相似。③

需要指出的是,方学渐这首诗在《龙眠风雅》中,最后一句是"蛟龙未稳眠",而在《桐城方氏诗辑》中则是"蛟龙未敢眠",在清末徐璈《桐旧集》中又变成了"蛟龙长隐眠"。笔者倾向于《龙眠风雅》和《桐城方氏诗辑》所录为正。

---

① 方学渐:《东游纪》卷一,见方昌翰辑,彭君华校点:《桐城方氏七代遗书》,合肥:黄山书社,2019年,第4页。
② 方学渐:《东游纪》卷一,见方昌翰辑,彭君华校点:《桐城方氏七代遗书》,合肥:黄山书社,2019年,第71~72页。
③ 胡必选:《安庆府桐城县志》卷八,见《中国地方志集成·安徽府县志辑》,南京:江苏古籍出版社,1998年,第243页。

因为刘大櫆也说这里"溪水自西北奔人,每往益杀,其中旁掐迫束,水激而鸣,声琮然,为跳珠喷玉之状"。① 这样日夜飞溅的瀑泉,用"未稳眠""未敢眠"来形容更切合实际,也符合方氏学人不甘隐沦的志向,他们于碾玉峡豹隐,于寥一峰暂时退藏,不过是为了更好地走向经世济民。这种志向,方中履也做过论述,即所谓"以忠孝为根柢,以忧患为师资,以经济为担荷,以学问为嗜欲"。②

最后,寥一峰别业环境幽雅,为方氏学人钟爱。方大镇在《慕诗》中描述的"寥一"环境,与女儿方孟式《拟春深诗》所述景象十分相似,进一步佐证了方学渐的别业就在寥一峰。方孟式《拟春深诗》曰:"何处春深好,寥天洞外峰。白云奔似马,明月放如弓。碧水环丛竹,幽崖立怪松。茅亭经一卷,钟度暝烟中。"③其中,"寥天洞外峰"句,明确了地点就在碾玉峡寥一峰。方以智又称此处为"寥一洞天",④他年轻时喜欢纵马周游,回家后反思自己太放浪,于是又"策杖重归寥一洞",表示要在这里闭关读书(《归寥一洞天寄周大》)。从"寥天洞"风景来看,方孟式说这里"白云奔似马",正如其父所言"白云其飞""白云其停";方孟式说这里"碧水环丛竹",也正如其父所言"涓涓鸣泉,亭亭修竹"。

并且,父女俩都不约而同地写到竹,可见竹多是此处一大特色,而竹也是古代文人学者的偏爱。这在方以智《秋歌寄怀尔止叔玉龙峡中》一诗中也得到佐证——"但见西风满竹林"。⑤ 尔止即其六叔方文,两人年纪相仿。方文的父亲方大铉(方学渐次子),是方大镇仲弟,在碾玉峡也有"玉龙山馆"别业。

---

① 刘大櫆著,吴孟复标点:《游碾玉峡记》,《刘大櫆集》,上海:上海古籍出版社,1990年,第303页。
② 方中履:《汉青阁文集》卷下《先贞述公诗集后序》,见方昌翰辑,彭君华校点:《桐城方氏七代遗书》,合肥:黄山书社,2019年,第635页。
③ 方孟式:《拟春深诗》,见潘江辑,彭君华主编:《龙眠风雅全编》第2册,合肥:黄山书社,2013年,第510页。
④ 方以智:《博依集》卷六《归寥一洞天寄周大》,见黄德宽、诸伟奇主编:《方以智全书》第8册,合肥:黄山书社,2019年;第241页。
⑤ 方以智:《秋歌寄怀尔止叔玉龙峡中》,《方密之诗抄》卷上《博依集》下,北京图书馆藏清抄本。

而方大镇的族弟方大任在《碾玉峡山房作》诗中,也有"竹气香烟尽日迷"之句。①

由于时间久远,受兵、虫、水、火等影响,乡邦文献佚失太多,我们并不能查清楚"寥一峰"究竟是谁命名的。但方氏学人特别是在方学渐后裔的诗文中,常有"寥岭""寥峰""寥一"等词出现,而在本邑其他族姓诗文中似乎并未发现。这也许表明,碾玉峡附近的寥一峰就是方氏私产或最为钟爱之处吧。

如方大铉《春日入龙眠》,曰"寥岭瀑泉松杪落,华崖晴雪日中悬";②方大镇《慕诗》有《翏(寥)一》篇;方大镇女方孟式《拟春深诗》有"寥天洞外峰"。相对来说,方以智诗文中出现较多,不仅称此地为"寥一洞天",还云"策杖重归寥一洞",又写文自述"余幼读书处在寥一峰下","寥一峰之右为俨玉峡"等。③

而最早以"寥一"命名此峰的,或许就是方学渐。这也是方大镇《慕诗》"翏一"这个篇名的由来。方学渐的"翏(寥)一"别业,后来很可能为孙方孔炤所继承。故而,方以智在《龙眠》随笔中指出:"寥天一峰,即老父(方孔炤)跨涧之游云阁也。"可惜明清鼎革,方孔炤欲回城中祖宅"远心堂"不得:"闻北来有营阵,乃暂栖白鹿山庄。"④在白鹿湖畔度过了他人生的最后十年。

五、山川有别目,方学渐手定其穴于百里之外

方大镇《慕诗》最后一篇是《莲山》,虽是状写方大镇守墓时的情境,未涉及其父方学渐生平行实,但《莲山》中的"数数百里"之言,又值得我们考察方学渐为什么要卜选百里之外的"寿藏"。《莲山》共4章136字,全文如下:

---

① 胡必选:《安庆府桐城县志》卷八,见《中国地方志集成·安徽府县志辑》,南京:江苏古籍出版社,1998年,第246页。
② 胡必选:《安庆府桐城县志》卷八,见《中国地方志集成·安徽府县志辑》,南京:江苏古籍出版社,1998年,第258页。
③ 方以智:《龙眠后游记》,见黄德宽、诸伟奇主编:《方以智全书》第9册,合肥:黄山书社,2019年,第356页。
④ 方叔文:《方以智先生年谱》,芜湖:安徽师范大学出版社,2018年,第112页。

莲　山

瞻望莲池,有泣如雨。衣冠曷存,视此黄土。哀哀夜台,谁则与处。我欲从之,无可告语。

萧萧一丘,莲池之曲。昼也相依,暮也独宿。涕泪无时,断兮复续。有鸟长歌,以代子哭。

归省母氏,复返于原。数数百里,雨雪其奔。既老且病,曷以酬恩?为箕为裘,黯矣消魂。

载艺而木,蓊然林矣。载勒而石,屹然岑矣。知已之言,赏厥音矣。仲氏拮据,同厥心矣。洋洋如在,神其临矣。

首章"瞻望莲池",莲池即莲花池。查《方谱》知,方学渐"葬莲花池癸山丁向",《桐城地脉记》则称"松茂岭北枝为方明善公之墓",[①]可见方学渐墓地"莲山"俗称"松茂岭",今在枞阳二中校园内。莲山脚下的莲花池仿佛一方砚池,正前方则是白鹤峰屏障,桐城内湖菜子湖由长河绕经鹤峰,吞吐长江。据《安庆府桐城县志》载,此地距桐城县城(今桐城市区)有一百二十里之遥。[②]

关于方学渐墓地,蒋国保老师在《方以智哲学思想研究》一书中也有阐述:"名山买墓地,其花费不在少数自不待言,即便不是名山,其花费也不会少。这可以拿方学渐的墓地为例。方学渐的墓葬在莲花山(今俗称方家坟),山本身不算大,但当时为了保护墓地的所谓风水,方学渐在买此山的同时还买进了山脚下的莲花池(今称莲花湖),其水面宽广有数十亩。这只是讲墓地。那么墓本身的规模又如何呢?据方氏后人讲,方学渐的墓用石块砌成廊形,棺用两根铁索悬空吊在廊顶。"[③]笔者曾前往枞阳镇拜谒,旧时格局大体还在,但已看不到"铁索悬空"了。

方大镇在《莲山》中提及他"归省母氏,复返于原;数数百里,雨雪其奔",这是一条很重要的信息:方大镇既要照顾好居住于桐城县城家中的母亲,又

---

① 左殿荐:《桐城地脉记》,桐城《左氏家藏》清代刻本。
② 胡必选:《安庆府桐城县志·田赋》,见《中国地方志集成·安徽府县志辑》,南京:江苏古籍出版社,1998年,第62页。
③ 蒋国保:《方以智哲学思想研究》,合肥:安徽人民出版社,1987年,第4页。

要不顾雨雪,不顾道远途艰,以疲病衰老之躯,奔波到百里之外的"莲山"去守墓,两边要兼顾,可谓艰辛之至。正如《莲山》所言:"既老且病,曷以酬恩?为箕为裘,黯矣消魂。"

方学渐为什么葬在百里之外呢?古人墓址选择,一般遵循三个原则:首先是依附祖墓,主要是依附直系先祖;其次是靠近家宅,便于后世子孙相守;再次是卜选其他"风水"形胜之地,为子孙计长远。方学渐属于桐城桂林方氏中一房第十一世。据《方谱》载,方学渐的直系先辈,一世祖考墓址传说在西乡野狐铺,未能确定;二世祖考墓址在距城六十里的松山,即今桐城市嬉子湖镇所在地;三世祖考墓在东郭乌石冈;四世祖考墓在县后道观山;五世祖考(即断事公方法)墓在东龙眠山黄龙出洞;六世祖考(即自勉公方懋)墓在县北方家月山;七世祖考(即廷献公方琳)墓在西龙眠"金交椅";八世祖考(即天台令公方印)墓在西龙眠父墓下;九世祖考(即方学渐祖父方敬)墓原在西龙眠祖茔,后迁葬;十世祖考(即方学渐父亲月山公方祉)墓在龙眠三峰山。三世及以后直系祖墓都离城很近。

龙眠三峰山这里,方氏各房祖墓最多,著名的"铁面御史"、方氏中三房七世祖桂林公方佑就葬在此处。当地人又称此地为"方龙窝",邻近方以智所称"龙眠最胜"碾玉峡。这里三面山峰,东临烟波浩渺的境主庙水库。水库乃中华人民共和国成立后新建,本是龙眠山谷中的一条大溪,将龙眠山隔成东西龙眠。此处风水之胜,正如方孔炤《家训》所言:"三峰矗矗,桐水汤汤。"①

由此可见,方学渐并无直系先辈葬在枞阳镇松茂岭。可是,他为什么最后卜选的墓址,却是离家一百二十里远的"莲山"呢?《方谱》老长房十一世方之皋的"列传"透露了一些信息:

> 之皋,字直卿。弱冠籍郡诸生,及壮,隐松山,缵父业,十年倍之。性刚直不轻然诺。习形家言,颇亦自憙。学渐卜松山之堨,直卿往观曰:殆非也。又往曰:穴法颇善,未见其土。开土五色,曰:茂林榛莽,未察其脉。三年,林伐,复往察脉,然后焕然称赏。学渐又卜江干,直卿闻之,独

---

① 方孔炤:《环中堂诗集卷二·家训》,见方于谷:《桐城方氏诗辑》,清道光六年(1826)饲经堂刻本。

驰百里而观,返日未解。问穴,又驰而观,曰穴亦未解。乃同往询故,跃然大叫曰:"山川有别目,信哉!"是其所明,不是其所疑,吾何以观直卿乎?以此。①

这条"列传"正是《方谱》续修者方学渐所撰。从方氏支派来讲,早在第五世的时候,方端、方法、方震兄弟三人分房,方之皋属于长房方端的六世孙,方学渐属于中房方法的六世孙。尽管如此,方学渐与方之皋两人来往还是十分密切的。方之皋也很有才气,尤喜欢形家之事,热情帮助方学渐卜选墓址。方学渐很感动,在主修家谱时,特别将其中情节写进了《方之皋列传》(此时方之皋已经去世),却因此透露了他选址在"莲山"的原因。

其实,方学渐最初选定的寿藏,就是依附松山母茔边。方学渐十三岁时,母亲去世,葬于松山之峨。松山在今桐城市嬉子湖镇。当方学渐准备卜选自己的寿藏时,就拟依附母茔,此处风水也为方之皋"焕然称赏"。但方学渐后来还是驱驰百里之外,另外卜选了"莲山"。方之皋先后两次独自驱驰百里,去帮助考察,却认为"穴未解"。方学渐遂邀请他同往再考察,最后方之皋"跃然大叫曰:山川有别目,信哉"!

根据方大镇《归逸篇》的记载:"(先君)甫五十即卜寿藏于枞阳之莲花山,手定其穴。"②方学渐在50岁时,也即万历十八年(1590)左右,开始自卜寿藏,并决定以"莲山"为自己百年后的归宿。但实际上,问题可能没有那么简单:方学渐卜选最后的寿藏,既不依龙眠祖墓,又不依松山母茔,一个人孤零零地葬到百里之外,似不合情理。

从方大镇《二垄纪事》里,也许能看出一些端倪:

> 依祖而葬,世固有之。然多葬者反为祖累。鹰窠树界虽定,而地犹窄,其封禁不再葬久矣。月山地稍宽,然山后为龙脉所自来,万无多葬之理。山前计十八冢亦已累累矣,此后宜封禁不可再葬。违者听户长议处。其先葬而无碑者,各宜补之。而议者又言:东西二龙眠及三峰、道观

---

① 方传理:《桐城桂林方氏家谱·方之皋列传》卷五十一,清光绪六年(1880)安徽省图书馆藏。
② 方大镇:《归逸篇》,《宁澹居文集》卷四,文渊阁《四库全书》本。

山,并宜申禁不再葬。众以为然,附于此。①

《二垄纪事》虽然写于万历戊午(1618)八月,附于新修家谱之《先垄编》后,针对方氏祖茔越来越拥挤的现状,禁止族人再行附葬,但事情起因可以上溯到之前的多年。方氏东西二龙眠及三峰山、道观山祖茔,既有族人多葬之虞,也时与他族争议。如月山一带祖茔,方家占地十分之七,另有盛姓占十分之二,刘姓占十分之一,三家都是本地大族,疆界和茔木之争时有发生,直至万历戊午年(1618)四月,官司打到了县衙。虽然最终达成和解,但对方氏祖茔如何做到长效维护,方大镇与族长及族中贤者最终议定:禁止族人再行附葬。而在方氏族内,之前也时有墓地纷争。如方学渐祖父方敬为宗督(可能就是族长)时,"祖茔侵于豪,豪公姻家,乃自以为庸,帅众复之,于是人皆义公"。② 当自己的亲戚侵占方氏祖茔时,方敬深明大义,自己雇佣工人,恢复了祖茔地界,受到族人称赞。嘉靖戊子(1528)方敬卒后,最初就附葬于西龙眠祖茔。但到万历乙未(1595),方学渐又将祖父方敬迁出了祖茔地,可能也是基于祖茔地越来越拥挤的原因。而这也让方学渐在考虑自己百年归宿时,决定不依祖茔、另择佳城,为族人做出表率。

万历乙卯(1615)五月,方学渐去世。这年冬季,方大镇兄弟选择吉日,遵循礼制葬父于莲山。方大镇在《归逸篇》中写道:"(先君)甫五十即卜寿藏于枞阳之莲花山,手定其穴。廿有六年,林木翁茂,戒余曰:'精神所注,栖息所安,异日必葬我于此。'乙卯冬,余兄弟因以遗命襄其事。"③方大镇开始了三年庐墓守制。守制结束,方大镇仍坚持每年正月初一,驱驰百里前往枞阳镇拜墓。他在《元日道中》中写道:"问余何事当元日,年年雨雪奔枞川。余言不独省荒垄,实如世俗拜新年。假令先君今而在,独意徙居百里外?"④

想着父亲音容宛在,而今只是"萧萧一丘,莲池之曲",方大镇无比思念,在《慕诗》中写道:"瞻望莲池,有泣如雨……涕泪无时,断兮复续。""昼也相

---

① 方大镇:《二垄纪事》,《宁澹居文集》(附),文渊阁《四库全书》本。
② 方传理:《桐城桂林方氏家谱·方敬列传》卷五十一,清光绪六年(1880)安徽省图书馆藏。
③ 方大镇:《归逸篇》,《宁澹居文集》卷四,文渊阁《四库全书》本。
④ 方大镇:《元日道中》,《荷薪韵》,日本内阁文库藏明刻本.

依,暮也独宿。"方学渐远葬百里之外,也影响了后世子孙远葬。如方大镇自己就葬于南乡白鹿山(今属安庆宜秀区),这里距桐城县城也有一百多里。之所以选址于此,方大镇在《归逸篇》里有解释:"百年衣冠,则愿藏白鹿,以其局势宏敞,法度颇合,且与枞阳邻近,可随侍先君招呼于白云颠也!"①

作者单位:中共安徽省委政研室

---

① 方大镇:《归逸篇》,《宁澹居文集》卷四,文渊阁《四库全书》本。

方以智的三教会通思想研究述评

丁常春　王　悦

提　要：方以智晚年皈依佛教，闭关潜心写哲学著作，形成了"三教会通"的思想。改革开放后，学术界有关方以智三教会通思想的研究极为丰富，相关研究主要有：一是关于方以智三教会通的实质在于"三教归儒"；二是关于方以智会通三教的本质是"三教归易"；三是关于方以智会通三教的原因之探析；四是关于方以智的儒道、儒佛和道佛关系之研究。

关键词：方以智　三教会通

方以智是明末清初著名哲学家、思想家，自幼秉承家学，接受儒家传统教育，晚年遁入空门，从儒、道、佛融合的视角撰写《东西均》《药地炮庄》等哲学著作，在阐述自己哲学理念的基础上倡导"三教为一"之理，形成了"三教会通"思想。改革开放以来，学术界对方以智三教会通思想研究成果丰硕。本文拟对学界前贤的相关研究成果（1980—2022）做如下四个方面的述评。

一、对方以智三教会通的实质在于"三教归儒"之研究

一些学者主张方以智三教会通的实质在于"三教归儒"。

蒋国保的《方以智"三教合一"论之学术旨趣》提出，方以智的"三一哲学"强调三教百家学说各有偏向，但仍唯孔学为最高宗旨，希望通过会通三教确立"崇学"理念。这种崇学观念决定了三教要发挥教化人的作用，当以周全的学说引导人；通过会通三教互救互补，克服各自的思想片面性，做理性、健全

的人,这种崇学观念是以"道问学"为鹄的。①该论文从方以智"三教合一"的学术旨趣揭示了方以智"三教合一"实质是"三教归儒"。

刘元青的博士学位论文《三教归儒——方以智哲学思想的终极价值追求》,以《东西均》为基础,从儒家立场出发,分析了方以智的心性论和"生死之道",提出方以智思想的归属还是在儒家,其三教关系也体现了实现儒家最高的学术理想。②

吴根友在《试论〈东西均〉一书的"三教归儒"思想》中也认为方以智以理想型儒家为旨归,提出了"三教归儒"的思想宗旨,其"折中"的价值原则即他心目中理想型的儒家。③

蒋丽梅的《方以智对〈庄子·逍遥游〉"小大之辨"的新诠》提出,方以智的《药地炮庄》在继承郭象"自适"说的基础上,借用《庄子》文本,通过字义训诂的方法,以"可参而不可诂"的态度跳脱于字句之外,以一种全新的角度来理解庄子之"大"。尽管在破执(佛家哲学观点,破除对世间万物的执念)方法上采用了禅宗的思考方式,但他最终用于破除"小大二分"的精神内核仍然是儒家式的。方以智将大小视为一体,并以"两端用中"之说破除"执小"与"穷大"的偏失,得出了本体之"本无大小"而又不妨碍发用上"大大小小"这一即本体即发用的新观点。方以智在继承郭象思想的基础上,进一步缓解了《逍遥游》与《齐物论》之间的冲突,在不失去庄子主要思想的基础上,借助于《周易》《中庸》的思想资源,将儒家"中"的观念引入对大小问题的讨论中,引导人们在洞悉独体、追求高远的方向上实现"中和"之大人理想。④

刘伟在博士学位论文《方以智易学思想研究》中,结合方以智的易学思想讨论了他对儒家"仁""一以贯之"等概念的再诠释,由此揭示他以易学会通古

---

① 蒋国保:《方以智"三教合一"论之学术旨趣》,载《船山学刊》,2016年第1期,第67~75页。
② 刘元青:《三教归儒——方以智哲学思想的终极价值追求》,武汉:武汉大学博士学位论文,2005年。
③ 吴根友:《试论〈东西均〉一书的"三教归儒"思想》,载《哲学分析》,2011年第1期,第86~99页。
④ 蒋丽梅:《方以智对〈庄子·逍遥游〉"小大之辨"的新诠》,载《商丘师范学院学报》,2019年第2期,第13~16页。

今而归于儒家的理想。①

二、对方以智三教会通的本质在于"三教归易"之解析

与上述研究不同,一些学者认为,方以智会通三教的本质是"三教归易"。

彭战果的博士学位论文《方以智儒、佛、道三教会通思想研究》,将方以智三教会通思想类型界定为"三教为一",主要讨论两个问题:一是三教共同的根源是什么?二是三教何以能够回归到这个根源?该文指出,方以智会通三教之自觉受其外祖吴观我"宗一圆三"说及其出家本师觉浪道盛"托孤说"的影响,而家传易学则影响了他哲学思想的建构,为会通提供了形上根据。这个根据由有无、一二等范畴表现为一个本体论体系。这是方以智本体论体系的主要内容,亦是其说明"三教为一"的形上根据。方以智从儒、释、道三教的具体概念、命题入手,分别说明三教义理体系都是这个根据的展开。②

薛明琪在《方以智"三教归〈易〉"思想研究》中提出,方以智并未直取孔子作《易》之说,而是从动机论出发,探寻作《易》者与孔子思想的共同关联。方以智认为《易》之"忧患"精神与孔子"善世"之心可谓一本同源,而《易》之作者与孔子的现实政治理想正是其精神之体现。方以智推崇孔子的言行身教,表面看来这是他心仪孔子的一种表现,但深入挖掘便会发现他的深层用意乃借孔子来贬斥理学空谈心性而流于禅说的弊端。而方以智所认为的解救之法即重发孔子中庸学说,他以炮《庄》为门径,通过分析《庄子》的篇章结构与寓言物象,将庄子思想的隐逸风格与儒家入世精神相接洽,通过炮《庄》工夫将庄子塑造成一个深得孔子真传的儒门嫡孤形象,这显然是有意为之的。方以智在道盛禅师的影响下主张"儒佛双选",尔后在主持青原山净居寺期间,他继承并发扬了此地"荆杏双修"的学术传统,开放包容的学术氛围令其以《易》解禅之说,更易为时人所接受,所以作者认为方以智的三教会通思想最终归于易。③

---

① 刘伟:《方以智易学思想研究》,苏州:苏州大学博士学位论文,2011年。
② 彭战果:《方以智儒、佛、道三教会通思想研究》,济南:山东大学博士学位论文,2009年。
③ 薛明琪:《方以智"三教归〈易〉"思想研究》,昆明:昆明理工大学硕士学位论文,2018年。

周勤勤在《方以智与道家经典〈庄子〉》中提出,方以智的"说"是其以易解庄的重要方法,并通过分析《庄子》和三教的关系揭示了方以智三教归易的学术理想;①又在《方以智的易学观》一文中考察了方以智以先天易学为《周易》之根源,分析了方以智在解易方法上的义理与象数兼用的易学观及该易学观的形成与其人生经历及家学渊源的关系,进一步提出方以智三教圆通归于易的学术观点。②

吴娇的《方以智三教融通思想研究》指出,方以智出生在传统儒家氛围的家庭中,对易学和老庄思想都有很深的了解。在明朝遗民遭遇波折之后,方以智将自己置身于明末清初"三教合一"的思潮中,提出了以《易》为主要工具来融通儒、释、道三教思想的学说。方以智通过"不作两橛""相反相因""一以贯之"的思维方式,将众多事物纳入自己的融通观念中。与其他思想家不同的是,方以智主张打破三教的门户界限,认为三教是具有同一性的。他还提出了一个抽象的哲学形象——轮尊,用来体现自己所追求的三教融通的境界。③

薛明琪的《方以智"三教归〈易〉"思想研究》指出,方以智以《易》理统合三教是为了提出拯救王学弊病的实学工夫。廖璨璨《〈易〉统三教:方以智的三教会通思想》亦指出,方以智"《易》统三教"思想的根本内涵是以《易》中蕴含的天地之理作为三教之教义的统贯。④

张昭炜的《方以智三冒思想与儒学发展》一文,分析了方以智的易学著作《易余》中显冒、密冒、统冒的概念,认为他的三冒概念既能统合为一,又能举一而明三,可以融通阳明后学中的有无之辨,贯通宋明理学中的先天后天,并进而贯通三教百家。⑤

吴卿的《方以智〈药地炮庄〉研究》提出,当方以智论及三教关系时,往往

---

① 周勤勤:《方以智与道家经典〈庄子〉》,载《孔子研究》,2014年第3期,第113~121页。
② 周勤勤:《方以智的易学观》,载《齐鲁学刊》,2015年第4期,第21~28页。
③ 吴娇:《方以智三教融通思想研究》,西安:陕西师范大学硕士学位论文,2017年。
④ 廖璨璨:《〈易〉统三教:方以智的三教会通思想》,见陈鼓应主编:《道家文化研究》第32辑,北京:中华书局,2018年,第361~394页。
⑤ 张昭炜:《方以智三冒思想与儒学发展》,载《哲学动态》,2015年第7期,第39~47页。

采用"兼带"的论述方法。当他论及孔、禅、《庄》三者的关系时,又展现了"儒宗别传"的庄学史观。实际上,无论是对"兼带"义的运用,还是其独特的庄学史观,都和方氏易学紧密相连。因此,方以智编撰《药地炮庄》,与其说他是在会通三教"炮制"《庄子》,还不如说他是以方氏易学来会通三教。①

温祥国的《方以智与泰州学派:以〈药地炮"庄"〉为中心》指出,《药地炮庄》是方以智表达"融汇三教归于《易》"思想的经典作品,是他对所处时代学术环境的反映。《药地炮庄》中多次出现泰州学派人物的思想观点,方以智对此既有赞成也有批评。这既是学术环境的反映,也是由于方氏家族与泰州学派有渊源,体现了方以智"融汇三教"、不立门派的思想主张。②

三、对方以智会通三教的原因之研究

学界对方以智会通三教的原因做了分析研究。

程曦在《试论方以智的"三教会通"思想》中指出,方以智的一生出入三教,他早期接受传统儒学的教育,中年流离失所,晚期则遁入佛门,同时潜心学术,写出了大量有关儒、释、道的理论著作。方以智青年时代同传统的儒生、读书人一样,接受传统儒家教育,或赋诗文,或读经史,又探寻"万物之理",积累了丰富的知识,奠定了其一生的学术基础。晚年经历李自成起义国破家亡,清军入关,于是皈依佛教,闭关潜心写哲学著作,他撰写的《药地炮庄》以佛理诠释《庄子》,把早年家传的《周易》象数之学与佛、道思想综合起来,"通相为用",形成了三教会通思想。③

方晓珍在《方以智对儒释道三教之批评与会通思想论析》一文中指出,方以智认为儒家的弊端在于迂阔烦琐,以致很少有人能得其神;而理学家认为读书是玩物丧志的想法导致儒学不被尊重,走向衰微。因此方以智认为,理学家应该走出迷津,不可固执己见。方以智对佛学采用既包容又批判的态

---

① 吴卿:《方以智〈药地炮庄〉研究》,苏州:苏州大学博士学位论文,2022年。
② 温祥国:《方以智与泰州学派:以〈药地炮"庄"〉为中心》,载《学海》,2020年第5期,第146～150页。
③ 程曦:《试论方以智的"三教会通"思想》,载《安庆师范学院学报(社会科学版)》,2010年第10期,第38～41页。

度,主张佛教与儒学有相通之处,能相互学习借鉴。针对探究三教合一之源起,作者沿用著名学者陈垣的分析:"其始由一二儒生参究教乘,以禅学讲心学,其继禅门宗匠,亦间以释典附会书传,冀衍宗风。"方以智于明亡后不事新朝,被迫逃禅,绝非如一般佛徒那样看破红尘、四大皆空,而是以自身渊博的知识积累与学术造诣批评儒、释、道之缺陷,并加以补救,融通三教。臆断内在的缘由,与世道变革及个人由儒入释身份的转变有着密切的关系。遁入佛门后,方氏内在的儒学素养与根深蒂固的用世情怀,终究无法消解,又不堪纯粹的弃儒从佛,再加上时代思潮的浸染,于是融通三教思想便成为必然的选择,以出世为入世,圆通三教,终不可简单视之为禅师。①

四、对方以智的儒道、儒佛和道佛关系之研究

学界对方以智的儒道、儒佛和道佛关系做了分析研究。

蒋丽梅的《方以智〈药地炮庄〉"见独"工夫研究》,以方以智对庄子逍遥境界的评析为核心,讨论其以"独"论道,通过主体之觉悟与实践的贯通来照见独体的工夫方法。该文指出,方氏反思庄子内外相隔的工夫路径,将儒家专心定志、格物致知、穷极通理的主张融会至道家体道、参道的过程中,并特别强调躬行力效的真实践履。他还结合佛教观念对形神关系、方内方外、生死一如做出新的分析,将儒家的"慎独"之学与"见独"之法相互结合,以《中庸》之不睹不闻之戒慎恐惧意说明儒家与道家理想境界的一致性。他对"见独"方法的讨论成为继郭象之后通过会通儒道发展道家思想的重要典范,也从侧面反映出其质测之学的倾向,成为晚明儒学务实避虚精神的一个重要案例。②

韩焕忠的《以禅解庄、以儒解庄——方以智"庄子为尧孔真孤"之说》指出,方以智《药地炮庄》旨在发挥觉浪道盛禅师正"庄子为尧孔真孤"之说。他通过叙述和讨论昔贤对《庄子》的见解,极力阐明庄子与孔子的一致之处。同

---

① 方晓珍:《方以智对儒释道三教之批评与会通思想论析》,载《江淮论坛》,2013年第3期,第80~84页。
② 蒋丽梅:《方以智〈药地炮庄〉"见独"工夫研究》,见陈鼓应主编:《道家文化研究》第33辑,北京:中华书局,2019年,第411~423页。

时，他认为方以智撰写《药地炮庄》的基本思路，就充分展现在对《庄子》内七篇的"总炮"中；《药地炮庄总论》也是方以智撰写全书的体例。由此可知《药地炮庄》是庄学史上一部以禅解庄、以儒解庄的杰作。①

何涛的《从方以智王夫之〈庄子〉内七篇诠释的异同看儒道会通问题》指出，方以智、王夫之对《庄子》内七篇的诠释，是在时代遭际与庄学史思想背景的影响下，从各自的思想立场来理解的，体现了当时讲究会通、崇尚实学的学术趋向，且都具有《庄子》诠释史上大量著作所具有的以儒解道、会通儒道的特征。从他们两家诠释庄学要旨的差异性又可以看出儒道会通的可能与分际。两家的解《庄》也表明，一个文化传统内部不同的小传统之间以至不同的大文化传统之间，如果可以达到相互的理解与视域的融合也必须有方法论的自觉。②

熊铁基主编的《中国庄学史》指出，方以智读庄子强调庄儒相通、庄儒一致。他提出庄子的心斋来自《易传》；庄子思想中本有忠孝思想；庄子的"神人"实质上与儒家的"圣人"没有不同。他认为庄子渊源于儒家，属于别宗；道家与儒家的根本精神是一致的。③

刘元青的《方以智"三教合一"思想探微——以生死观为例》指出，方以智的生死观包含了来自道家"终其天年"的生命关怀与"杀身成仁"的儒家民族气节。人的自然生命固然重要，但儒家关心的是自己的德行生命。方以智在继承与发展儒家"杀身成仁"观的同时，积极吸纳道家的"全生"观，致力于将道家的"全生"思想与儒家的"成仁"思想结合起来，提出"不必伤其天以为名"的"大全其天"论。方以智以"仁"为内涵，作为道德形上学的基础，构筑一套有别于正统儒家、适应时代发展的生死观体系。其中，反对为了"咫尺之义，灭无訾之躬"的全生观，以及"随""空""贯"的辩证思维，明显吸纳了道家的思想养分与佛学的某些方法论。因此，方以智不仅是一般意义上的儒家卫道

---

① 韩焕忠：《以禅解庄、以儒解庄——方以智"庄子为尧孔真孤"之说》，载《西南民族大学学报（人文社科版）》，2018年第9期，第54～59页。
② 何涛：《从方以智王夫之〈庄子〉内七篇诠释的异同看儒道会通问题》，载《江西教育学院学报（社会科学版）》，2007年第2期，第32～35、38页。
③ 熊铁基主编：《中国庄学史》（下），北京：人民出版社，2013年，第152～158页。

者,更是一个不执门户之见的儒学践行者。①

吴卿的《方以智对〈庄子〉思想的华严学解读》指出,方以智将华严学之圆融贯穿到对《庄子》文本的解读之中,以儒、释、道互通加强了庄子思想的思辨性。他用华严"判教论"抬高了《庄子》在儒、释、道三家中的地位,使各家之《庄子》注以体系化的方式呈现出来。他通过将法界圆融运用于《庄子》文本的解读中,扩充了庄子逍遥游的思想;运用于讨论《易》与庄学、禅学的关系中,使《庄子》文本成为能兼摄《易》、禅的平台。他以"十玄无碍"深化庄子的"道""物"关系,诠释了"齐物论"的"齐物"之义。他用"六相"圆融不同学说于《药地炮庄》之中,以此表达了儒、释、道之间可以互济互用的观点。他通过"总""别"二相转化《庄子》"相对论"对"道""物"关系的探讨,深化了"道物一体"的关系。②

孙国柱的《儒佛交融与明清之际知识社会的形成——以方以智"藏悟于学"为中心》指出,方以智"藏悟于学"的主张,是在儒、佛会通的基础上创造出来的。方以智认为孔子所传的法门核心乃一个"学"字,至于佛教(禅学、禅宗)则更为推崇"悟"。方以智对于"悟"与"学"的关系处理得非常具有整合性和兼容性。在这样的整合下,方以智终于结合本体论、工夫论和境界论构建起了一套完整的说法。在方以智的论述中,本体、工夫,以及相应的境界,都通过"学"完全打成一片了。③

张昭炜的《儒学死亡视域的打开与生生仁体的锤炼——方以智的药树思想形成及发展》指出,方以智的生死哲学是晚节的内在支撑,其代表性观点是生死为正余关系,生与死如同春夏秋与冬,且可相互轮转。由生出发,经过无生(死亡)的超越,再返回尽此生。国破家亡后,方以智历经劫难、久经生死考验,逐渐由被动承受转为积极担当,并将这些经历与考验转化为打开儒学死

---

① 刘元青:《方以智"三教合一"思想探微——以生死观为例》,载《江汉大学学报(人文科学版)》,2011年第4期,第43~46页。
② 吴卿:《方以智对〈庄子〉思想的华严学解读》,载《中华文化与传播研究》,2020年第2期,第443~462页。
③ 孙国柱:《儒佛交融与明清之际知识社会的形成——以方以智"藏悟于学"为中心》,载《西南民族大学学报(人文社会科学版)》,2021年第2期,第55~60页。

亡视域与锤炼生生仁体的资源。方以智将佛教能医治诸病的药树思想引入儒学,其形成及发展有梧州、南京、新城三个阶段,代表性观点分别为:引西方药树为奇兵(以佛援儒)、死是大恩人(以佛教的超越精神解决生死问题)、病药俱忘还说药(重返儒学之着实)。方以智晚年驻锡青原山,荆(佛)杏(儒)双修,伏藏隐忍,在明亡的寒冬中"炼药开炉(冬雷破雪)",以余求正,启动生死转化的生生之几,并淬砺为中国文化托孤之志,这可视为药树思想发展的第四个阶段。①

结　语

综述可见,学界对方以智的三教会通在本质上是"三教归儒"还是"三教归易",虽都做了较详细的研究,但三教会通在本质上究竟为何者,仍然需要做进一步的研究。

学界将方以智会通三教的原因归于方以智的人生经历及明清朝代更替的社会背景,笔者以为然。

学界对方以智的儒道、儒佛和道佛关系之研究,虽从"见独""庄子为尧孔真孤""藏悟于学"等方面做了微观的、精辟的解析,但对方以智的儒道、儒佛和道佛关系仍缺乏宏观上的分析研究,故需要做全面深入的研究。

作者单位:安徽大学哲学学院

---

① 张昭炜:《儒学死亡视域的打开与生生仁体的锤炼——方以智的药树思想形成及发展》,载《世界宗教研究》,2022年第12期,第25~41页。

贯通古今的文化巨人

——2023年安徽大学"方以智学术的当代价值与意义"学术研讨会综述

周建刚

2023年11月11日至12日,由安徽大学徽学与中国传统文化研究院、武汉大学哲学学院、中山大学哲学系联合主办,安徽大学方以智研究中心承办的"方以智学术的当代价值与意义"学术研讨会在安徽大学磬苑宾馆召开。来自国内各大高校和学术机构的近百名学者,对方以智学术的各个方面展开研讨,共计收到会议论文54篇。

在这次会议的开幕式上,中国哲学史学会会长、华东师范大学教授杨国荣发表了题为《方以智的哲学思想及其内在取向》的主题演讲,指出了方以智研究对于中国哲学史研究的重要意义。杨国荣着重指出,方以智哲学的特点之一是强调"合而不分"和"知统一切",知识被置于主导方面。这一看法体现了新的时代趋向,并蕴含着哲学的某种转换。开幕式之后,先后有7位专家发表了主旨演讲,分别阐述了方以智哲学的古代突破、方以智哲学的方法论、方以智的价值观念、方以智的人性论、新发现文献方以智《三游诗》,以及如何编撰新的《方以智年谱长编》等。

一、方以智的哲学思想

蒋国保的《方以智"二虚一实"说的现代诠释——兼论方以智哲学的古代突破》,旨在以方以智自己的思想逻辑叙述方以智哲学思想的进程,对方以智

"一实二虚"的体用论、"公因反因"哲学,提出了新的诠释。高瑞泉的《方以智的学思视野与哲学营构及其现代启示》对方以智哲学的学思视野、方法论进行了全面的评述,强调方以智哲学重视"物理"对中国哲学当代发展的现实启示意义。

刘瑜的《"盈天地间皆物也":方以智物论的证成》指出,关于物的理论和实践,是方以智哲学的核心所在,并以"物论"归结其认识模式、体用关系和实践旨趣。沈顺福的《从三以说与因论来看方以智哲学的旨趣》通过对方以智哲学"太无""三以""因论"等概念的辨析,指出方以智哲学关注的重心,已从传统世界观转向思维方式或认识论等问题上。吴卿的《持良知不废学:方以智的知行观》分析了方以智的知行观,认为方以智在批评王学的基础上,提出了自己"持良知不废学"的新型知行观。

周勤勤的《"∴"思维模式——方以智"均的哲学"方法论的思维基础》考察了方以智的"∴"思维模式"及这一思维模式的来源,认为"∴"思维模式揭示了方以智"均的哲学"的方法论。武道房的《方以智圆∴的哲学意涵及其时代价值》认为,方以智"圆∴"的哲学内涵在于阐明对待与非对待的圆融关系,而其时代价值则是破除各种"边见",从而整合学术,炮烹百家以开新声。

李季林的《方以智经世主义实学思想研究》提出,方以智实学思想主要表现在他的科学精神和经世主义两个方面,在哲学上表现为坚持"气"一元的朴素的唯物主义自然观、赋有实证性质的认识论和对立统一的辩证法;方以智的实学思想是为经世主义服务的。

付子轩的《方以智"养生送死"一语的二重含义与生死观中的儒家倾向》指出,方以智的"养生送死"一语,涵盖了《孟子》《庄子》不同的思想来源,统一于方氏辩证的生死观之中,体现了方以智生死观中明显的儒家倾向。

王赛的《略论方以智医学哲学思想及其当代价值》指出,在方以智独特的哲学思想指导下,形成了方以智独特的博物学,其哲学思想充分融入其医学思想中,形成了独特的医学哲学思想。

丁常春、王悦的《方以智的三教会通思想研究述评》从"三教归儒""三教归易""会通三教""三教关系"四个方面,总结了改革开放以来学术界对方以智三教会通思想的研究。

二、易学、庄学与理学

方以智家族世代以易学传家,关于方氏易学的研究,是方以智研究的一个重点话题。此次参会论文中,涉及方氏易学的论文有5篇。其中,彭战果的《〈时论〉"以经释〈易〉"例证及其"会通"意识》,梳理《时论》所引《诗》《书》《礼》等资料,总结《周易时论》"以经释《易》"的经学特色,以及"会通六经"的自觉意识。陈居渊的《方以智"太极"图像渊源管窥》,对方以智的四幅"太极"图像进行分析,回溯其历史渊源,并指出图像在方以智易学中的重要意义。姜含琪的《质测与通几之间:方以智象数思想研究》指出,方以智易学的意义,是在中西文化的碰撞中,以象数,尤其是数作为切入点,来建构西学之质测与中学之理(端几)的桥梁。聂磊的《"太极寓于中五"的数理结构》,主要研究方以智通过《密衍》所揭示的河、洛的衍化。方以智"太极寓于中五"的数理结构即将"大一"寓于"中五",以象数形式表现宇宙运化的规律,即所谓"理寓于数"。许伟、白少燕的《〈周易时论合编〉成书过程考》,通过对《周易时论合编》的成书过程进行考察,展现方孔炤在家传易学基础上融会象数与义理易学的过程。通过对方以智在此书编撰、刊行所做工夫的考察,明确方以智易的学渊源、易学转变、易学特色。

方以智及桐城方氏学派的哲学思想,与明代理学有着密切的关系。此次会议中,涉及方以智及桐城方氏学派与理学关系的论文共有9篇。其中,王献松的《方学渐"学宗朱子"说考论》、魏子钦、郭振香的《方学渐对王畿心性论的批判》分别对方学渐理学思想的性质进行了论证。刘元青的《理善与无善:方学渐对"善"的思考》则认为,方学渐的论学要点是,以"理善"反驳王龙溪的"无善无恶"说。李昕的《方以智家学的"崇实"传统——以方学渐、方大镇为例》,探讨了方以智家学中的"崇实"传统。

廖璨璨的《克己即由己:方以智的仁礼观与晚明"克己复礼"论》基于晚明心学中的"克己复礼论",提出方以智以易学为思想资源,成功化解了"克己"与"复礼"的矛盾,从而树立了自己的"仁礼观"。彭丹的《王阳明"厅堂三间之喻"与方以智的改铸》、叶乐扬的《论方以智的性与理气结构——以〈性故〉为中心》,分别阐述了方以智哲学与阳明心学、程朱理学的关联,以及对后二者的改造。杨青华的《方以智"藏理学于经学"思想析论》则分析了方以智思想批判理学、回归经学的倾向。

在参会论文中,有5篇以《药地炮庄》为研究对象,然研究视角各异。

张永义的《广·提·炮·通:〈庄子〉的另类解法》与张志强的《傅山与方以智注〈庄〉文句比较解读——以〈庄子翼批注〉与〈药地炮庄〉为中心》,皆系比较研究。张永义是将袁宏道的《广庄》、觉浪道盛的《庄子提正》、方以智的《药地炮庄》、王夫之的《庄子通》加以比较。张志强则是对傅山与方以智的解《庄》进行比较,以"化归中和"揭示方以智炮《庄》的主旨,而以"情为人之实"揭示傅山注《庄》的主旨,进而论证他们"庄学批注活动的共同主旨"。

温祥国的《〈药地炮庄〉对方以智家学的传承略论——以方学渐思想为中心》提出,方以智撰《药地炮庄》既是针对当时"理学""心学"传承过程中表现出来的种种弊端提出自己的解决方法,也是对始自方学渐的家学的一种传承,但此书"融汇三教"的特点是来自道盛的"托孤说",并不符合方氏家学。

蔡添阳的《无知之知,不齐之齐——方以智的〈齐物论〉阐释》与陈翰钊的《"以明"与"公是":〈药地炮庄·齐物论〉对"物论"问题的诠释与解决》,都是对方以智解《齐物论》之主旨的阐释。

三、文献与文学

关于方以智及方氏学派著作的研究,此次会议论文涉及方学渐的《迩训》、方以智的《物理小识》和《通雅》。

关于方学渐的《迩训》,姚远的《〈三孝·中道·崇实:迩训〉一书的理论旨趣》认为,《迩训》是一本三教兼收之书,但主旨归于儒家,崇尚中道,以实为本,知行合一。敖堃的《方以智〈物理小识〉中对西方科学理论的吸收与阐述》分析认为,《物理小识》记载了方以智对物理学、医学、哲学、地理学、天文学和数学等方面的研究,融合了欧洲文化和中国传统文化。孙显斌的《〈物理小识〉编撰考》详细考证了《物理小识》的编撰缘由、时间、方法、体例、材料来源等。凌绅桑的《〈通雅〉探析三则》,对《通雅》的三个问题,即《通雅》的定位、思想引证、归部进行了详细分析。

对方以智和方氏学派文献的辑佚和研究,是此次会议的亮点之一。对方以智文献的研究,主要集中于《物理小识》和《通雅》。对方以智文献的辑录,则主要涉及《膝寓信笔》。彭君华的《尝与天下士 笑读古人书——方以智〈膝寓信笔〉类辑》,对方以智的《膝寓信笔》进行了分类辑录,共分十七类,为研读提供了另一种视角。

值得注意的是,此次会议中,有学者对《方以智全书》的未收文献进行了辑佚。其中,陈靖的《桐城谱牒中的方以智佚文》发现并辑录散见于桐城七个家族谱牒中的方以智佚文佚诗,共计9篇(首)。卢亚倩的《方以智〈三游诗〉辑考》辑录了其在上海图书馆所见王培孙旧藏曹尔堪作品集中发现的方以智《三游诗》,内含《石鼓游》《九漈游》《武夷游》三种诗集,共计诗歌102首,跋文1篇。诸伟奇的《从〈三游诗〉看方以智晚期的诗歌特色》根据新发现的文献方以智《三游诗》,论述了方以智晚期的诗歌特色。过去学术界一直认为方以智的《三游诗》久已遗佚,此次发现并进行完整辑录,填补了方以智研究中的一项文献空白,具有很大的意义。

畅欣的《方以智哲学与文学关系研究》通过中边说、薪火说和仁树说,强调了方以智"文章即性道"的观点,并通过方以智不同人生阶段的典型作品,对其哲文交融、文道合一的思想进行了阐释和分析。韩琛的《"公全"不害"专偏":论方以智艺文活动中的会通精神》指出,方以智在《东西均·全偏》中讨论了"专偏"之学与"公全"之学之间的关系,并认为学问必须经过"偏(专)"的过程,在诸"偏"之中悟"全(通)"才是学问更高级别的追求。李霜琴的《浅谈方以智的文化意义》从对传统文化的继承和创新、开放的心态和理性的反思、坚定的信念和弘毅的精神,以及诗礼慈孝传家的家训家风四个方面,论述了方以智的文化意义。

宋豪飞的《明末诗坛儒家诗教观的回归及其时代精神》指出,明末以陈子龙、方以智为代表的诗人,力追"大雅",倡导"言志"和尊奉"温柔敦厚"等诗学主张,这些诗学思想正是儒家传统诗教观的理论要义,体现了明末诗坛儒家诗教观的回归。孙国柱的《吸到昆仑顶,处处流甘泉——方以智"源流一轮"文化观探析》,结合《药地炮庄》《东西均》等文本系统探讨了方以智"源流一轮"的文化观,并提出方以智的文化观是对于当时西方传来的地球学说的创造性诠释。汪冬贺的《"全树全仁"与方以智的文学思想》从文学发生论、创作主体论等方面,阐发了方以智"全树全仁"思想对其文学思想的影响和作用。

方以智与桐城派。任雪山的《清人书画题跋中的文化认同与学术宗奉》,以方苞题跋方以智《截断红尘图》为例证,说明了桐城派对方以智之数百年宗奉。商海峰的《明清之际"桐城人选桐城诗"之争与桐城诗派的格局》认为,历史上的桐城诗派,是一个以方以智为诗派宗主,以其挚友、子侄、门徒为羽翼,以明代桐城方氏诗人为脊柱,再以有明一代至清初桐城乡邦诗人为包裹外壳的总体格局。

张燕芹、欧明俊的《新时期方以智及"桐城派"渊源研究之回顾与反思》,对新时期(1978年到现今)学术界关于"方以智及桐城派渊源"的研究进行了回顾。

四、方以智及方氏学派成员生平研究

陶善才的《由方大镇〈慕诗四篇〉考察方学渐生平行实》,分析了方大镇为追思父亲,仿《诗经》四言体式所作《慕诗四篇》,依次是《廖一》《桐川》《白沙》《莲山》,以另一种视角揭示了方学渐的生平行实。

张利文的《青原与南岳间的守望——方以智、王夫之交游诗证》,考证了密之与船山在永历朝的进退行止,以及"招有所授"的公案,认为康熙八年(1669)至九年(1670)(己酉、庚戌)前后,密之屡招船山赴青原,是有复明意图的;而船山咏志婉谢的主要原因还在于其行止相对游离于晚明江南士人社盟,于复社活动较为疏远。密之与船山在儒释文化观念上的分歧,致使二人止水惶恐与著述林泉的遗民之路有所分合。

代利萍、方盛良的《顺治壬申方以智的庐山书写》,考察了方以智的庐山之游,指出此次庐山之游对方以智影响深远,其后期著述皆留下了深刻的庐山烙印。

章志炜的《方以智诗歌中的疾病书写》将方以智诗歌中的疾病书写分为明崇祯六年(1633)前、崇祯七年(1634)至十二年(1639)、崇祯十三年(1640)至清顺治七年(1650)、顺治八年(1651)以后四个阶段,呈现出由苦闷孤独、怨愤悲愁到失意消颓、闲适平和的发展轨迹。疾病书写体现了方以智深沉的忧患意识和对国家疾患的隐喻。

五、会议总结

在会议闭幕式上,中国哲学史学会秘书长、中国社会科学院哲学研究所研究员刘丰对大会进行了总结。他指出,此次会议议题丰富,涉及文、史、哲各个领域;方以智学术的当代价值与意义主要体现在无问东西的学术视野、三教汇通的融通精神;未来的任务是在思想史和哲学史研究中进一步深化方以智的研究。刘丰还表示中国哲学史学会非常愿意和各方通力合作,以进一步推动方以智哲学思想的研究,发掘方以智哲学思想的意义,从而进一步推动中国哲学研究的发展。

方以智是明清之际的文化巨人,他的学术博大精深、贯通古今,和黄宗羲、顾炎武、王夫之等人并驾齐驱,为中国传统文化的继承发展、革故鼎新做出了巨大贡献。此次会议聚焦于方以智学术的当代价值与意义,得到了国内外学术界关注,取得了丰硕的成果,奠定了方学研究的坚实基础,必将成为方以智研究的学术里程碑。

作者单位:安徽大学方以智研究中心